A Revolução Francesa

FUNDAÇÃO EDITORA DA UNESP

Presidente do Conselho Curador
Mário Sérgio Vasconcelos

Diretor-Presidente
Jézio Hernani Bomfim Gutierre

Superintendente Administrativo e Financeiro
William de Souza Agostinho

Conselho Editorial Acadêmico
Danilo Rothberg
Luis Fernando Ayerbe
Marcelo Takeshi Yamashita
Maria Cristina Pereira Lima
Milton Terumitsu Sogabe
Newton La Scala Júnior
Pedro Angelo Pagni
Renata Junqueira de Souza
Sandra Aparecida Ferreira
Valéria dos Santos Guimarães

Editores-Adjuntos
Anderson Nobara
Leandro Rodrigues

Michel Vovelle

A Revolução Francesa
1789-1799

Tradução
Mariana Echalar

2ª edição revista

Dunod Éditeur, S.A., Foreign Language Publishing agrément
Originalmente publicado na França como:
La Révolution française 1789-1799, por Michel VOVELLE
© Armand Colin, 2015 para a 3ª edição, Paris
Armand Colin é uma marca registrada
da Dunod Éditeur – rue Paul Bert, 11, 92240 Malakoff
© 2019 Editora Unesp

Direitos de publicação reservados à:
Fundação Editora da Unesp (FEU)
Praça da Sé, 108
01001-900 – São Paulo – SP
Tel.: (0xx11) 3242-7171
Fax: (0xx11) 3242-7172
www.editoraunesp.com.br
www.livrariaunesp.com.br
atendimento.editora@unesp.br

Dados Internacionais de Catalogação na Publicação (CIP) de acordo com ISBD
Elaborado por Vagner Rodolfo da Silva – CRB-8/9410

V973r

    Vovelle, Michel
        A Revolução Francesa 1789-1799 / Michel Vovelle; traduzido por Mariana Echalar. – 2. ed. rev. – São Paulo: Editora Unesp, 2019.

        Tradução de: *La Révolution française 1789-1799*
        Inclui bibliografia e índice.
        ISBN: 978-85-393-0791-3

        1. História. 2. França. 3. Revolução. 4. Revolução Francesa. 5. 1789-1799. I. Echalar, Mariana. II. Título.

2019-477   CDD: 944.04
                                          CDU: 94(44) "1789/1799"

Editora afiliada:

Sumário

Índice dos documentos IX
Índice dos mapas e gráficos XI
Introdução 1

I A década revolucionária 5

O Antigo Regime e a revolução 5
A crise do Antigo Regime: causas profundas e
   causas imediatas 10
As três revoluções de 1789 19
A revolução constituinte 24
A escalada revolucionária: resvalo ou continuidade? 28
A Assembleia Legislativa e a queda da
   monarquia 32
Gironda e Montanha 37
O governo revolucionário 43
Os termidorianos 50
O regime diretorial 54
A crise do Diretório e o recurso do soldado 61

V

2 O Estado revolucionário 65

Proclamações e valores: os fundamentos do
Estado revolucionário 65
As estruturas do Estado e as condições da vida
política 78
Estruturas do Estado: a França reformada, as
instituições 91
O aprendizado da política 111

3 Em duas frentes: revolução aceita, revolução recusada na França e no mundo 127

A contrarrevolução 127
A revolução e o mundo 140
O Exército e a guerra 150
O problema colonial e a abolição da
escravatura 155

4 Uma nova sociedade 161

População e demografia 161
Uma economia em revolução 166
Sociedade: a revolução camponesa 182
Sociedade: povo urbano e burguesia 193

5 Um homem novo: mentalidade, religião, cultura 205

Do medo à esperança 205
Religião e revolução 217
Festas e símbolos: a cidade ideal 236
Uma revolução cultural? 242
Reflexão sobre as mentalidades: a revolução no
cotidiano 251

6 A revolução na história da França: estado da arte 261

Introdução: a revolução terminou? 261
A revolução em debates 262

A Revolução Francesa

Um canteiro aberto 264
A Revolução Francesa hoje: memória e
herança 271

Cronologia 275
Referências bibliográficas 281
Índice onomástico 291

Índice dos documentos

O que produz a forma dos governos 14

Relato de um dos "vencedores" da Bastilha 20

A noite de 4 de agosto 25

A jornada de 10 de agosto, relatada pelo embaixador de
Gênova 35

Robespierre "ditador"? 45

Manifesto dos Iguais 58

Clima de incerteza após o 18 de frutidor do ano V 59

Declaração dos Direitos do Homem e do Cidadão de 26 de
agosto de 1789 68

Declaração dos Direitos do Homem e do Cidadão de 24 de
junho de 1793 71

A teoria do governo revolucionário apresentada por
Robespierre em 25 de dezembro de 1793 84

Trechos dos relatórios de Saint-Just sobre os decretos de
8 e 23 de ventoso do ano II (26 de fevereiro e 3 de
março de 1794) 109

A guerra civil na Vendeia 137

Discurso de Robespierre contra a guerra (inverno de 1792).. 144

O manifesto de Brunswick (trecho) 145

A abolição da escravatura 157

A doutrina dos "furiosos" (fim de junho de 1793) 172

Trecho da lei Le Chapelier (14-17 de junho de 1791) 173

A disponibilidade dos bens do clero em proveito da nação.... 222

Portaria descristianizadora de Fouché em Nièvre 230

Robespierre e o culto do Ser supremo 232

Declaração dos direitos da mulher e da cidadã de Olympe de
Gouges, setembro de 1791 255

Índice dos mapas e gráficos

A crise econômica francesa no fim do Antigo Regime 18
As sociedades populares no ano II 119
A França que fala e a França que silencia 124
Frente de luta (1792-1794) 134
Anexações e repúblicas irmãs (1796-1799) 149
Depreciação do *assignat* em Paris (1792-1794) 178
Tumultos por alimentos (1789-1793) 186
Tumultos antifeudais (1789-1793) 186
Participação dos camponeses na compra dos bens nacionais
(1789-1799) 191
O Grande Medo (julho de 1789) 208
Insurgentes e amotinadores parisienses de 1775-1795 212
Padres juramentados de 1791 224
Intensidade da descristianização do ano II 224

XI

Introdução

A Revolução Francesa representa um momento fundador essencial, não apenas da história nacional daquele país, mas da humanidade. Os contemporâneos desse acontecimento pressentiram isso e inventaram, logo nos primeiros momentos, o conceito de Antigo Regime para exprimir a cesura irreversível entre um antes sem volta e um depois. Seria compartilhar a ilusão de uma época ver que essa década abre caminho para a modernidade, o marco em que, conforme uma codificação própria da França, se insere a transição da história moderna para a contemporânea, que é ainda a história de hoje? A história da Revolução Francesa deve seu *status* particular ao fato de ser a narrativa de um acontecimento: afirmação do tempo curto, de uma subversão total, em um período de menos de dez anos, de todo um edifício político, institucional e social de longa data. Quem diz acontecimento [*événement*] não quer dizer história acontecimencial [*événementielle*], no sentido em que o entenderam os fundadores da nossa historiografia moderna, visão estreita de uma história política sem perspectivas, ou mesmo anedótica. Mas aqui supõe-se não esquecer, como lembrava Georges Lefebvre, que a história ainda é uma narrativa, a narrativa do encadeamento dos fatos, com o que se pode ter de aleatório, ligado à personalidade dos homens e à "força das coisas". Da mesma forma, começaremos esse percurso evocando de modo propositalmente breve, depois de documentar as causas, o ambiente global dessa década, com seus pontos de inflexão e suas referências fundamentais: mais do que uma concessão à história tradicional, esse é o único meio de compreender a ascensão progressiva e as transições sucessivas da monarquia constitucional para a experiência da democracia jacobina e, depois, para o compromisso de retorno à ordem burguesa após o Termidor.

Mas a importância da ruptura revolucionária se deve ao trabalho realizado em profundidade e em tão pouco tempo. Num mundo que inventa no calor da ação a política no sentido moderno do termo, são proclamados novos valores e assentadas as bases do Estado liberal, cujo modelo serviria de referência não só na continuidade da história francesa até os dias atuais, mas no mundo todo. Fala-se, hoje, em redescobrir a história política da Revolução Francesa – como se algum dia ela tivesse sido esquecida. Sem entrar num debate inútil, daremos ao político, mediante a análise das estruturas do novo Estado, a importância que lhe cabe, tanto na escala da França quanto na do mundo.

Para isso, no entanto, convém não esquecer o que forma a trama da vida dos homens, o que dá surgimento às revoluções: em suas causas remotas ou imediatas, bem como nos confrontos que formam sua trama, a Revolução Francesa é uma imensa subversão local, a ruína de um edifício plurissecular e a afirmação de novas relações de classe. Hoje contestada por alguns, a história social da Revolução Francesa, tal como trilhou seu caminho e confirmou suas hipóteses, de Jaurès a Mathiez, de Georges Lefebvre a seus sucessores, oferece um dos fios condutores mais seguros para compreender o que pôs os homens em movimento.

Nossas perspectivas se ampliaram: novos territórios se abriram, sobretudo nas últimas décadas, na história das mentalidades assim como na história cultural, em suma, nos modos de ser, sentir e pensar. A Revolução Francesa oferece nesse campo um quadro privilegiado de estudo: dividida, segundo a expressão de Georges Lefebvre, entre as duas pulsões contraditórias "do medo e da esperança", ela se confronta com a vontade coletiva de fazer nascer um novo homem, um homem "regenerado". Mas é possível mudar os homens em dez anos? Em seus êxitos e também em seus fracassos, a experiência revolucionária de 1789 permanece uma das mais fascinantes, não tanto por ter sido ela a única, até hoje, a conseguir agir com persistência na duração, proporcionando-nos todo um sistema de valores e uma diversidade de sonhos – que se podem chamar de antecipações – com os quais vivemos ainda hoje.

Capítulo I
A década revolucionária

O Antigo Regime e a revolução

A noção de Antigo Regime nasce com a revolução, que se pretendia ruptura com um passado terminado. Mas o que é o Antigo Regime no pensamento dos contemporâneos do acontecimento [*événement*] e nos seus traços constitutivos distinguidos pelos historiadores modernos? Assumindo o que essa simplificação poderia ter de redutora com relação a um tema sobre o qual não existe unanimidade, podemos evocá-lo em torno de três temas: "feudalidade", como se dizia então, ou "feudalismo", que remete a uma codificação de inspiração marxista para caracterizar o modo de produção; "sociedade de ordens", que define uma estrutura global; e "absolutismo", que designa um sistema político e um modo de governo. Sem cair na armadilha das palavras, essas são as três referências que podem nos guiar para compreender o que o povo queria derrubar.

A revolução teve a ambição de destruir a "feudalidade"

Os historiadores de hoje rejeitaram, ou ao menos corrigiram, esse termo, mais adequado, sem dúvida, ao sistema social medieval. Mas os juristas revolucionários tinham uma ideia precisa em mente: nas estruturas que eles contestaram, é possível reconhecer os traços característicos do modo de produção "feudal" ou do feudalismo, no sentido em que é entendido hoje. A França de 1789 é uma ilustração desse sistema: com certo número de características específicas, cuja importância será reconhecida no desenrolar da Revolução Francesa.

Falar de feudalismo é evocar, em primeiro lugar, o sistema econômico tradicional de um mundo dominado pela economia rural. A população rural constituía 85% dos franceses em 1789, e a conjuntura econômica mantinha-se sob a dependência opressiva do ritmo da escassez e das crises de subsistência. Os acidentes econômicos nesse sistema são, na verdade, crises de subprodução agrícola: a indústria tem importância apenas secundária em relação a esses fatores essenciais, apesar da contínua redução dos grandes períodos de fome que o século XVIII registrou em comparação com os séculos anteriores. O tradicionalismo, o atraso das técnicas rurais, em relação à Inglaterra, reforça a imagem de um campo "imóvel" em muitos aspectos. O campesinato ainda estava sujeito ao sistema "senhorial", embora em graus diversos. A aristocracia nobiliárquica, considerada em grupo, detinha parte importante do território, talvez cerca de 30% dele, ao passo que o clero, outra ordem privilegiada, possuía provavelmente de 6% a 10% das terras do país. No total, mais de um terço do solo francês estava nas mãos dos privilegiados. Acima de tudo, o que é sem dúvida o resquício mais perceptível, a terra era onerada com impostos feudais e senhoriais, lembrando a propriedade "eminente" do senhor sobre as parcelas de terra que os camponeses possuíam: esses encargos eram variados e complexos e constituíam o que os juristas chamavam, em seu jargão, de *"complexum* feudal". Essa nuvem de direitos incluía rendimento em dinheiro (o censo) e, muito mais pesada, a "jugada", uma porcentagem recolhida sobre a colheita. Existia uma enorme quantidade de taxas, exigíveis ora anualmente, ora ocasionalmente, ou em dinheiro ou em produto: falava-se então em "laudêmio" (direito de transmissão da propriedade), "vassalagem", "juramento" e "banalidades" (esses últimos encargos se traduziam em monopólios senhoriais sobre os moinhos, os fornos e as prensas). Enfim, o senhor tinha ainda um direito de justiça sobre os camponeses de suas terras – cada vez mais questionado pelo recurso à justiça real. Certas províncias do centro e do leste do reino ainda sofriam com os resquícios de uma servidão pessoal, que incidia sobre os "mãos-mortas", cuja liberdade pessoal (casamento, herança) era limitada.

Apresentando essa visão geral, necessariamente simples, não poderíamos deixar de destacar o que constitui a originalidade da França no contexto geral da Europa no fim do século XVIII. É uma tradição clássica opor o sistema agrário francês ao sistema inglês, no qual a erradicação profunda dos vestígios do feudalismo conduzira a uma agricultura de tipo já então capitalista. Inversamente, podemos comparar o que acontece na França com os modelos propostos pela Europa central e oriental, onde a aristocracia, proprietária da maior parte do solo, apoia-se cada vez mais, durante o século XVIII, nas corveias dos servos ligados à terra. A versão francesa do feudalismo, a meio caminho entre os dois sistemas, era talvez cada vez menos suportável, na medida em que se encontrava moribunda, no último estágio de seu declínio. O campesinato francês, diversificado – e proprietário de 40% do território nacional –, tinha condições de travar sua revolução, seguindo uma estratégia própria que se confunde apenas em parte com a da burguesia, diante de uma nobreza menos onipresente social e economicamente do que na Europa oriental.

Inversamente, se compararmos a sociedade francesa com as mais modernas de então, cujo modelo é a Inglaterra, compreenderemos a importância da aposta das lutas revolucionárias.

▲ *Uma corrente da historiografia francesa propagou a ideia de que não se pode aplicar à França do período clássico uma análise de tipo moderno, com distinções de classes sociais: para esses historiadores, a sociedade francesa da época é sobretudo uma "sociedade de ordens".* Essa expressão se refere não só à divisão oficial tripartite que opõe nobreza, clero e terceiro estado, mas, sobretudo, às normas de organização de um mundo hierarquizado numa estrutura piramidal. Para fazer uma evocação simbólica da sociedade francesa, é fácil lembrar a procissão de representantes das três ordens na cerimônia de abertura dos Estados-gerais, em maio de 1789: em primeiro lugar, o clero, como primeira ordem privilegiada, mas, em si mesmo, uma fusão heterogênea de um alto clero aristocrático e um baixo clero plebeu; depois, a nobreza; e então o terceiro estado, vestido modestamente com seu uniforme escuro. Essa hierarquia não é simples ilusão; os "privilegiados" têm um estatuto particular. O clero e a nobreza têm privilégios fiscais que os protegem amplamente do imposto real. Mas existem também privilégios honoríficos ou de acesso a cargos, como a rígida exclusão do terceiro estado das patentes de oficial militar no fim do Antigo Regime. Alguns estudiosos falam de "cascata de desprezos" dos privilegiados em relação aos plebeus, e não é difícil encontrar exemplos concretos para explicar o termo "recalcado social", aplicado ao burguês francês no fim do Antigo Regime. Essa hierarquia psicossocial das "honras" torna-se ainda mais sobrestimada à medida que se evidencia que ela parece não se sustentar na realidade; por trás da ficção de uma sociedade de ordens, desponta a realidade dos conflitos de classes.

▲ *Depois do feudalismo e da estrutura de ordens da sociedade, o absolutismo é o terceiro componente desse equilíbrio ameaçado do Antigo*

Regime. Sem dúvida, não há identidade pura e simples entre absolutismo e sociedade de ordens, uma vez que os privilegiados prenunciarão a verdadeira revolução com uma contestação violenta do absolutismo real. Mas a garantia de uma ordem social que assegura sua primazia se concentra na imagem do rei todo-poderoso, lei viva para seus súditos. No período clássico, os reinos da França e da Espanha afirmaram-se como exemplo mais bem-acabado de um sistema estatal em que o rei, "em seus conselhos", dispõe de uma autoridade sem contrapeso verdadeiro. Em 1789 fazia quinze anos que Luís XVI cumpria essa função na França: personalidade medíocre para um papel dessa grandeza. Desde Luís XIV, a monarquia impunha os agentes de sua centralização, os intendentes "de polícia, justiça e finanças", dos quais se dizia que eram "o rei presente em sua província", no centro das *généralités*[1] administradas por eles. Ao mesmo tempo, a monarquia deu continuidade, com destinos diversos, à domesticação dos "corpos intermediários", como Montesquieu os chamava: e o melhor exemplo disso é a política da monarquia com relação aos parlamentos, as cortes que representavam as mais altas instâncias da justiça real, em Paris e na província. No centro desse sistema político do Antigo Regime encontra-se a monarquia de direito divino: o rei, no momento de sua coroação, é ungido com o óleo da Santa Ampola; ele é um rei taumaturgo, que toca os que sofrem de "escrófulas" (abscesso tuberculoso). Figura do pai, personagem sagrada, o rei é o símbolo vivo de um sistema em que o catolicismo é uma religião de Estado e que mal começa a retroceder nos últimos anos do Antigo Regime (1787), após a promulgação do Édito de Tolerância concedido aos protestantes.

---

1 Referência às divisões administrativas do Antigo Regime. (N. E.)

A crise do Antigo Regime: causas profundas e causas imediatas

▲ *Em 1789, o velho mundo está em crise:* as causas são muitas, mas, seguramente, todo o sistema demonstra falhas explícitas. As mais universalmente apontadas – as mais "mortais"? – dizem respeito à inconcludência do quadro estatal.

É a esse ponto que se dá ênfase na época, assim como nos desenvolvimentos clássicos da historiografia moderna. Descreveu-se o caos das divisões territoriais sobrepostas, diferentes nas esferas administrativa, judiciária, fiscal ou religiosa: as antigas províncias, reduzidas ao quadro dos governos militares, não coincidiam com as *généralités* em que os intendentes atuavam; também não havia unidade entre os bailiados da França setentrional e as senescalias do Sul, circunscrições tanto administrativas quanto judiciárias. A França, assim como outras monarquias absolutas, mas em proporções excepcionais naquele fim de século XVIII, sofria com a fraqueza e a incoerência do sistema do imposto real. O imposto variava conforme o grupo social – privilegiado ou não –, assim como diferia conforme o lugar e a região – do norte para o sul, da cidade (em geral "abastada") para o campo. A talha pesava mais sobre os camponeses, enquanto a capitação pesava mais sobre os plebeus – impostos diretos que aumentavam o peso das taxas, impostos indiretos, auxílios ou a impopular gabela (imposto sobre o sal). Como se suspeita, essa herança não é algo novo, mas nesse fim de século a opinião pública tinha uma consciência mais inquietante desses impostos como um peso intolerável. Por que essa conscientização? Houve quem escrevesse (F. Furet) que, na virada dos anos 1770, a "vontade reformista da monarquia secou". Verdade incontestável: os últimos ministros reformistas de Luís XV fracassaram e Luís XVI afastou-se de Turgot, em quem essa vontade de progresso se encarnava. Resta saber por que não houve despotismo esclarecido à francesa – o que remete da crise das instituições a uma crise de sociedade.

▲ *A crise social do fim do Antigo Regime é uma contestação fundamental da ordem estabelecida:* assim, ela é difusa em todos os níveis.

Mas ela se evidencia em certos domínios, como no que concerne ao declínio da aristocracia nobiliárquica: um declínio absoluto ou relativo, de acordo o ponto de vista que se adota. Em termos absolutos, uma parte da nobreza parece viver acima de seus meios e endivida-se. A constatação vale tanto para a alta nobreza parasitária da corte de Versalhes, que depende dos favores reais, quanto para uma parte da média nobreza provincial, às vezes antiga, mas decaída. Sem dúvida, é possível objetar a existência de uma nobreza dinâmica, que investe nos ramos mais abertos da produção, minas e fundição, assim como tem participação no armamento marítimo ou se interessa, em Paris, pela especulação fundiária. Os historiadores norte-americanos foram os primeiros a chamar a atenção para esse ponto, que questiona a ideia preconcebida de uma nobreza parasitária diante de uma burguesia produtiva. Do mesmo modo, há uma nobreza rentista fanática por agronomia, elemento dessa "classe proprietária" de que tratam os fisiocratas. Ao longo do século, essa nobreza aproveitou o aumento da renda fundiária, sobretudo depois de 1750, mas essa riqueza em rendas entra em declínio relativo em relação à explosão do lucro burguês.

Esse declínio coletivo sentido na pele provoca reações diferentes, conforme o caso: na casta nobiliárquica há exemplos de rejeição da solidariedade de casta entre os que decaíram, como Mirabeau ou o Marquês de Sade. Mas, se o testemunho individual dessas pessoas é isolado, a atitude coletiva do grupo traduz-se, ao contrário, naquilo que chamamos de reação nobiliárquica ou aristocrática. Os senhores ressuscitam velhos direitos e frequentemente lutam com sucesso contra as terras coletivas ou os direitos da comunidade rural. Essa reação senhorial faz par com a "reação nobiliárquica", que triunfa na época. Acabou-se o tempo – ainda sob Luís XIV – em que a monarquia absolutista tirava da "vil burguesia", segundo Saint-Simon, os agentes superiores de seu poder. O monopólio aristocrático sobre o aparelho de Estado não dá praticamente nenhuma brecha: Necker, banqueiro e plebeu, é apenas a exceção que confirma a regra. Nos diversos graus da hierarquia, as corporações ou "companhias" que detêm parcelas do poder – tribunais de justiça, capítulos catedrais – defendem ou consolidam de maneira considerável seus privilégios. Sancionando essa evolução, nas últimas décadas do Antigo Regime a monarquia impediu o acesso à patente de oficial militar (tanto no Exército quanto na Marinha) aos plebeus tarimbeiros. Os genealogistas da corte (Cherin) têm um poder mais do que simbólico. É preciso reconhecer que, na realidade, os conceitos de reação senhorial e reação nobiliárquica, aceitos sem discussão durante muito tempo, são hoje objeto de debate: alguns estudiosos objetam que os senhores não esperaram o fim do século para defender seus direitos, e que a reação nobiliárquica no aparelho de Estado visaria mais os enobrecidos do que os plebeus – conflito interno entre velha e nova nobreza. Mas parece difícil negar plenamente a realidade do fenômeno.

Provocando a hostilidade tanto dos camponeses quanto dos burgueses, a reação senhorial e a reação nobiliárquica contribuíram fortemente para a escalada do clima pré-revolucionário: pelo apoio que dava a elas, a monarquia acabou comprometida. Em aparente paradoxo, é então que a crise do velho mundo se traduz em termos de tensão entre a monarquia absoluta e a nobreza. Alguns estudiosos falaram de "revolução aristocrática" ou de "revolução nobiliárquica" para qualificar o período entre 1787 e 1789, mas outros o chamaram de "pré-revolução". Em 1787, Calonne, um ministro liberal, ao menos em aparência, convoca uma assembleia de notáveis para tentar resolver a crise financeira, mas esbarra na intransigência desses privilegiados: eles atacam o absolutismo na pessoa do menor dos ministros, e Calonne, ameaçado, retira-se. Seu sucessor, Loménie de Brienne, tenta uma negociação direta com as supremas cortes de justiça (os parlamentos); estas, seguindo a tradição, apresentam suas "advertências" e, quando propõem a convocação dos Estados-gerais do reino pela primeira vez desde 1614, encontram uma corrente de apoio popular um tanto ambígua. Por trás dessa fachada de liberalismo, os aristocratas e os parlamentos defendem, na verdade, seus privilégios de classe, recusando qualquer compromisso capaz de salvar o sistema monárquico.

▲ *No entanto, não poderíamos descrever a crise final do Antigo Regime unicamente em termos de contradições internas:* um ataque foi desferido de fora, a partir desse terceiro estado em que convivem burguesia e grupos populares. Uma conjunção ambígua em si mesma e que leva à pergunta clássica: Revolução Francesa, revolução da miséria ou revolução da prosperidade? Podemos dizer que esse é um debate acadêmico em que Michelet e Jaurès respondem um ao outro através dos tempos, mas trata-se sobretudo de um exercício de estilo. Michelet, "miserabilista", não está errado ao lembrar a situação precária de grande parte dos camponeses ("Vede-o, deitado no próprio esterco, pobre Jó!"). Os trabalhadores da terra (jornaleiros, "mãos de obra" ou "braçais", como são chamados), mas também os meeiros e os pequenos agricultores a meias constituem na época a massa do chamado campesinato "consumidor" – aquele que não produz o suficiente para prover a suas necessidades. Para esses camponeses, o século XVIII econômico não merece o epíteto de "glorioso" que em geral lhe é atribuído: o aumento secular dos preços agrícolas, vantajoso para os grandes arrendatários que vendem seus excedentes, pesa brutalmente sobre os camponeses. Eles não ganharam nada com o movimento do século? Numa frase concisa, E. Labrousse escreveu que eles "ganharam ao menos a vida". Se nos restringirmos ao campo demográfico, é verdade que durante o século XVIII, e sobretudo na segunda metade dele, as grandes crises ligadas à fome e à carestia dos grãos recuam e desaparecem; mas esse novo equilíbrio é precário e, nessa economia de estilo antigo, a miséria popular é uma realidade indiscutível. Entretanto, seria artificial reduzir a participação popular na revolução, em suas formas urbanas ou rurais, a um acesso primitivo de rebelião: ela se associará a uma reivindicação burguesa que se insere indiscutivelmente na continuidade de uma prosperidade secular. O aumento dos preços e, consequentemente, da renda e do lucro começou nos anos 1730 e prolongou-se até 1817, num movimento de longa duração – não sem percalços, em termos de crises econômicas, ou mais duradouramente na forma dessa regressão intercíclica que se insere entre 1770 e o início da revolução. Mas, em perspectiva cavaleira, a prosperidade do século é indiscutível. A população francesa aumenta, sobretudo na segunda metade do século, e passa de 20 milhões para 28 milhões de habitantes.

O que produz a forma dos governos

Num texto póstumo, Barnave, um dos principais atores da revolução que se iniciava, evocou em termos muito modernos as causas profundas da transformação necessária.

"A vontade do homem não faz as leis: ela não pode nada, ou quase nada, na forma dos governos. É a natureza das coisas – o período social a que o povo chegou, a terra que ele habita, suas riquezas, suas necessidades, seus hábitos, seus costumes – que distribui o poder; ela dá esse poder, segundo a época e o lugar, a um, a vários, a todos, e divide-o em proporções diversas. Aqueles que têm a posse do poder pela natureza das coisas fazem as leis para exercê-lo e retê-lo em suas mãos; assim os impérios se organizam e constituem. Pouco a pouco, os progressos do estado social criam novas fontes de poder, alteram as antigas e mudam a proporção das forças. As antigas leis não conseguem se manter por muito tempo; como existem novas autoridades, é preciso que se estabeleçam novas leis para fazê-las agir e reduzi-las a sistema. Assim mudam de forma os governos, ora por um avanço suave e imperceptível, ora por comoções violentas."

(Fonte: Antoine Barnave, *Introduction à la Révolution Française*, texto estabelecido por F. Rude, Paris, Armand Colin, 1960, cap.2.)

▲ *A historiografia francesa tradicionalmente viu na burguesia a classe beneficiária por excelência dessa ascensão secular.* Esse esquema explicativo foi contestado, nas escolas anglo-saxônicas bem como na França, em nome do argumento de que a burguesia, em sua acepção atual, não existia em 1789. Esse debate exige que se defina de maneira mais precisa um grupo do qual seria ilusório esperar que fosse monolítico ou triunfante. Na França de 1789, a população urbana é apenas cerca de 15% do total. As burguesias ainda obtêm parte, muitas vezes uma parte importante, de seus rendimentos da renda fundiária, assim como do lucro. Os "burgueses" tentam ganhar respeitabilidade comprando terras e bens de raiz ou, melhor ainda, de títulos de oficiais reais, que conferem aos titulares uma nobreza que pode ser transmitida aos descendentes. Aliás, uma fração dessa burguesia, a única que ostenta nos textos o título de "burguês", vive unicamente do produto de suas rendas ou, como se dizia na época, "nobremente", imitando em seu nível o modo de vida ocioso dos privilegiados. De todo modo, a maioria da burguesia, em sentido amplo, envolveu-se em atividades produtivas; devemos contestar talvez a denominação de burguês dada à multidão de pequenos produtores independentes, comerciantes ou artesãos, reunidos ou não em corporações, conforme o lugar, e que constituem de um terço à metade das populações urbanas. A verdadeira burguesia, no sentido moderno do termo, encontra-se entre construtores, comerciantes e negociantes, dos quais grande parte se estabeleceu nos portos – Nantes, La Rochelle, Bordeaux e Marselha –, tirando do grande comércio marítimo uma riqueza muitas vezes considerável. Enfim, encontramos banqueiros e financistas ativos em certas praças (Lyon), mas concentrados essencialmente em Paris. A burguesia propriamente industrial, de construtores e fabricantes, existe, mas seu papel é secundário num mundo em que as técnicas de produção modernas (minas, indústrias de extração ou metalurgia) ainda dão seus primeiros passos (concorrendo na prática com certos nobres, como vimos) e em que a indústria

Michel Vovelle

têxtil ainda é o ramo industrial mais importante. O século é o do capitalismo comercial, cujos "mestres comerciantes" de lã, algodão ou seda (Lyon, Nîmes) servem de exemplo, concentrando a produção disseminada dos "mestres fabricantes", urbanos ou rurais, que trabalham sob sua dependência.

A burguesia inclui também um mundo de procuradores, advogados, tabeliães, médicos, em suma, profissionais liberais cujo papel se revelará essencial na revolução. Sua posição não é inequívoca: por sua função, esperaríamos encontrar neles os defensores de um sistema estabelecido, que garante seu sustento, mas eles afirmam sua independência ideológica dentro do terceiro estado. De fato, é na maturidade das ideias-força que a mobiliza que a burguesia dá a melhor demonstração de sua realidade – como a aptidão para encarnar o progresso – aos olhos dos grupos sociais que travarão com ela todo ou parte do combate revolucionário. Artesãos e varejistas, assim como operários que convivem com eles nas oficinas, têm seus próprios objetivos de luta; eles não são impermeáveis às novas ideias, e sua atitude não poderia ser reduzida a uma visão passadista. *A fortiori*, seria prematuro esperar do assalariado urbano uma consciência de classe autônoma.

Podemos falar de uma ideologia burguesa para qualificar o conjunto das aspirações que se inspiram na corrente do Iluminismo para exigir uma mudança profunda? O termo saiu de moda, e com razão, sem dúvida. Os estudiosos preferiram fazer referência à cultura de uma "elite" na qual se encontram, em aparente consenso, toda a nobreza liberal e a parte esclarecida da burguesia na perspectiva de uma via reformista. Noção ambígua, que esconde clivagens profundas, como as que virão à tona no crivo da revolução. De todo modo, a filosofia das Luzes foi difundida como moeda a ser trocada em fórmulas simples. Certa literatura e estruturas de sociabilidade (em particular as lojas maçônicas) garantem sua difusão. As ideias-força do Iluminismo, moldadas em fórmulas simples – liberdade, igualdade, governo representativo – encontrarão no contexto da crise de 1789 uma oportunidade excepcional para se impor. De fato, é em referência a esse pano de fundo das causas profundas da revolução que as causas imediatas se inserem de maneira mais legível.[2]

▲ *Na linha de frente das causas imediatas, a crise econômica catalisou as formas de descontentamento, sobretudo nas classes populares.* Os primeiros sinais de mal-estar aparecem nos anos 1780, no interior da França: estagnação dos preços dos grãos e séria crise de superprodução vinícola, além de, simultaneamente (1786), um tratado comercial franco-inglês que prejudica a indústria têxtil do reino. Nesse contexto severo, uma colheita desastrosa (1788) aumenta brutalmente os preços estagnados dos anos anteriores: as taxas não dobram, mas não é incomum um acréscimo de 150%.[3] As cidades se agitam: em abril de 1789, os operários do *faubourg* Saint-Antoine se revoltam, saqueiam a manufatura de um rico fabricante de papel decorativo, Réveillon, e ocorrem tumultos em mais de uma província. Os conflitos sociais, ligados à alta dos preços, dão uma nova dimensão ao mal-estar político, que até então era polarizado pelo problema do déficit. Esse déficit é tão antigo quanto a monarquia, mas apenas nesse momento assume as dimensões de um privilegiado revelador da crise institucional: ele cresceu, sobretudo a partir da Guerra de Independência dos Estados Unidos, e em proporções que não admitem mais soluções fáceis. Além disso, a personalidade do monarca tem um peso enorme no nível das causas imediatas, nas origens do conflito. No trono desde 1774, bonachão, mas, sem dúvida, pouco talentoso, Luís XVI não é o homem adequado para a situação, e a personalidade da rainha Maria Antonieta, por intermédio da qual o perigoso grupo de pressão da aristocracia exerce sua influência, não facilita as coisas. Mas é evidente que, numa situação em que

---

2 Ver "A crise econômica francesa no fim do Antigo Regime", p.18.
3 Idem.

A crise econômica francesa no fim do Antigo Regime

Dois índices da prosperidade agrícola: o lucro dos arrendatários e o lucro vinícola

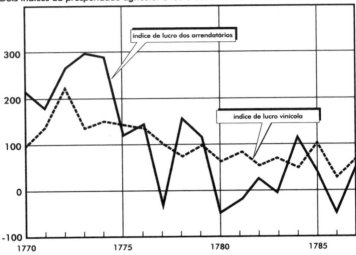

Crise de subsistência: preço mensal do trigo e do centeio de 1787 a 1790

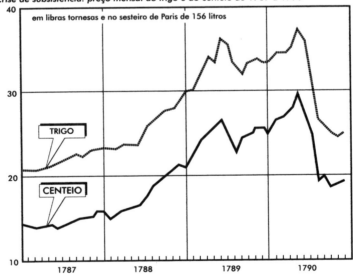

(Fonte: Michel Vovelle, *La Chute de la monarchie*, Paris, Seuil, 1971, p.102, de acordo com Ernest Labrousse, *"La crise de l'économie française..."*, Paris, PUF, 1944.)

tantos fatores essenciais estão em jogo, a personalidade de um só – ainda que seja o rei – não poderia mudar o rumo das coisas. Como vimos, dois ministros, Calonne e Loménie de Brienne, tentaram em vão impor seus projetos de reforma fiscal tanto aos privilegiados, que formavam a assembleia de notáveis, quanto aos parlamentos. Mas a rejeição dessas instâncias, levando à "revolta nobiliárquica", teve consequências imprevistas para seus autores: na Bretanha e no Dauphiné, a exigência da realização dos Estados-gerais ganhou um tom revolucionário. Em Rennes, nobres e juventude burguesa chegaram às vias de fato. Em Grenoble, uma jornada popular, a Jornada das Telhas [*Journée des Tuiles*], resultou na reunião de Vizille, em que os representantes das três ordens, por iniciativa de advogados como Mounier ou Barnave, exigiram uma reforma profunda, que ia muito além dos limites da província.

As três revoluções de 1789

▲ *Uma revolução ou três revoluções?* Podemos falar de três revoluções no verão de 1789: uma revolução institucional ou parlamentar na cúpula, uma revolução urbana ou municipal e uma revolução camponesa. Ao menos por seu aspecto pedagógico, essa apresentação pode se revelar útil.

Os Estados-gerais foram abertos solenemente em 5 de maio de 1789; menos de três meses depois, proclamam-se Assembleia Nacional Constituinte e a vitória do povo parisiense, em 14 de julho, garantindo o sucesso do movimento: esses três meses decisivos viram os elementos de uma situação explosiva amadurecerem até suas últimas consequências. Pela primeira vez, a campanha eleitoral deu realmente ao povo francês o direito à palavra. Ele usou esse direito em suas assembleias, e os milhares de cadernos de reclamação [*Cahiers de Voléances*] que foram redigidos na época, dos mais ingênuos aos mais elaborados, ainda são, para nós, um impressionante testemunho coletivo da esperança de mudança. Com sua forma antiquada, o cerimonial de abertura dos Estados-gerais parecia pouco apto a responder a essa esperança, mas, desde o início, a propósito do problema do voto "por cabeça" ou "por ordem", o terceiro estado – que havia conseguido duplicar seus efetivos – afirmou sua vontade de mostrar aos privilegiados o lugar que ele pretendia ocupar. Em 20 de junho de 1789, no famoso juramento do Jogo da Pela [*Jeu de Paume*], os deputados do terceiro estado prometeram solenemente "nunca se separar [...] até que a Constituição fosse estabelecida". A sessão real de 23 de junho, tentativa do poder de retomar as rédeas da situação, confirma a determinação do terceiro estado – que se manifesta pela boca de um de seus líderes (Bailly) – de que "a nação reunida em assembleia não pode receber ordens". Embora tenham se intitulado Assembleia Nacional e, querendo ou não, tenham levado com eles as ordens privilegiadas, os deputados do terceiro estado sentem a precariedade de sua situação quando se esboça a contraofensiva real: concentração de tropas em Paris e demissão do ministro Necker em 11 de julho. Mas a população parisiense toma o bastão, dotando-se de uma organização revolucionária.

Relato de um dos "vencedores" da Bastilha

"Primeiro, a gente se apresentou pela rua Saint-Antoine para entrar na fortaleza, onde nenhum homem penetrou contra a vontade do detestável despotismo: era lá que ainda residia o monstro. O traiçoeiro governador mandou desfraldar a bandeira da paz. O pessoal avançou confiante: um destacamento das Guardas Francesas, e talvez quinhentos ou seiscentos burgueses armados, entraram no pátio da Bastilha; mas, assim que um grande número atravessou a primeira ponte levadiça, ela se ergueu: tiros de artilharia derrubaram vários guardas franceses e alguns soldados; o canhão atirou na cidade, o povo se apavorou; um grande número de indivíduos foi morto ou ferido; mas a gente se reuniu, se pôs a salvo dos tiros e

A Revolução Francesa

correu para buscar canhões; os dos Invalides[4] tinham acabado de ser levados; os distritos foram avisados para enviar logo socorro; com as armas que chegavam dos Invalides, eles armaram os cidadãos; os do *faubourg* Saint-Antoine vieram aos montes [...].

Mas voltemos à Bastilha: o pessoal estava na frente da segunda ponte levadiça; tratava-se de penetrar a fortaleza: o primeiro pátio não é intramuros. A ação se tornou cada vez mais intensa; os cidadãos se aguerriam nos tiros; subiam de todos os lados nos telhados, nas salas, e, assim que um [dos] veterano[s] aparecia entre as seteiras da torre, era atingido por cem fuzileiros, que o abatiam no mesmo instante, enquanto o tiro do canhão, as balas lançadas, derrubavam a segunda ponte levadiça e quebravam as correntes; o canhão das torres estrondava em vão, o pessoal estava protegido, o furor estava no auge, ou melhor, os cidadãos desafiavam a morte e o perigo; mulheres, à porfia, ajudavam com todas as suas forças; até crianças, depois das descargas do forte, corriam aqui e ali atrás de balas e metralha; furtivas e cheias de alegria, elas vinham se abrigar e apresentar as balas aos nossos soldados, que pelos ares levavam a morte aos covardes sitiados. [...]

Os senhores Élie, Hullin e Maillard saltavam para a ponte e ordenavam intrepidamente que o último portão fosse aberto; o inimigo obedecia. Os cidadãos queriam entrar; os sitiados se defendiam: todos que se opunham à passagem eram degolados; todo canhoneiro que avançava beijava o chão; os cidadãos se precipitavam, sedentos de carnificina; atacavam, tomavam as escadas, pegavam os prisioneiros, invadiam tudo: uns tomavam os postos, outros voavam sobre as torres, içavam a bandeira sagrada da pátria, sob os aplausos e o arroubo de um povo imenso."

(Fonte: citado em J. Godechot, *La Prise de la Bastille,*
14 juillet 1789, Paris, Gallimard, 1965)

---

4 Les Invalides, ou L'Hôtel des Invalides, é um conjunto de prédios, no sétimo *arrondissement* de Paris, que abriga museus e monumentos relacionados à história militar francesa. À época da revolução, localizavam-se ali também um hospital e um asilo para veteranos de guerra, os *invalides*. (N. E.)

Desde o início de julho, valendo-se do contexto das assembleias eleitorais nos Estados-gerais, a burguesia parisiense estabeleceu as bases de um novo poder, e o povo da capital começou a se insurgir, incendiando os postos da alfândega municipal. O recrudescimento dos tumultos no dia seguinte à demissão de Necker levou à jornada decisiva de 14 de julho: o povo toma a Bastilha, fortaleza e prisão real, que ainda resistia.[5] O alcance desse episódio vai muito além de um acontecimento pontual. Ele é o símbolo da arbitrariedade real e, de certo modo, do Antigo Regime que se encontra em decadência. A revolução popular parisiense avança em julho, após a condenação à morte de Bertier de Sauvigny, intendente da *généralité* de Paris, e sobretudo no início de outubro (nos dias 5 e 6), quando os parisienses, seguidos da Guarda Nacional, respondem às novas ameaças de reação marchando sobre Versalhes para trazer de volta a família real: "o padeiro, a padeira e o aprendiz do padeiro". Um programa que associa reivindicação política (controle da pessoa do rei) e reivindicação econômica. A partir dessa sequência de acontecimentos, podemos julgar o elo que une a revolução parlamentar no topo, tal como ela se afirma na Assembleia Nacional, e a revolução popular nas ruas. É claro que a burguesia é mais do que reservada com relação à violência popular e às formas brutais de luta pelo pão de cada dia. Mas, entre essas duas revoluções, há mais do que uma coincidência fortuita: graças à intervenção popular, a revolução parlamentar pôde concretizar seus êxitos e, graças ao 14 de julho, o rei teve de ceder, readmitindo Necker no dia 16 e, no dia 17, aceitando usar a roseta tricolor, símbolo dos novos tempos. Do mesmo modo, as jornadas de outubro deram um novo basta à reação planejada.

▲ *A essa altura, a pressão popular não é mais exclusivamente parisiense*, ao contrário. A exemplo de Paris, muitas cidades fizeram

---

5 Ver "Relato de um dos 'vencedores' da Bastilha", p.20.

A Revolução Francesa

sua revolução municipal, às vezes pacífica, quando as autoridades estabelecidas se retiraram sem nenhuma cerimônia, e às vezes à força, como em Bordeaux, Estrasburgo e Marselha, para citar apenas alguns nomes entre muitos outros. A chamada revolução camponesa não é consequência das revoluções urbanas: seguramente teve ritmo próprio e objetivos de guerra específicos. Depois dos primeiros motins da primavera de 1789, as revoltas rurais se estenderam para várias regiões (no Norte, no Hainaut e no Oeste, no Bocage normando, assim como no Leste, na Alta Alsácia, na Franche-Comté e, em seguida, no Mâconnais): manifestação antinobiliárquica, em que os castelos são incendiados com frequência, violenta e, às vezes, reprimida a duras penas. Nesse contexto de revoltas localizadas, a segunda quinzena de julho vê surgir um movimento próximo e ao mesmo tempo diferente: o Grande Medo, que alcançou mais da metade do território francês.

▲ *Esse pânico coletivo* pode ser lido como um eco deturpado, repercutido pelo campo, das revoluções urbanas. O tema é ao mesmo tempo simples e diverso; os aldeões pegaram em armas ao primeiro sinal de perigos imaginários: piemonteses nos Alpes, ingleses na costa, "bandoleiros" por toda a parte. Propagado por contato, esse temor se dissipou rapidamente, mas chegou aos confins do reino em poucos dias. Desencadeou a revolta rural e prolongou-se com saques de castelos e queima de títulos de impostos senhoriais. Nesse sentido, o Grande Medo é mais do que um movimento "saído das profundezas dos tempos", como disse Michelet: ele traduz a mobilização das massas camponesas e simboliza sua entrada oficial na revolução. Não que, num primeiro momento, a burguesia revolucionária tenha se mostrado compreensiva com essa intromissão indesejada. Em 3 de outubro de 1789, quando a Assembleia Nacional apresenta a questão, mais de um deputado do terceiro estado (como o economista Dupont de Nemours) pende para um vigoroso retorno à ordem. Surge da lucidez de alguns nobres "liberais" (Noailles,

23

D'Aiguillon...) a iniciativa que leva à famosa noite de 4 de agosto, quando os privilegiados sacrificam seu estatuto e o Antigo Regime sucumbe na sociedade e nas instituições.

O período entre o fim de 1789 e os primeiros meses de 1791 apresentou-se como uma oportunidade histórica que foi perdida pela aplicação pacífica dos elementos de um compromisso pelo qual as elites, antigas e novas, teriam entrado em acordo para estabelecer as bases da sociedade francesa moderna. Essa imagem é mais do que uma ilusão retrospectiva? Devemos reconhecer que as conquistas mais importantes, aquelas que puseram profundamente em questão a ordem social, como o fim da feudalidade em agosto de 1789, são fruto da pressão revolucionária coletiva. E a implantação do novo sistema político, longe de acontecer com base num compromisso amigável, revela tensões cada vez mais intensas. Sem dúvida, a melhoria da situação econômica no intervalo de um ano (1790) contribuiu para diminuir a pressão das massas populares, entretanto o chamado "ano feliz" foi apenas um parêntese. Mas foi nesse lapso que a burguesia revolucionária pôde tentar lançar as bases fundamentais do novo regime.

A revolução constituinte

▲ *A destruição do Antigo Regime social* foi vivamente travada, ao menos em teoria, na noite de 4 de agosto. A crítica da feudalidade por parte de nobres perspicazes e realistas leva a uma moção geral que tende a destruir o conjunto dos impostos feudais e dos privilégios. O episódio apresenta um aspecto de treino coletivo, numa emulação generosa, sem dúvida, em que nobres e sacerdotes abrem mão de seus privilégios.[6] No entanto, eles voltam atrás logo em seguida: o decreto final declara que a Assembleia

---

6 Ver "A noite de 4 de agosto", p.25.

Nacional "abole o sistema feudal por inteiro", mas introduz cuidadosas distinções entre diretos pessoais, irrevogavelmente abolidos, e "direitos reais" sobre a terra, declarados simplesmente resgatáveis. Apesar dessa restrição, a noite de 4 de agosto estabeleceu de fato as bases de um novo direito civil burguês, fundado na igualdade e na liberdade de iniciativa. A supressão subsequente dos títulos e dos privilégios nobiliárquicos, a dos parlamentos e dos corpos privilegiados, insere-se na linha direta dessas medidas. Era preciso reconstruir sobre essa tábua rasa: de fim de 1789 a 1791, a Assembleia Nacional Constituinte preparou a nova Constituição destinada a reger a França. Em 26 de agosto de 1789, ela prenunciou por declaração solene os Direitos do Homem e do Cidadão, que proclamavam os novos valores de liberdade, igualdade e segurança, assim como de propriedade.

A noite de 4 de agosto

Uma intervenção famosa, citada em Mémoires du temps.

"[...] o senhor Le Guen de Kerangal, proprietário produtor e deputado da Bretanha, subiu em trajes de camponês à tribuna e leu, com dificuldade, um longo discurso composto para a ocasião.

'Os senhores teriam evitado o incêndio dos castelos se tivessem sido mais diligentes em declarar que as armas terríveis que eles guardavam, e que atormentavam o povo havia séculos, seriam destruídas pelo resgate forçado que os senhores haviam ordenado. O povo, impaciente para obter justiça, e cansado da opressão, apressou-se em destruir esses títulos, monumentos da barbárie de nossos pais! Sejamos justos, senhores, que se nos tragam esses títulos, ultrajando não só o pudor, mas a própria humanidade! Esses títulos que humilham a espécie humana, exigindo que homens sejam atrelados a carroças, como animais de amanho! Que se nos tragam esses títulos que obrigam os homens a passar a noite a bater os charcos para impedir que rãs perturbem o repouso de seus senhores voluptuosos! Quem de nós não se transformaria em pira expiatória desses infames pergaminhos, e não carregaria a chama para sacrificá-la no altar do bem público? Os senhores somente trarão de volta a calma à França agitada quando tiverem prometido ao povo que converterão em dinheiro, resgatáveis à discrição, quaisquer direitos feudais; e que as leis que os senhores promulgarão aniquilarão até o mais ínfimo traço desse regime opressor...'."

(Fonte: Marquês de Ferrières, *Mémoires*, Berville et Barrière, 1822, t.1, p.182-7)

A elaboração da nova Constituição não ocorre num clima de serenidade. Durante esse período, um novo estilo de vida política surge no calor da ação. Uma classe política se estrutura, dividindo-se em tendências, senão em partidos: os aristocratas à direita, os monarquistas no centro e os patriotas à esquerda. Líderes e porta-vozes se impõem: Cazalès e o abade Maury entre os aristocratas, Mounier e Malouet no centro. Os patriotas se dividem entre Mirabeau, orador eloquente, homem de Estado ambíguo, que se vende secretamente para a corte, e La Fayette, que sonha em ser o Washington francês. Na extrema esquerda, poderíamos dizer, impõe-se o chamado "triunvirato": Duport, Lameth e sobretudo Barnave, analista perspicaz, mas que se apavora com o rumo das coisas. Por último, ainda isolados na época, os futuros líderes, Robespierre e o abade Grégoire, anunciam um ideal democrático que ainda estava longe de ser aceito.

▲ *A discussão da futura Constituição* ocupou boa parte das sessões da Assembleia: certo número de questões cruciais consolidou as oposições, como o problema do direito de paz e de guerra (por iniciativa do rei ou da Assembleia?) ou do direito de veto, que dava à realeza a possibilidade de vetar uma lei votada pela Assembleia, mesmo durante uma legislatura (veto suspensivo). Mas, antes da conclusão do ato constitucional, as necessidades do momento levaram a Assembleia Constituinte a tentar novas experiências, em campos insuspeitos. Assim, a crise financeira, herdada da monarquia do Antigo Regime, não resolvida, levou

A Revolução Francesa

à experiência monetária dos *assignats*, papel-moeda garantido pela venda da propriedade eclesiástica que foi nacionalizada em benefício da nação. Consequentemente, a Assembleia teve de conceder ao clero um novo estatuto, remunerando seus membros como funcionários públicos: trata-se da "Constituição Civil do Clero", votada em julho de 1790, e cujas consequências foram enormes. Por mais revolucionária que seja, a decisão de pôr os bens do clero à disposição do país, tomada no fim de 1789 (2 de novembro), não contraria a tradição galicana. Mas a partir de 1790 a aventura dos *assignats*, que rapidamente assumem a função de uma moeda-papel, começou a pesar: a rápida depreciação dos *assignats* e a inflação que resultou daí seriam os elementos essenciais da crise socioeconômica revolucionária. Por outro lado, a venda dos bens do clero, transformados em bens nacionais, também teve consequências sérias. A operação, criticada pelos contrarrevolucionários, não escapou ao público: em 1790 e sobretudo em 1791, as vendas estavam adiantadas, vinculando indissoluvelmente à causa da revolução o grupo de compradores dos bens nacionais.

Essa consolidação do campo da revolução teve sua contrapartida: a venda dos bens nacionais e em especial a Constituição Civil do Clero provocaram um cisma profundo em toda a nação. Votada em julho de 1790, a Constituição Civil transformava os párocos e os bispos em funcionários públicos eleitos no âmbito das novas circunscrições administrativas. Também exigia um juramento de fidelidade à Constituição do reino. A condenação do sistema pelo papa Pio VI, em abril de 1791, provoca um cisma que opõe os padres e o clero constitucional (que prestaram juramento) aos chamados refratários. Entre um e outro, uma cisão irreversível se delineia. Apenas 7 dos 130 bispos prestaram juramento, enquanto o corpo paroquial se dividiu mais ou menos ao meio; contudo, conforme a região, como veremos, essa divisão definiu durante anos as zonas de fidelidade ou indiferença religiosa e, naquele momento, o mapa do cisma constitucional, assim como dos tumultos que ocorreram em seguida.

Antes de prosseguir a escalada revolucionária, é legítimo interromper a história e considerar a possibilidade de uma estabilização, com base nos resultados conquistados? Os contemporâneos acreditaram que sim, e foi por isso que deram tanta importância às festas da Federação, celebradas incessantemente em julho de 1790 e repetidas com menos convicção nos anos seguintes. A ideia surgiu na província, primeiro no Sudoeste e depois em várias cidades. Reticente de início, a Assembleia decidiu adotá-la, fazendo os parisienses comemorarem a tomada da Bastilha em 14 de julho de 1790, na esplanada do Campo de Marte. A cerimônia foi grandiosa, ilustrando o ideal de unidade nacional e a sonhada unanimidade de um momento. Semi-improvisada, mas com um êxito considerável, a festa parisiense é a demonstração mais espetacular e bem-acabada daquilo que podemos chamar de unanimismo da revolução burguesa.

A escalada revolucionária: resvalo ou continuidade?

Um ano depois, essa ficção não será encenada novamente: em 17 de julho de 1791, numa lembrança amarga da festa da Federação, o mesmo cenário serve de palco para um massacre, o "fuzilamento do Campo de Marte": membros do Clube dos Cordeliers, que exigem a destituição do rei Luís XVI, são fuzilados pela Guarda Nacional em razão da lei marcial, sob a responsabilidade do prefeito Bailly e de seu comandante La Fayette. Abre-se um fosso entre a revolução constituinte das elites encarnadas por eles e a corrente da revolução popular, e ele só faz crescer.

▲ *A interpretação dessa reviravolta na revolução não é fácil.* Entre 1791 e a queda da realeza, em 10 de agosto de 1792, a marcha

A Revolução Francesa

revolucionária muda de curso: seria por efeito de uma transposição autodinâmica e inevitável, ou por uma convergência fortuita de fatores? Tempos atrás, certos historiadores (F. Furet e D. Richet) fizeram avançar a ideia de um resvalo da revolução. Para eles, a intervenção das massas populares urbanas ou rurais nos rumos de uma revolução liberal que conseguiu seus objetivos principais não estava na ordem do dia. O temor exagerado de uma contrarrevolução mítica, apoiada na teoria de um complô aristocrático, teria despertado os velhos demônios populares e provocado o arroubo do processo revolucionário. Inversamente, a imperícia ou mesmo o patente jogo duplo do rei, assim como as intrigas dos aristocratas dentro e fora do reino, facilitaram esse resvalo, e quem pagou o pato foi o frágil compromisso ainda em experiência entre as elites, representadas tanto por nobres quanto por burgueses. Embora F. Furet tenha revisto esse conceito, o questionamento não pode ser evitado. Este faz pouco caso da importância da ameaça contrarrevolucionária, negligenciando a violência das frentes de luta em todo o país.

▲ *A contrarrevolução em ação é*, em primeiro lugar, o grupo dos emigrados: o movimento começou no outono de 1789, com a fuga dos cortesãos mais comprometidos e dos príncipes de sangue (o conde de Artois); ela ainda não era numericamente importante. Mas a Constituição Civil do Clero e o agravamento dos antagonismos engrossaram o movimento entre 1790 e 1792; a emigração se organiza às margens do Reno, em torno do príncipe de Condé, e em Turim, em torno do conde de Artois. Começa-se a tecer uma rede de conspirações no país com o intuito de provocar tumultos contrarrevolucionários ou, em Paris, com o objetivo de organizar a fuga do rei (conspirações do marquês de Favras). Essas iniciativas encontram terreno fértil, a princípio pouco no Oeste, mas sobretudo no Midi da França. Aqui, misturam-se conflitos e antagonismos sociais, religiosos e políticos arraigados, em particular em regiões onde há contato confessional: Nîmes e Montauban, onde os protestantes aceitam bem a revolução e, com isso, conseguem sua emancipação. Nas montanhas do Vivarais, no sudoeste do Maciço Central, agrupamentos contrarrevolucionários armados (campos de Jalès) sucedem-se de 1790 a 1793. E as cidades do Midi, de Lyon a Marselha, passando por Arles, são palco de graves confrontos entre 1791 e 1792, testemunho de um equilíbrio muito precário entre revolução e contrarrevolução. Esta última ainda possui apoios sólidos no aparelho do Estado e, ao lado das atividades conspiratórias, não é difícil identificar uma contrarrevolução oficial ou de cúpula: em Nancy, em agosto de 1790, o marquês de Bouillé, comandante militar, reprime violentamente a revolta dos soldados da guarda patriotas do regimento de Châteauvieux. Essa tentativa de fortalecimento do poder, apoiada no exército e com objetivos contrarrevolucionários, não é a única.

Nesse contexto, a atitude do rei não deixa de ser coerente. Já disseram que ela foi hesitante e inábil, mas o que é certo é que Luís XVI é pego no fogo cruzado das sugestões de seus conselheiros (Mirabeau, La Fayette, Lameth ou Barnave), além de seus contatos familiares com o estrangeiro ou com os emigrados, que são essenciais para ele. O resultado de toda uma série de negociações realizadas em segredo é conhecido: em 20 de junho de 1791, a família real em peso abandona o palácio das Tulherias. Reconhecida no caminho, é presa e levada de volta para Paris. O anúncio da fuga causa estupor nos parisienses e em toda a França.

▲ *Como contraponto a essa história de resistência e contrarrevolução,* insere-se a da politização e do crescente engajamento das massas urbanas e por vezes das rurais. Sem dúvida, o despertar do mal-estar econômico contribuiu para essa mobilização: depois da trégua de 1790, uma colheita incerta em 1791, agravada pela especulação e pela inflação provocada pela desvalorização dos *assignats*, deu novo ímpeto à reivindicação popular. Mais profundamente ainda, há uma emancipação de fato com relação

A Revolução Francesa

aos restos do desconto senhorial, por uma recusa muitas vezes violenta de pagar os direitos que haviam sido declarados resgatáveis em 1789. Além disso, entre o inverno de 1791 e o outono de 1792, os motins camponeses se repetem: nas planícies de grandes culturas, entre o Sena e o Loire, imensas tropas de camponeses vão de mercado em mercado para fixar um preço máximo (uma taxa) para os grãos e o pão. Em todo o Sudoeste, desde os Alpes até o Languedoc e a Provença, eles saqueiam e incendeiam os castelos.

Isso vale para o campo; nas cidades e nas aldeias, clubes e sociedades populares se multiplicam, cobrindo o território nacional com uma rede muitas vezes densa. Em Paris, o Clube dos Jacobinos vinha construindo uma reputação considerável desde 1789, tanto como ponto de encontro e análise, onde as grandes decisões da Assembleia eram preparadas, quanto pelo número de sociedades filiadas a ele: superou com sucesso a crise de Varennes e a agitação que ela provocou na opinião pública. A admissão no Clube dos Jacobinos é mais seletiva e fechada que a dos outros, como o Clube dos Cordeliers, em que se ouvem oradores populares como Danton ou Marat, "o amigo do povo". O crescimento da imprensa, outra novidade revolucionária, é um dos elementos dessa politização acelerada: desde a extrema direita, com os *Atos dos Apóstolos*, até os órgãos mais democráticos, com as *Révolutions de France ou de Brabant*, de Camille Desmoulins, e *L'Ami du Peuple*, de Marat, passando pelo *Courrier de Provence*, de Mirabeau.

Contrarrevolução ou revolução radicalizada, amparada na politização popular, esse é o verdadeiro dilema que se apresenta aos líderes da revolução burguesa no fim de 1791, quando o ato constitucional que deveria reger o novo sistema é concluído. Para não comprometer um equilíbrio frágil, a ficção de que o rei não fugira por vontade própria, mas que havia sido sequestrado, é aceita, e isso permite que se lhe restituam suas prerrogativas... em detrimento dos revolucionários destacados, por quem o próprio princípio da monarquia começa a ser fortemente contestado.

31

Iniciando-se com a Declaração dos Direitos, prolongando-se numa reorganização profunda do sistema político, assim como das estruturas da administração, da justiça, das finanças e mesmo da religião, a Constituição de 1791, sancionada pelo rei em 13 de setembro, muito mais do que um documento circunstancial, é a expressão mais bem-acabada da revolução burguesa constituinte, em seu ensaio de monarquia constitucional.

A Assembleia Legislativa e a queda da monarquia

É sobre as bases desse novo sistema que se reúne em 16 de dezembro de 1791 a nova Assembleia Legislativa, duplamente nova, já que os constituintes haviam se declarado não reelegíveis. Muitos se apresentam com a firme intenção de pôr um ponto final na revolução ou, como diz Dupont de Nemours, de "quebrar a máquina de insurreições". Essa tendência constituirá o grupo dos *feuillants*, do clube de mesmo nome, que surgiu da cisão do Clube dos Jacobinos, ocorrida após o massacre do Campo de Marte, e era numeroso na Assembleia (263 de 745), mas se dividia entre partidários de La Fayette e partidários do triunvirato (Barnave, Duport e Lameth). Do outro lado, os que logo foram chamados de brissotinos e que mais tarde se tornaram os girondinos: um grupo de dirigentes associa elementos brilhantes (Vergniaud, Guadet, Roland, Condorcet) em torno de Brissot; à esquerda, sobressaem-se alguns democratas destacados (Carnot, Merlin, Chabot). Para definir essas atitudes, é mais cômodo partir da frase de Jérôme Pétion, prefeito de Paris, que escreveu: "A burguesia e o povo unidos fizeram a revolução. Apenas a união deles pode conservá-la". Mas de que união se trata? Para alguns líderes que estavam fora da Assembleia, mas tinham influência, como Robespierre, entre os jacobinos, e Marat, com seu jornal, essa condição de sobrevivência é muito mais do que uma aliança de conveniência. Os brissotinos, ao contrário, viam nessa aliança apenas uma necessidade que será tolerada com cada vez menos paciência. Entre eles e o movimento popular, o encontro é ambíguo: eles não confiam na turbulência do povo e não compartilham suas aspirações sociais e econômicas, como bons partidários do liberalismo econômico que são.

▲ *O propulsor dessa evolução é incontestavelmente a guerra,* que endurece as posições políticas e exacerba as tensões sociais. O crescimento da ameaça externa não é novo: a Assembleia Constituinte, apesar da "declaração de paz ao mundo", já havia esbarrado na hostilidade da Europa monárquica, inquieta por conta da solidariedade dinástica, mas sobretudo por temor do fermento revolucionário. Ocupados durante algum tempo com outras frentes (a divisão da Polônia), os soberanos (rei da Prússia, imperador da Áustria...) concordaram em propor, pela declaração de Pillnitz, de agosto de 1791, uma coalizão das potências monárquicas contra o perigo revolucionário, mas a proposta ficou apenas na intenção.

Talvez cause surpresa que, na França, a maioria das tendências políticas – um encontro suspeito, baseado em pressupostos muito diferentes – tenha cogitado favoravelmente a hipótese de um conflito. O rei e seus conselheiros esperavam uma vitória fácil dos soberanos estrangeiros; de sua parte, La Fayette sonhava com uma guerra vitoriosa, que o colocaria num papel eminente. Em março, apostando na política do "quanto pior, melhor", o rei substitui seus ministros *feuillants* por um ministério jacobino ou brissotino liderado por Roland. É que, paradoxalmente, os brissotinos têm a mesma disposição belicosa e esperam que a guerra, prova definitiva, obrigue o rei e seus conselheiros a se mostrar como realmente são e faça a situação amadurecer. Durante o inverno, praticamente sozinho na tribuna do Clube dos Jacobinos, Robespierre denunciou os perigos de uma guerra que pegaria a Revolução Francesa despreparada, exacerbaria o perigo da contrarrevolução e revelaria talvez um salvador militar

Michel Vovelle

providencial... No dramático debate entre Brissot e Robespierre diante dos jacobinos, Brissot vence. Em 20 de abril de 1792, é declarada guerra ao "reino da Boêmia e da Hungria"; a revolução enfrentaria em breve uma coalizão formada pela Prússia, o Imperador, a Rússia e os reis do Piemonte e da Espanha. Seguindo o prognóstico dos brissotinos, a guerra obriga o rei a tirar a máscara e mostrar suas armas: valendo-se de seu "veto", ele se recusa a promulgar as decisões de emergência da Assembleia (como a que criava em Paris um campo de federados oriundos das províncias, ou as que visavam os padres refratários e os emigrados) e demite o ministério brissotino.

As esperanças do rei e dos aristocratas logo se confirmam: os primeiros confrontos se revelam desastrosos para os exércitos franceses, em plena desordem por causa da emigração de metade de seus oficiais. Nas fronteiras do Norte, as tropas debandam, enquanto no país a tensão aumenta. Aproveitando a vantagem, os aliados tentam uma grande jogada, lançando em 15 de julho de 1792 o famoso *Manifesto de Brunswick*, no qual ameaçam "entregar Paris à execução militar e à subversão total". O aumento do perigo provoca uma jornada revolucionária – mais uma vez, semi-improvisada – em 20 de junho de 1792: os manifestantes invadem o palácio das Tulherias e tentam em vão intimidar o rei, que se contrapõe com a coragem passiva de que é capaz. A jornada é um fracasso, mas dá novo ânimo à mobilização popular. No país – como no Midi, então à frente do engajamento revolucionário – multiplicam-se as mensagens que pedem a destituição do rei. Em 11 de julho, a Assembleia decreta solenemente "a Pátria em perigo", e batalhões de federados chegam das províncias – entre eles, os famosos marselheses, que popularizam seu canto de marcha, "A marselhesa".

No verão escaldante de 1792, ocorre talvez uma das mais importantes reviravoltas da marcha revolucionária. Não há mais unanimidade na frente da burguesia revolucionária com relação ao movimento popular que se mobiliza nas "seções" (assembleias de bairro) e nos clubes da província e de Paris para se tornarem a força motriz da iniciativa revolucionária. Os brissotinos, que haviam sido apenas cúmplices passivos na jornada de 20 de junho, ficaram tentados a firmar um compromisso com os defensores da ordem monárquica por medo de não dar conta do recado. Mas eles perderam a iniciativa para a Comuna Insurrecional de Paris, para os *sans-culottes* seccionários, dispostos a pegar em armas, e para o Clube dos Cordeliers, com o apoio de certo número de líderes (Marat, Danton, Robespierre).

▲ *A jornada decisiva ocorre em 10 de agosto:* a insurreição preparada vê os seccionários parisienses e os "federados" das províncias marcharem sobre o palácio das Tulherias, abandonado pela família real. A insurreição popular triunfa depois de uma batalha mortal com os guardas que fazem a defesa do palácio. A Assembleia vota a suspensão do rei de suas funções e manda confinar a família real na prisão do Templo. Decide convocar uma Convenção Nacional, eleita por sufrágio universal, para governar o país, que se torna uma república em 21 de setembro, e dotá-lo de uma nova Constituição. Uma nova fase se inaugura na revolução.

A jornada de 10 de agosto, relatada pelo embaixador de Gênova

"Na manhã de sexta-feira, observava-se um grande número de guardas nacionais, que pareciam dispostos a defender o rei. Mas, ao contrário, por volta das 9h45, o povo, misturado com outros destacamentos da Guarda Nacional e com os federados, preparava-se para entrar à força no palácio. Então todas as portas foram abertas, os canhoneiros giraram seus canhões contra o palácio e a Guarda Nacional, que parecia estar ali para impedir o acesso, tomou de súbito o partido do povo e da outra fração da Guarda. Tanto que apenas o batalhão de voluntários das Filhas de São Tomás e o regimento de guardas do palácio, que contava com cerca de 1.500 homens, participaram da resistência e foram os primeiros a atirar contra o povo, matando assim cerca de duzentos federados marselheses e

talvez o mesmo tanto de indivíduos do povo e da Guarda Nacional. Contudo, eles sucumbiram logo ao número infinitamente superior de agressores, reforçado por uma artilharia numerosa e por toda a gendarmaria montada, que desde o início se enfileirou ao lado dos agressores. Os guardas do palácio foram todos massacrados e saqueados, e parece impossível dar uma explicação plausível para a barbárie e os insultos de que foram objeto seus cadáveres. Alguns dos guardas do palácio que foram até a Guarda Nacional e pediram misericórdia foram decapitados pela fúria popular, e seus corpos foram jogados pelas janelas. O número de mortos oscila entre 2 mil e 2.500. Felizmente, o rei, a rainha, o delfim e toda a família real foram, por volta das 8 horas, antes que o assalto começasse, à Assembleia Nacional e ali permaneceram sãos e salvos durante todo o dia. Mas que terror e desolação não devem ter sentido! Todas as pessoas da criadagem e ligadas ao serviço da família real foram massacradas."
(Fonte: Arquivos de Gênova, *Correspondance de Spinola*, 22-65, citado em M. Reinhard, *La Chute de la royauté*, Paris, Gallimard, 1969, p.602-3)

Essa etapa termina com dois acontecimentos espetaculares: a vitória de Valmy, em 20 de setembro de 1792, interrompe o avanço dos prussianos, que haviam chegado ao interior de Champagne, e muda o curso de uma campanha até então desastrosa. Valmy não é uma grande batalha: é um bombardeio que termina com a retirada do Exército prussiano. Mas esse encontro tem uma importância histórica fundamental, que não escapou aos contemporâneos, como Goethe, que testemunhou a cena. As tropas francesas, ainda improvisadas e mal treinadas, resistem ao confronto com as tropas prussianas. Essa é uma vitória simbólica que vai muito além de suas consequências materiais imediatas.

Em contrapartida, os massacres de setembro entram no *palmarès* da revolução como uma daquelas páginas obscuras sobre as quais se jogou um véu. Essa reação apavorada se explica pelo duplo temor da invasão do inimigo e do complô interno, ou, como se dizia, da "facada nas costas". Além disso, o poder vacante

– com o rei na prisão, o poder de decisão compete ao Conselho Executivo Provisório, dominado pela personalidade de Danton – explica o fato de que a fúria popular não tenha encontrado oposição. De 2 a 5 de setembro, uma multidão se dirige às prisões da capital e massacra cerca de 1.500 presos: aristocratas, um grande número de clérigos (mais de trezentos) e presos de direito comum. Esse massacre, porém, entende-se como a expressão de uma forma de justiça popular, ao menos com um simulacro de julgamento. A fase da revolução das elites e do compromisso termina com o contraste entre essas duas imagens. Tem início então uma nova etapa, quando a burguesia revolucionária é obrigada a se conciliar com as massas populares.

Gironda e Montanha

Devemos recordar a frase de Pétion, prefeito de Paris, que declarou em 1792 que o único meio de garantir o sucesso da revolução era a união "do povo e da burguesia". Significativamente, mais uma vez é Pétion que declara na primavera de 1792: "Suas propriedades estão em perigo". Essas atitudes sucessivas de um homem que durante certo tempo ficou indeciso entre a Gironda e a Montanha demonstram o racha da burguesia francesa depois da queda da monarquia.

Evidentemente, para uma parte da classe política, a subversão social representa o maior perigo, e o retorno à ordem traduz a necessidade do momento. Para outros, ao contrário, o que importa é a defesa da revolução contra a ameaça aristocrática – ameaça interna de contrarrevolução, ameaça externa da coalizão europeia – e essa defesa exige uma aliança com o movimento popular, ainda que isso signifique satisfazer, ao menos em parte, as reivindicações sociais dessas camadas e adotar uma política muito distante do respeito às formas constitucionais, recorrendo a meios de exceção.

Há entre essas duas atitudes da classe política uma distinção que separa dois grupos diferentes de recrutas ou apenas um contraste entre duas posições políticas expressas pelas denominações "girondinos" (ou "brissotinos") e "montanheses"? Os historiados de antigamente, como A. Cobban, analisaram os recrutas dos Estados-gerais dos dois partidos que dividiam a Convenção e concluíram que não havia diferença sociológica entre eles: montanheses e girondinos saíram das mesmas camadas. Conclusão apressada, que não é confirmada por nada em que se possam analisar, com exceção dos Estados-gerais, as massas jacobinas ou girondinas em ação (como se verá na crise federalista); trata-se de um recrutamento que não tem nada de idêntico ou intercambiável. Aliás, a simples geografia eleitoral reflete as origens diferentes dos girondinos e dos montanheses: os grandes portos, como Nantes, Bordeaux e Marselha, retrato da prosperidade do capitalismo comercial, enviaram os líderes daqueles que foram chamados significativamente de "girondinos", como Vergniaud, Gaudet e Gensonné, que se juntaram a Brissot ou Roland. Mas houve outros enviados da província, como Rabaut, ministro aposentado de Nîmes, o marselhês Barbaroux ou Isnard, um rico perfumista de Grasse... A Montanha, ao contrário, está enraizada nas cidadelas do jacobinismo (Paris ou província): Robespierre, Danton, Marat e, com eles, recém-chegados como Couthon e Saint-Just. Mas convém não esquecer que nem a Gironda nem a Montanha têm maioria na Assembleia. À parte, ou no centro, um grupo grande de deputados – que seria designado por vários termos, como "Planície" ou "Pântano" – representa uma forte massa de arbitragem que penderia ora para a Gironda, ora para a Montanha.

As atitudes da classe política – e seria tão caricatural opô-las, reduzindo-as de maneira mecanicista a clivagens sociológicas, quanto acreditar que são intercambiáveis e puros produtos do acaso – definem-se melhor se levarmos em conta uma terceira força além das assembleias. Essa força é a das massas populares dos *sans-culottes*, que amadureceram durante a crise do verão de 1792 e organizaram-se nas assembleias seccionais urbanas ou nas sociedades populares. Desses grupos saíram líderes ou simplesmente porta-vozes eventuais, como os "furiosos" de 1792-1793, cujos militantes eram Varlet, Leclerc e sobretudo Jacques Roux, o padre vermelho, que mantêm contato e representam as necessidades e as aspirações da arraia-miúda. Depois da repressão que calou os furiosos, outro grupo se constitui em torno de Hébert, de Chaumette e da Comuna de Paris. Os hebertistas aspiraram ao menos assumir a direção do movimento dos *sans-culottes* e apoiar-se nele. Os estudos realizados hoje sobre a província mostram cada vez mais que esse tipo de militante não foi uma particularidade parisiense. Do outono de 1792, quando houve a irrupção dos tumultos rurais, até o inverno e a primavera de 1793, quando Paris assistiu a tumultos e saques não apenas de grãos, mas também de açúcar e café, a "arraia-miúda" foi para as ruas e envolveu-se diretamente na condução da revolução.

▲ *O confronto entre a Gironda e a Montanha era inevitável:* ocorreu do fim de 1792 até junho de 1793. Os principais episódios desse confronto foram o processo de Luís XVI e os acontecimentos da política externa: uma expansão vitoriosa, seguida de sérios reveses, e o motim da Vendeia na primavera, que inaugurou uma nova frente interna.

Preso no Templo, Luís XVI foi julgado pela Convenção em dezembro de 1792. A Gironda pendia para a clemência; tentou propor soluções para evitar a pena capital: banimento ou detenção até que a paz se estabelecesse ou até a ratificação popular. Ao contrário, os líderes montanheses, como Marat, Robespierre ou Saint-Just, uniram-se para, cada um à sua maneira, exigir a morte do rei, em nome da salvação pública e das necessidades da revolução. Ela recebeu 387 votos dos 718 deputados, e Luís XVI foi executado em 21 de janeiro de 1793. Praticando "um ato de providência nacional", como disseram eles, os membros da

Convenção estavam muito conscientes de garantir a marcha agora irreversível da revolução, e um deles (Cambon) traduziu esse sentimento, dizendo que eles haviam "desembarcado numa ilha nova e incendiado os barcos que os levaram até ela".

▲ *A guerra nas fronteiras* se intensifica com a execução do rei. Os soberanos europeus, ocupados com outras frentes (a Polônia), permitiram que os exércitos franceses explorassem a vitória de Valmy até 1793. Vitoriosas em Jemmapes, as tropas revolucionárias ocuparam os Países Baixos austríacos e tomaram a Saboia e o condado de Nice do Piemonte, anexando-os após consulta popular. No Norte, a Renânia – de Mainz a Frankfurt – passou para o domínio francês. Sob certos aspectos, o antigo sonho monárquico das fronteiras naturais se concretizou, mas reformulado em termos muito diferentes, sob o lema emancipador: "Guerra aos castelos, paz às choupanas". Num primeiro momento, a revolução traz liberdade, mas em seguida aparecem apenas os aspectos negativos da conquista, os saques e as espoliações. A execução de Luís XVI engrossa a coalizão com novos parceiros: Espanha, reino de Nápoles, príncipes alemães e, sobretudo, Inglaterra, que se sente diretamente ameaçada pela anexação da Bélgica. Os ventos mudam de direção: os franceses colecionam derrotas na primavera de 1793 (Neerwinden, cerco e capitulação de Mainz) e perdem a Bélgica e a Renânia.

▲ *A abertura de uma frente interna de guerra civil agrava a situação:* a insurreição de Vendeia, no Oeste da França, estoura no início de março de 1793 e espalha-se rapidamente. À primeira vista, trata-se de um motim de camponeses, com líderes de origem popular (o couteiro Stofflet, o contrabandista Cathelineau...), mas aos poucos, por pressão dos camponeses, alguns nobres entram e organizam o movimento (Charette, D'Elbée...), e as aldeias e as cidades que permaneciam republicanas são levadas pela corrente. Esse motim teve mais de uma interpretação: a análise de suas causas é complexa. O sentimento religioso arraigado nessas regiões, que durante muito tempo foi apontado como causa principal, teve um papel importante na origem dessa mobilização a favor da causa monárquica, mas não explica tudo. A hostilidade em relação ao governo central, numa região que é contra o imposto e, sobretudo, contra os alistamentos (alistamento de 300 mil homens decretado pela Convenção), talvez seja o fator mobilizador mais imediato. As novas interpretações apresentadas pelos historiadores mais recentes ressaltam sobretudo o enraizamento do movimento num contexto socioeconômico em que os reflexos antiurbanos e antiburgueses, portanto antirrevolucionários, dos camponeses eram fortes o suficiente para vencer a hostilidade contra o Antigo Regime.

Esses problemas e reveses põem em questão a hegemonia dos girondinos, grupo dominante no início da Convenção e líder do governo, com o ministro Roland (marido da famosa madame Roland, musa do partido girondino). Para firmar sua autoridade, os girondinos tentaram tomar a ofensiva contra os montanheses, acusando seus líderes (Robespierre, Danton e Marat) de querer uma ditadura. A tentativa foi um fracasso, e Marat, levado a julgamento, foi absolvido triunfalmente dessa acusação.

Apesar das reticências girondinas, a pressão dos perigos que cercam a República leva à implantação de um novo sistema de instituições: primeiro, um tribunal criminal extraordinário em Paris (que viria a ser o Tribunal Revolucionário); segundo, uma rede de comitês de vigilância nas cidades e nas aldeias, de olho nos suspeitos e nas atividades revolucionárias; terceiro, a criação do Comitê de Salvação Pública, em abril de 1793, que foi dominado no início por Danton. Excluídos da direção da revolução, os girondinos tentaram em vão contra-atacar, às vezes com imprudência: num discurso famoso, um de seus porta-vozes (Isnard) ameaçou Paris de uma subversão total ("procurariam nas margens do Sena se Paris existiu"), se o núcleo do influxo revolucionário desrespeitasse a legalidade. Diante da provocação, a Montanha, apoiada no movimento seccionário parisiense, respondeu depois de uma primeira manifestação improvisada em 31 de maio – um golpe para nada. Em 2 de junho de 1793, a Convenção foi cercada pelos batalhões seccionários; sob ameaça, teve de aceitar a prisão de 29 deputados girondinos, os cabeças do partido. Vitória política decisiva para os jacobinos e para a Montanha. Mas esse triunfo é ambíguo: como declara Barère, porta-voz do Comitê de Salvação Pública, a República é uma fortaleza sitiada. Os austríacos invadiram as fronteiras do Norte, os prussianos estão na Renânia, os espanhóis e os piemonteses ameaçam o Midi. Os insurgentes da Vendeia intitulam-se "exército católico e real" e são barrados a duras penas às portas de Nantes.

▲ *A queda dos girondinos provoca como consequência outra guerra civil,* na forma de revolta das províncias contra Paris: a revolta federalista. No Sudeste, Lyon se insurge contra a Convenção e é cercada. No Midi, com o apoio de parte do Sudoeste, Bordeaux – e mais ainda a Provença – entra em confronto com a Marselha insurgente e com Toulon, que os contrarrevolucionários haviam entregado à Inglaterra. Na França setentrional, apenas a Normandia rebela-se às claras e lança um pequeno exército contra Paris, rapidamente dispersado. Mas é também da Normandia que Charlotte Corday parte para Paris para assassinar Marat, o tribuno popular. Sob a pressão conjugada dessas ameaças, o encontro – podemos dizer aliança? – entre a burguesia jacobina, cujos representantes na Convenção são os montanheses e cujo poder executivo é o Comitê de Salvação Pública, e as massas populares dos *sans-culottes* é fortalecido. Trata-se de uma solidariedade sem falhas? O historiador Daniel Guérin considerava que os "braços nus", cujos porta-vozes foram os furiosos e cuja energia foi canalizada pelos hebertistas, tinham condições de ir além do estágio de uma revolução democrática burguesa e realizar os objetivos específicos de uma revolução popular. Por essa leitura, a aliança a que nos referimos parece uma mistificação: a força coletiva dos "braços nus" é utilizada pela burguesia robespierrista para seus próprios fins. Desde então, os trabalhos de Albert Soboul insistem na heterogeneidade do grupo dos *sans-culottes*, que de maneira nenhuma pode ser considerado a vanguarda de um proletariado... ainda que em seus primórdios. Sejam quais forem suas contradições, os *sans-culottes*, sobretudo os de Paris, permanecem ainda assim no centro do dinamismo revolucionário até o fim de 1793, ou mesmo até a primavera de 1794. Por uma pressão constante e ativa, eles impõem ao governo revolucionário a realização de algumas de suas palavras de ordem: no campo econômico, controle e taxação dos preços, com a definição de um máximo (setembro de 1793); no campo político, a inclusão do Terror na ordem do dia, contra os aristocratas e os inimigos da revolução, e a Lei dos Suspeitos (17 de setembro de 1793), que põe sob vigilância e repressão toda uma nebulosa de inimigos virtuais. Mas os tumultos de setembro de 1793 – praticamente a última manifestação armada da pressão popular –, durante os quais os *sans-culottes* impõem suas palavras de ordem à Convenção (4 e 5 de setembro), foram também sua última vitória. De fato, durante esse período a burguesia montanhesa molda e estrutura as engrenagens do governo revolucionário que se inserem como contraponto ao ideal de democracia direta dos *sans-culottes*.

O governo revolucionário

Quem era então o governo revolucionário que governou a República nesse período crucial do ano II, de setembro de 1793 a julho de 1794? Depois da queda da Gironda, em junho de 1793, a Convenção elaborou e votou às pressas um texto constitucional (a chamada Constituição do ano I), ratificado em julho pelo povo. Esse texto, que dá forma à expressão mais avançada do ideal democrático da Revolução Francesa, é extremamente importante, mas nunca foi aplicado, porque a Convenção decretou "o governo da França revolucionária até a paz". Necessidade assumida de um parêntese em virtude das exigências da luta revolucionária.

O governo revolucionário chegou a sua forma acabada no famoso decreto de 14 de frimário do ano II, aquele mesmo que define a revolução como "a guerra da liberdade contra seus inimigos".

▲ *A peça central do sistema é o Comitê de Salvação Pública,* eleito e renovado mensalmente pela Convenção, mas que permaneceu inalterado até o Termidor. Seus dirigentes, já famosos ou recém-chegados, merecem apresentação. Robespierre, o "incorruptível", Saint-Just, então com 26 anos, e o jurista Couthon são a cabeça política dessa direção colegiada. Outros são mais técnicos: Carnot, oficial de engenharia e "organizador da vitória", Jean Bon Saint-André, encarregado da Marinha, e Prieur, responsável pelos mantimentos. Alguns ocupam cargos específicos, como Barère, encarregado da diplomacia e porta-voz do comitê na Convenção, ou Collot d'Herbois e Billaud-Varenne, que se mantêm simpáticos e ligados ao movimento popular. Apesar das tensões, que se tornaram sérias apenas em sua última fase, o Comitê de Salvação Pública foi a peça-chave da coordenação da atividade revolucionária. Essa importância ofusca os outros elementos do governo central: os ministros são subordinados à iniciativa do Comitê de Salvação Pública, e mesmo o outro "grande" comitê, o Comitê de Segurança Geral, atém-se à coordenação da aplicação do Terror.[7]

Os órgãos locais do governo revolucionário foram implantados sucessivamente: agentes nacionais nos departamentos, distritos e municípios, e comitês revolucionários ou de vigilância em várias localidades. Mas, entre o Comitê de Salvação Pública e essas instâncias de execução, os representantes em missão (membros da Convenção enviados à província por um período determinado) ocupam um lugar fundamental. Esses

---

7 Ver "Robespierre 'ditador'?", p.45.

"procônsules", como se dizia, não foram poupados pela historiografia clássica: ela se concentra nos excessos (reais) de certos terroristas, como Carrier, que organizou o afogamento coletivo de suspeitos em Nantes, ou Fouché, que fez o mesmo no centro da França e depois em Lyon. Outros, ao contrário, demonstraram moderação e senso político. Todos estimularam o esforço revolucionário; resta avaliar com mais serenidade essa atividade tão mal julgada. Ao lado desses agentes individuais, há a ação localmente essencial dos exércitos revolucionários do interior, que eram os agentes do Terror nos departamentos. O governo revolucionário via com desconfiança essas formações oriundas da *sans-culotterie* – fossem os exércitos provinciais, fosse o exército revolucionário parisiense, que atuou nas redondezas da capital e na região de Lyon – e decretou sua dissolução no inverno de 1793-1794.

Robespierre "ditador"?

O montanhês Levasseur de la Sarthe julga Robespierre retroativamente.

"As pessoas puderam acreditar, ou acreditaram, como se afirmou tantas vezes, que o sistema do Terror foi obra de um homem ou de alguns homens? Puderam acreditar que a natureza e os efeitos do Terror foram previamente calculados? Eu não consigo compreender. Contudo, já que as pessoas, se não acreditaram, ao menos repetiram isso, devemos rechaçar essa prevenção ignóbil e vergonhosa e provar que a humanidade não desmereceu de si mesma.

Robespierre e a Montanha, que foram transformados em bode expiatório dos excessos revolucionários, criaram e desenvolveram voluntariamente o reino do Terror? A meu ver, essa é a pergunta tal como deve ser feita; os fatos darão a solução. E, em primeiro lugar, diante de todos os excessos que pendiam para a desmoralização, provavelmente ninguém sustentará que eles estavam nos planos de Robespierre, já que ele se opôs constantemente a eles e seus autores foram seus inimigos mais cruéis. Encontramos nos papéis reunidos por Courtois diversas notas de Robespierre que bastam para

Michel Vovelle

mostrar quanta repugnância as saturnais terroristas inspiravam no famoso membro do Comitê de Salvação Pública. Ali, ele reprova Léonard Bourdon por ter desonrado a Convenção ao introduzir o costume de falar de chapéu e outras formas indecentes. Ali, ele condena com todas as suas forças as hediondas tentativas da Comuna para estabelecer o ateísmo público. Por toda parte, ele se mostra amigo da virtude, da religião, e mesmo das convenções sociais. O culto da deusa razão repugna-lhe mais do que o fanatismo dos padres católicos. Ele sente que o homem não pode ser republicano, se antes de tudo não for decente e religioso. Essas ideias são também as de Saint-Just e de todos da Montanha que possuíam uma alma honesta, isto é, a imensa maioria."

(Fonte: Levasseur, *Mémoires*, t.2, citado em L. Jacob, *Robespierre vu par ses contemporains*, Paris, Armand Colin, 1939, p.155)

Esses são os elementos ou agentes do influxo revolucionário. Mas com que resultados? Como dissemos, o Terror entrou na ordem do dia: o termo abrange mais do que a repressão política, estendendo-se ao campo econômico e definindo o clima da época. Sem dúvida, a repressão aumentou e o Tribunal Revolucionário de Paris, sob a influência de Fouquier-Tinville, viu suas atribuições serem fortalecidas pela lei de prairial do ano II (junho de 1794), que suprimia as garantias de defesa e anunciava o chamado "Grande Terror de Messidor". Depois da rainha Maria Antonieta, as cabeças da aristocracia e do partido girondino rolaram ao longo do ano de 1794. O balanço geral – 10 mil executados após julgamento em toda a França, mas muitos mais, se incluirmos as vítimas da repressão nos focos de guerra civil (estimam-se 128 mil na Vendeia) – parecerá exagerado ou moderado, conforme a avaliação. Acima de tudo, ele é muito diferente de acordo com a região. No campo econômico, o preço máximo dos gêneros alimentícios correspondeu de início à demanda popular; a partir de setembro de 1793, ele foi estendido pela lei do "*Maximum* geral" não só a todos os produtos, mas também aos salários.

Daí resultou uma série de medidas totalitárias, como o curso forçado dos *assignats* e, no campo, a requisição dos estoques dos camponeses. Embora tenha se tornado impopular tanto entre os produtores quanto entre os assalariados, o máximo garantiu a boa alimentação das classes populares urbanas durante todo o período terrorista.

O fruto dessa mobilização da energia nacional insere-se sem ambiguidade na recuperação da situação política e militar. Os inimigos internos foram mortos ou reprimidos: Marselha é tomada dos federalistas em setembro de 1795, Lyon em outubro e Toulon, que os contrarrevolucionários haviam entregue aos ingleses e aos napolitanos, cai em dezembro, depois de um cerco que revela as qualidades militares do capitão Bonaparte. Algumas vitórias decisivas no inverno (Le Mans, Savenay) obrigaram a insurreição vendeana a regredir ao estágio de uma guerrilha longa e cruel, na qual as colunas infernais do general Turreau – mais tarde desautorizado pelo governo revolucionário – aplicam a política de terra arrasada.

▲ *Um novo exército se forma nas fronteiras,* o dos "soldados do ano II", associando pela prática da amálgama os velhos soldados de carreira com os novos recrutas dos alistamentos voluntários. O entusiasmo revolucionário, mas também os jovens generais que utilizam uma nova técnica de guerra (o choque de massas em ordem estrita), consegue vitórias decisivas nos Países Baixos e na Alemanha. A ofensiva da primavera de 1794 leva à vitória de Fleurus em junho e prenuncia a conquista da Bélgica.

Fleurus ocorre apenas um mês antes da queda de Robespierre e de seus amigos. Como outros estudiosos, podemos ficar tentados a estabelecer uma relação entre esses dois acontecimentos: a política terrorista desmoronando sob o peso das vitórias que a tornaram inaceitável. Mas essa explicação é parcial. Antes de Fleurus, Saint-Just já havia constatado: "a revolução esfriou", frase célebre que traduz o divórcio que se percebia entre o dinamismo das massas populares e o governo de salvação pública. Vimos que os *sans-culottes* e o movimento dos *cordeliers* conseguiram impor parte de seu programa em setembro de 1793: esse foi seu último verdadeiro sucesso.

O movimento de descristianização – pelo qual a atividade revolucionária dos hebertistas se exprime nos meses seguintes – é seguramente muito mais do que um simples derivativo inventado pelos hebertistas, como foi dito algumas vezes. Ele surgiu no centro da França e na região parisiense no início do inverno e espalhou-se por todo o país nos meses seguintes. Esse movimento semiespontâneo era malvisto pelos montanheses estabelecidos no poder e foi desautorizado pelo governo revolucionário: Danton e Robespierre viram nele uma iniciativa perigosa e receavam um maquiavelismo contrarrevolucionário, capaz de afastar as massas da revolução. Podemos julgá-lo mais objetivamente à distância: embora não seja nem complô aristocrático nem expressão da política jacobina, a descristianização traduz as atitudes de uma vanguarda politizada. A descristianização (cujos aspectos serão analisados adiante, desde o fechamento das igrejas e as despadrações até as celebrações do culto da Razão) provoca oposições profundas localmente e mal chega a muitas regiões. Mas encontra terreno propício em certas categorias sociais urbanas e em certas regiões rurais predispostas a aceitá-la. O fato de ser rejeitada pelo governo revolucionário é um elemento, entre outros, do desejo crescente de controlar o movimento popular. Do inverno de 1793 à primavera de 1794, o governo revolucionário denuncia a proliferação das sociedades seccionárias, dispensa os exércitos revolucionários e chama a Comuna de Paris à ordem. Todas essas medidas suscitam uma oposição que culmina com a crise de ventoso do ano II, quando os *cordeliers* tentam mobilizar novamente as seções contra a Convenção. Mas a resposta a essa última batalha recuada é dada pelo processo de Hébert e dos hebertistas, seguido de sua execução em maio (germinal do ano II): ele inaugura a luta do governo revolucionário contra as "facções" de direita e de esquerda. O movimento popular dos *sans-culottes* fora domesticado; ele não oferece mais resistência, mas seu apoio aos montanheses que estão no poder enfraquece na mesma medida. Para atingir os hebertistas, o grupo de Robespierre encontrou apoio nos indulgentes, representados tanto por Danton quanto pelo jornalista Camille Desmoulins (em seus artigos no *Vieux Cordelier*), mas também por elementos duvidosos (negocistas e especuladores) como Fabre d'Églantine. Denunciando a perseguição da política terrorista depois da queda dos hebertistas, os indulgentes se expõem de maneira imprudente: um novo processo é aberto contra eles, levando à execução de Danton e de seus amigos algumas semanas depois.

O Estado-maior robespierrista não tem mais oposição aberta, mas experimenta a solidão do poder. Robespierre e seus amigos tentam lançar as bases de algumas das reformas sobre as quais eles desejam fundar a República. Em abril, os decretos do mês de ventoso são a última ponta do engajamento social da burguesia montanhesa: confiscam bens e propriedades de suspeitos, isto é, famílias de emigrados em sua maioria. Essa expropriação planejada preparava uma redistribuição entre os habitantes mais necessitados da província. Mas a medida tem seus limites: ela não tem nada de "socialista", como disseram alguns, e não questiona o direito de propriedade. Aliás, por falta de tempo, os decretos do mês de ventoso não foram aplicados de fato.

A outra iniciativa – simbólica, podemos dizer – desse breve momento de hegemonia robespierrista traduz-se no relatório sobre as festas nacionais e, mais ainda, na proclamação do "Ser supremo e [d]a imortalidade da alma", em 18 de floreal do ano II. O deísmo rousseauísta dos montanheses, para quem a sociedade deve repousar sobre a virtude e a imortalidade da alma ser uma exigência moral, acarretando a necessidade de um Ser supremo, insere-se como contraponto à herança cristã, tachada de superstição, e ao culto da Razão, considerado um caminho para o ateísmo. A expressão majestosa e ao mesmo tempo efêmera desse culto é encontrada na celebração da festa do Ser supremo em 20 de prairial do ano II (8 de junho de 1794) em toda a França.

▲ *Alguns estudiosos viram na festa parisiense do Ser supremo a apoteose de Robespierre*, frágil e amarga vitória contestada por parte dos deputados no mesmo dia em que foi celebrada. Ex-indulgentes e ex-terroristas – alguns comprometidos pelos excessos que cometeram na província (como Fouché, Barras e Fréron) – formam uma coalizão contra o grupo de Robespierre. O Comitê de Salvação Pública perde sua homogeneidade e os "esquerdistas" (Collot d'Herbois ou Billaud-Varenne) atacam Saint-Just, Robespierre e Couthon, cujo isolamento aumenta. A crise estoura no mês de termidor, depois de uma longa ausência de Robespierre: o requisitório anônimo que ele apresenta na Convenção, em 8 de termidor, contra os "patifes" precipita o ataque adversário, ao invés de preveni-lo. Em 9 de termidor, numa sessão dramática, Robespierre, Saint-Just, Couthon e seus amigos são presos. A Comuna de Paris, que permanece fiel a eles, faz uma tentativa de insurreição para libertá-los, mas fracassa. Organizada de maneira medíocre, ela revela, na verdade, o desinteresse do povo parisiense. A prefeitura de Paris cai nas mãos das tropas da Convenção sem necessidade de combate: Robespierre e seus partidários são executados em 10 de termidor do ano II. Assim termina a revolução jacobina.

Os termidorianos

▲ *A coalizão que levou a cabo o golpe do Termidor era ambígua.* Alguns de seus instigadores (Collot d'Herbois, Billaud-Varenne e Barère) sonhavam em voltar a uma direção mais colegiada, numa linha inalterada. Durante os novos tumultos que sucederam à queda de Robespierre, eles não mandaram no jogo. Esses três membros do Comitê de Salvação Pública, afastados do poder, julgados e deportados, assim como Fouquier-Tinville, símbolo da repressão terrorista e ele próprio executado, e o representante Carrier, após um processo que ganhou ares de símbolo, são testemunha de uma reviravolta decisiva na condução da revolução. As próprias estruturas do governo revolucionário são questionadas – os comitês são reorganizados, o Clube dos Jacobinos é fechado, a rede das sociedades populares é desmantelada. As prisões são abertas: o Terror sofre uma pausa significativa. O dinamismo popular está enfraquecido e, no entanto, não faltam razões para mobilização nesses anos III e IV, que, depois de 1789, são sem dúvida os mais trágicos para a sobrevivência dos grupos populares: o ano III, nos interrogatórios dos mendigos da Beauce, permanecerá como "o grande inverno" do retorno da fome e do pão caro. Colheita ruim, liberação dos preços e inflação dos *assignats*, que chegam à sua última fase de desvalorização, contribuem para essa situação. Isso não era suficiente para despertar a arraia-miúda? Embora ela ainda conservasse suas armas, os quadros que a organizavam haviam sido eliminados. Além disso, a Montanha, decapitada, desorientada, não mandava mais na Convenção. Nesse contexto, é compreensível o fracasso das duas últimas jornadas revolucionárias parisienses, de 12 de germinal e 1º de prairial do ano III: *sans-culottes* dispostos a pegar em armas invadiram a Convenção aos brados da palavra de ordem "pão e Constituição de 1793", que exprime bem os dois níveis da reivindicação (econômico e político). Foi um fracasso; a Convenção não cedeu e as consequências foram graves: na Assembleia, o último grupo de montanheses, aqueles que eram chamados de "cretenses", é eliminado; seus líderes (Romme, Soubrany) se suicidam. Em campo, o *faubourg* Saint-Antoine é desarmado. Não há mais povo armado. A reação política triunfa em Paris e mais ainda na província, onde a repercussão das jornadas parisienses entre os movimentos populares foi esporádica (Toulon). É a contrarrevolução que mais triunfa, não a normalização que, sem dúvida, haviam desejado muitos dos chamados termidorianos, que ansiavam por reencontrar o caminho para uma revolução burguesa.

▲ *Em Paris, o ex-terrorista Fréron, agora do lado da reação, é o ídolo dos bandos de "janotas"* que formam a juventude dourada e se vingam insolentemente dos *sans-culottes*. Na província, sobretudo no Midi, as tropas dos "Companheiros de Jeú" e dos "Companheiros do sol" agem no Lyonnais e na Provença; a questão é sangrenta: combina massacres coletivos com assassinatos de jacobinos, compradores de bens nacionais e padres constitucionais. Os novos representantes em missão, enviados pela Convenção, associam-se frequentemente a essa reação ou, ao menos, acobertam-na com sua cumplicidade. A difusa contrarrevolução transforma-se localmente numa guerra aberta: na Vendeia, ela desperta por ocasião do desembarque dos emigrados em Quiberon (verão de 1795), esmagado pelo general Hoche. Essa aventura isolada lembra a ameaça monarquista no momento em que o irmão de Luís XVI, pretendente do trono, com o título de Luís XVIII – o delfim, Luís XVII, morrera na prisão do Templo –, afirma suas pretensões na declaração de Verona. Em seus primórdios, a Convenção assistiu à preeminência dos girondinos, o ano II assistiu à da Montanha; esse período pós-termidoriano vê o triunfo do centro, daquilo que era chamado de Planície ou, com certo desprezo, de Pântano: mais do que Barras, Tallien ou Fréron, terroristas renegados, as figuras representativas do momento são Boissy d'Anglas, Merlin, Daunou, Chénier e outros, que poderiam definir sua atitude no ano II dizendo, como o fez Sieyès: "Eu vivi...". Entre a reação que eles toleram ou auxiliam e o apego aos valores da revolução, esses homens de ordem tentam definir uma linha política. Assim, no campo religioso, eles votam, em fevereiro de 1795, uma série de medidas a favor de uma liberalização dos cultos que beirava a separação entre a Igreja e o Estado: antecipação audaciosa que não impede a manutenção de uma política repressiva contra os padres refratários. Na política externa, a Convenção termidoriana lucra com as vitórias que os exércitos franceses conseguem em todas as frentes, ainda na esteira das vitórias do ano II: Jourdan retoma a margem esquerda do Reno, Pichegru recupera a Holanda, a Espanha vê os franceses invadirem seu território. Uma série de tratados assinados na Basileia e em Haia, de abril a julho de 1795, restabelece a paz com a Prússia, a Espanha e a recém-criada República Batava. A possessão francesa da Bélgica e da Renânia é reconhecida por esses beligerantes. A coalizão resume-se à Inglaterra e ao imperador Habsburgo, que rejeitam essa base de negociação.

Esse anexionismo, ainda limitado às fronteiras naturais, é um dos legados da Convenção termidoriana, mas representa apenas parte de uma impressionante herança política. Aliás, essa herança é um tanto usurpada, porque se creditam aos termidorianos muitas reformas jurídicas, administrativas e universitárias que, em sua maior parte, amadureceram no período montanhês precedente. De certo modo, a Convenção é um todo, mas não poderíamos contestar a paternidade da Constituição do ano III, que tem a marca e o espírito dos termidorianos: por esse compromisso burguês, que repudia a inspiração democrática da Constituição de 1793, eles quiseram pôr fim à revolução.

As declarações dos inspiradores do texto constitucional são claras com relação a esse ponto. Boissy d'Anglas escreveu: "Um país governado pelos proprietários está dentro da ordem social". E o texto constitucional começa significativamente com uma "Declaração dos Deveres", um contraponto à Declaração dos Direitos. O sufrágio universal é rechaçado: 200 mil eleitores censitários designam o corpo legislativo, articulado em duas assembleias (Conselho dos Quinhentos e Conselho dos Anciãos). O mesmo princípio de divisão dos poderes impõe a colegialidade do Executivo, repartido entre cinco "diretores". Tudo nessa busca de equilíbrio e estabilidade parece ter sido calculado para governar o que Robespierre chamara de reino da "liberdade vitoriosa e pacífica". Com toda a certeza, isso é uma antecipação, num mundo em que a luta entre a revolução e seus inimigos continua aberta.

Os termidorianos pressentiram isso e trapacearam com a legalidade que eles próprios instituíram, impondo pelo decreto dos "dois terços" que essa proporção de novos representantes havia saído de suas fileiras. Medida inaceitável para os monarquistas, que podiam aspirar a uma conquista "pacífica" do poder nesse clima de contrarrevolução: os líderes monarquistas jogam os bairros ricos da capital na insurreição armada em 13 de vendemiário do ano III. Sob a direção de Barras, a Convenção se recupera e entrega o comando das tropas ao general Napoleão Bonaparte, que fuzila os insurgentes na escadaria da igreja de Saint-Roch. A contrarrevolução armada de Paris fracassa, mas, pela primeira vez, a revolução, que desarmou os *sans-culottes*, teve de recorrer à força militar. Por essa transição, entramos sem nenhum obstáculo no regime do Diretório.

O regime diretorial

O Diretório cobre quase a metade da Revolução Francesa (de abril de 1795 a outubro de 1799) e, no entanto, até reavaliações recentes, essa época, que poderia ter sido a das consolidações vitoriosas, deixou para a história uma lembrança medíocre ou simplesmente ruim. Tempo de facilidades e corrupção, mas também de miséria e violência; tempo, sobretudo, de instabilidade, classicamente resumido na imagem dos golpes de Estado – que se transformaram em método usual do governo – como um vício de forma radical e como o símbolo do sistema.

▲ *O regime não era mais viável?* Conclusão fácil, à luz do confronto final. Mas, mesmo na época, os contemporâneos sentiram a fragilidade do equilíbrio estabelecido pela Constituição do ano III. Preocupados em contrabalançar os poderes, os membros da Convenção não previram nenhum recurso legal no caso de conflito entre o Executivo e os conselhos. Alguns estudiosos consideram o golpe de Estado uma consequência inevitável dessa lacuna, mas essa explicação seria indiscutível se não a situássemos no contexto social da relação de forças da qual o conflito surgiu. O que representam os homens que ocupam durante cinco anos o poder? Eles são os herdeiros dos revolucionários de 1789 ou 1791, dos girondinos, dos membros da Convenção de centro ou da Planície, que representam uma burguesia revolucionária preocupada principalmente em consolidar suas posições, defendendo as conquistas políticas e sociais que garantiram seu poder? Essa preocupação ganha um relevo bastante amargo quando lembramos a personalidade dos "oportunistas" – era a época deles –, que tinham uma posição ou uma fortuna a defender: referimo-nos ao diretor Barras e a Tallien, os homens do momento. Ainda que privados da dimensão heroica daqueles que os antecederam, os homens do Diretório não são fantoches nem são todos corruptos, longe disso; mas eles têm de usar outras armas para enfrentar uma contrarrevolução agressiva, fortalecida pelo desenrolar dos acontecimentos, pelo desânimo do movimento popular e, mais ainda, pela entrada na antirrevolução de parte de um mundo camponês que tende a escapar do controle do Estado. Nesse contexto, o que a classe política pode fazer, senão se dirigir à outra potência consolidada, o Exército?

Tempo de opulência ofensiva para uns, tempo de dureza para outros: essa é a imagem que guardamos do Diretório. A clássica imagem da "festa diretorial", símbolo de uma época, é mais do que um clichê. Com seus trajes e modos, os janotas e as maravilhosas traduzem a catarse coletiva dos jovens e dos menos jovens depois do fim do Terror, mas também a promoção social às vezes efêmera dos oportunistas do regime, especuladores, banqueiros, negocistas e novos-ricos.

Para a massa da população, mais na cidade do que no campo, a história é bem diferente: o período se inicia num quadro de crise. O peso da conjuntura econômica contribui para isso. Os primeiros anos assistiram à queda definitiva do papel-moeda, o *assignat*, que se tentou substituir em vão pelos "mandados territoriais". O numerário voltou, depois do período de inflação, mas essa verdade recuperada revela uma conjuntura morna, em que uma sucessão de boas colheitas estagna os preços agrícolas. A crise financeira do Estado traduz não só essa conjuntura, mas a recusa de pagar os contribuintes, pela qual se exprime uma crise de autoridade. Uma das consequências dessa recusa será a clara desfiguração da expansão revolucionária. A conquista torna-se um meio de abastecer o caixa: as motivações ideológicas penam, a pressão do poder militar se fortalece diante de um poder civil dependente.

Essas são as constantes ou os pesos que governam a história desses cinco anos. Sem entrar nos detalhes de um percurso abundante de peripécias, os estudiosos opõem classicamente o "Primeiro Diretório", do ano III a 18 de frutidor do ano V, ao "Segundo Diretório", quando a prática do golpe de Estado se estabelece. O Primeiro Diretório simboliza o difícil compromisso da época, na própria personalidade dos diretores: Barras, Carnot, Letourneur, Reubell, La Révellière-Lépeaux, gente da Planície ou montanheses arrependidos. Compete a ele lutar em duas frentes: contra a oposição monarquista e contra a oposição jacobina.

▲ *Ele se volta primeiro contra os democratas,* que se juntam em novas estruturas, como o Clube do Panteão: montanheses obstinados, como Robert Lindet, ou babouvistas, que se reúnem em torno de Gracchus Babeuf e formam o núcleo daquilo que viria a ser a conspiração dos Iguais. Babeuf, ex-feudista,[8] contrário a Robespierre por ideal democrático, no ano II, elabora as bases de seu projeto coletivista. A importância histórica de seu pensamento e a qualidade do grupo de revolucionários que se concentra a

---

8 Especialista em assuntos feudais. (N. E.)

A Revolução Francesa

sua volta – como Buonarroti, a quem caberá transmitir a herança babouvista – explicam o alcance histórico da conjuração dos Iguais, em 1796.[9] Nesse momento, ele assiste ao recuo do movimento revolucionário para um estágio conspirador, que transmitirá ao século XIX a ideia de uma via insurrecional preparada clandestinamente. Mas, à parte os meios, a novidade aflora na proclamação de um ideal coletivista, afirmado pela primeira vez de modo claro. A conjuração dos Iguais fracassa: um processo em Vendôme, após a denúncia da conspiração, e a provocação policial que resulta em repressão sangrenta no campo de Grenelle decapitam o movimento babouvista e levam à condenação e à morte de Babeuf e de seus companheiros. Se o ideal babouvista de subversão social radical se enterra nas lembranças, até ser redescoberto graças ao relato de Buonarroti, a corrente democrática sobrevive na atividade dos neojacobinos, que se reportam à Constituição democrática de 1793 e ao ideal da revolução do ano II. Eles encontram nos círculos constitucionais – que eles próprios implantaram em Paris (Carrossel) e na província – um quadro de expressão e propaganda, tolerado ou aprovado segundo a conjuntura política. O regime do Diretório estava disposto a fazer acordos: o crescimento da ameaça de reação monarquista impôs que ele atacasse primeiro a direita.

▲ *A contrarrevolução se organiza,* ergue estruturas e anteparos, como o Clube de Clichy e o Instituto Filantrópico fizeram em Paris. Sua frente não é homogênea: monarquistas puros, partidários do retorno ao Antigo Regime, coexistem com monarquistas constitucionais, que estão dispostos a aceitar, dentro de um quadro monárquico, parte das novidades revolucionárias. Mesmo com suas ambiguidades, o movimento segue de vento em popa entre os notáveis em Paris e, mais ainda, na província, como no

---

9 Ver "Manifesto dos Iguais", p.58.

Midi, onde tem liberdade para agir. Essa reação é favorecida pela reconstrução religiosa que ocorre no país por iniciativa dos padres refratários, os quais saíram da clandestinidade ou voltaram em massa do exílio. Tolerado ou reprimido, o culto recomeça em missões clandestinas. Dizimada pela descristianização, a Igreja constitucional trava uma luta desigual contra o dinamismo dos refratários, apesar do esforço de Grégoire.

Manifesto dos Iguais

Sylvain Maréchal, jornalista e amigo de Babeuf, redigiu para os conjurados o Manifesto dos Iguais, *prenunciador de uma nova revolução.*

"Povo da França!

Durante quinze séculos, viveste escravo e, portanto, infeliz. Há seis anos, mal respiras, à espera da independência, da felicidade e da igualdade.

A igualdade, primeiro voto da natureza, primeira necessidade do homem, e principal laço de qualquer associação legítima! Povo da França, não foste mais favorecido que as outras nações que vegetam neste globo desafortunado! Sempre e por toda parte, a pobre espécie humana, entregue a antropófagos mais ou menos hábeis, foi joguete de todas as ambições, pasto de todas as tiranias. Sempre e por toda parte, os homens foram ninados ao som de belas palavras; jamais e em parte alguma conseguiram alguma coisa pela palavra. Desde tempos imemoriais, repetem-nos hipocritamente que os homens são iguais; e, desde tempos imemoriais, a mais aviltante e a mais monstruosa desigualdade pesa insolentemente sobre o gênero humano. Desde que as sociedades civis existem, o mais belo apanágio do homem é reconhecido, sem contradição, mas não se pôde realizar nem uma única vez; a igualdade não foi mais do que uma linda e estéril ficção da lei. Agora que é exigida por uma voz mais forte, respondem-nos: 'Calai-vos, miseráveis. A igualdade de fato não passa de uma quimera. Contentai-vos com a igualdade condicional: sois todos iguais perante a lei'. Canalha, que queres mais? O que nos falta? Legisladores, governantes, ricos proprietários, escutai.

A Revolução Francesa

Somos todos iguais, não é certo? Esse princípio permanece inconteste, porque, a menos que seja louco, ninguém diria a sério que é noite quando é dia. Pois bem! Exigimos viver e morrer iguais, assim como nascemos. Queremos a igualdade real ou a morte. Eis do que necessitamos. E teremos essa igualdade real a qualquer preço. Infelizes daqueles que encontrarmos entre ela e nós! Infeliz daquele que opuser resistência a um voto tão pronunciado! A revolução francesa foi apenas a mensageira de outra revolução muito maior, muito mais solene, e que será a última [...]"

(Fonte: citado em J. Godechot, *La Pensée révolutionnaire*, Paris, Armand Colin, col. "U", 1964, p.271-2)

Clima de incerteza após o 18 de frutidor do ano V

Um observador da polícia relata o clima reinante, a partir do 18 de frutidor do ano V, num regime governado por golpes de Estado.

"Impera uma viva preocupação entre o público, suscitada pela atual condição das finanças. Os rentistas, sobretudo os de renda módica, demonstram uma dor profunda a propósito da resolução que lhes diz respeito, ouvem-se comumente resmungos violentos sobre a miséria pública, e os detratores da jornada do 18 de frutidor dizem que a causa se deve a esse acontecimento. A sensação causada pela resolução relativa aos rentistas é delicada, mesmo entre particulares que têm interesses entre si; os devedores pretendem seguir passo a passo a marcha do governo, e propõem-se a não levar em consideração as escalas de proporção nem nenhum outro arranjo.

O número de operários sem ocupação aumentou em Paris, e corre o boato de que ele também é considerável nos departamentos; a grande miséria a que serão condenados no começo do inverno faz temer consequências deploráveis. O espírito de malevolência semeia alarme por todo lado; grande parte do público se entrega de novo ao receio; dizem que a contrapartida da jornada do 18 de frutidor vai ocorrer em breve. Citam o 13 de vendemiário; dizem também, e com as seguintes expressões, ter por certo que o Diretório ainda vai

Michel Vovelle

fazer uma sangria nos dois conselhos; uns temem e outros manifestam o desejo de ver isso feito o quanto antes; em seguida, anunciam a chegada em breve de 50 mil homens a Paris; dizem que 10 mil já vieram. Nos grupos que se formaram nas Tulherias, disseram, referindo-se à atual Constituição, que ela não era nada popular e que o governo era aristocrático, que se a Constituição estivesse nas mãos de homens que não fossem republicanos, ela voltaria a ser monárquica como em 1791: que a única diferença entre a Constituição de 1791 e a de 1795 é que a execução das leis, em vez de ser responsabilidade de um, é de cinco. Ainda demonstraram receio de que a Constituição seja manipulada pelos amigos de Carnot e Cochon, e observaram que os monarquistas estavam tentando reerguer a cabeça e criar suspeitas no Diretório sobre as intenções dos patriotas, entre as quais supunham astuciosamente a de restabelecer a Constituição de 1793. Temores quanto ao futuro, em matéria de política, queixas e resmungos, em matéria de finanças, e votos de paz, essa era ontem, e ainda é hoje, a disposição do público; contudo, a calma exterior existe, sem alteração."
"Limodin"

(Fonte: A. N. AF IV 1478, publicado por C. Ballot,
Le Coup d'État du 18 fructidor an V, Paris, Cornely, 1906, p.188)

A força dessa pressão provoca a reação do poder: os monarquistas eram maioria nos conselhos no ano V e, com o general Pichegru, entram na rede do complô monárquico e começam a se infiltrar no aparelho de Estado. Diante do perigo, os diretores têm de tomar a dianteira: o golpe de Estado de 18 de frutidor do ano V anula o resultado das eleições que levaram à maioria monarquista; ele inaugura uma fase de repressão violenta. As leis contra os emigrados, os monarquistas e os padres refratários voltam a vigorar. Há mais deportados do que executados, mas a Guiana se torna a "guilhotina seca" dessa agitação terrorista passageira. A reviravolta de frutidor do ano V tem longas repercussões: se não é uma interrupção estabilizadora, inaugura o recurso ao soldado, já que Bonaparte, comandante do Exército da Itália, enviara seu adjunto Augereau a pedido do Diretório. A prática se torna costume, no contexto de uma política de báscula que cobre todo o período final do regime. No ano VI, a agitação jacobina nas eleições para os conselhos, o chamado "Segundo Diretório", demonstra um novo ânimo no país, como consequência da pausa imposta em frutidor. Mas o Diretório impugna as eleições e invalida parte dos eleitos. No ano VII, os conselhos tomam a frente e atacam os diretores. A agitação jacobina cresce, diretores favoráveis substituem os antigos: Ducos, Gohier, o general Moulin, recém-chegados, representam um efêmero despertar que se traduz também no retorno a certa ortodoxia revolucionária. Reviravolta muito tardia para ser eficaz.

A crise do Diretório e o recurso do soldado

O regime é minado por dentro com uma crise de meios e de autoridade. Alguns estudiosos se perderam em discussões sobre a miséria do Diretório, que não conseguia pagar funcionários e soldados, e era pouco obedecido naquele clima de desagregação e anarquia. Essa imagem, que o regime posterior conservou como um contraste útil, é verdadeira apenas em parte. Economistas como François de Neufchâteau, ministro do Interior por algum tempo, e financistas como Ramel prepararam as reformas estruturais das quais o Consulado tirou proveito: no campo cultural, as novas instituições (grandes escolas e, nos departamentos, escolas centrais) são implantadas, às vezes precariamente. Um ciclo de festas organizadas e as tentativas de criar uma religião cívica (a teofilantropia) tentaram arraigar os valores republicanos no país. O que quer que se tenha dito, essas festas não são comemorações renegadas ou sem importância. Contudo, parte do país escapa ao controle do Estado: o banditismo torna-se um dos reveladores da crise do regime. Nas planícies da França setentrional, os "foguistas" queimam os pés dos camponeses para fazê-los confessar que possuem economias; no Midi e no Oeste, ladrões monarquistas atacam diligências. Esses *primitive rebels* traduzem em maneiras variadas a regressão a formas elementares de contestação popular. No entanto, a esses elementos de decomposição interna justapõe-se, em proporção cada vez maior, o peso da guerra e das conquistas externas, das quais sairá o cesarismo.

▲ *De 1792 ao ano II, a guerra nas fronteiras ocupou um lugar fundamental* na condução da revolução, apressando ou retardando sua marcha. Agora ela excede os acontecimentos internos. Com toda a certeza, o desenrolar dos acontecimentos e a iniciativa dos indivíduos contribuíram para isso – e, seria impossível negá-lo, numa aventura que se confunde em parte com a ascensão de Bonaparte. No entanto, a ambição de um homem não explica tudo. A guerra não é obra do acaso: é pela expansão externa que o Diretório realiza essa fuga adiante que lhe permite sobreviver, mas essa guerra útil também perverte o regime. O Exército se emancipa da subordinação do ano II e, nas altas patentes, tende a se transformar em casta militar, ao passo que a tropa se subordina ao general que a leva ao sucesso. Desfiguração do Exército Nacional do ano II, que o torna apto a qualquer tipo de manipulação, ainda que a chama republicana continue acesa.

Pelos planos de Carnot, o Diretório planejava atacar o imperador em 1796, por pressão conjunta de uma ofensiva contra Viana, através da Alemanha, e de uma ação diversionária na Itália. A ofensiva no Reno fracassou. Inversamente, a campanha do outro lado dos Alpes ganhou dimensões inesperadas. Numa ofensiva fulminante, Bonaparte, comandante do Exército da Itália, vence os piemonteses (Montenotte, Millsimo, Mondovi), expulsa os austríacos da região de Milão e conclui a ação com uma sequência de vitórias em torno de Mântua (Arcole, Rivoli). Na primavera de 1797, o Exército francês abre caminho para Viana, tomando de

A Revolução Francesa

passagem Veneza e seus territórios. Por iniciativa própria, o general vitorioso assina as preliminares de Leoben e inicia as negociações que levam ao tratado de Campoformio (17 de outubro de 1797): ele afirma ao mesmo tempo sua independência em relação ao Diretório e uma nova concepção da expansão revolucionária. As repúblicas "irmãs" se multiplicam (Cispadana, mais tarde Cisalpina, e Liguriana), mas, ao mesmo tempo, a Áustria ganha Veneza e o Vêneto, o que dificilmente se justifica diante do ideal revolucionário de emancipação dos povos. Os mitos da guerra revolucionária desmoronam e a ideia das fronteiras naturais caduca, ao mesmo tempo que outras repúblicas irmãs se estabelecem: República Batava, Romana, Partenopeia e Helvética.

Nesse plano geral, a campanha do Egito, na primavera de 1798, pode parecer uma excursão incongruente: o Diretório viu nela um meio temporário de afastar um general com ambições que preocupavam os diretores? Bonaparte sonhava em estabelecer as bases de seu sonho oriental? Oficialmente, a França pretendia atingir a Inglaterra, ameaçando o caminho para as Índias. O Exército francês vence a batalha das Pirâmides contra os mamelucos e isso lhe garante o domínio do país; mas o almirante Nelson destrói a frota francesa ancorada em Aboukir. Prisioneiro de sua conquista, Bonaparte inicia a campanha da Síria: o deserto, a peste e a resistência inesperada (São João de Acre) sancionam o fracasso da aventura.

Nesse meio-tempo surgem outras emergências: a Inglaterra criara uma segunda coalizão com a Áustria, a Rússia, Nápoles e o Império Otomano. A guerra se intensifica na Europa: as repúblicas irmãs desmoronam e a Itália é perdida; os ingleses desembarcam na Holanda, na Alemanha e na Suíça; os franceses se curvam aos austro-russos e, no verão de 1799, a República Francesa é ameaçada mais uma vez. Quando o general providencial abandona seu exército no Egito e retorna à França, a situação já havia sido resolvida por outros, em particular pela vitória decisiva de Masséna em Zurique (setembro de 1799), tomada de Suvorov.

Bonaparte é recebido como o salvador, por alguns, não nas fronteiras, mas em Paris. É que o despertar jacobino do ano VII preocupa a burguesia diretorial, cujo representante por excelência é Sieyès, que assumira o posto de diretor no lugar de Reubell: ela sonha com uma revisão autoritária do ato constitucional, o que exige apoio militar para um novo golpe de Estado. Bonaparte, o homem ideal para a situação, atende às esperanças de seus mandantes. O complô é preparado com cuidado: com exceção de Gohier e Moulin, os diretores são cúmplices ou se conformam. O Conselho dos Quinhentos e o dos Anciãos são transferidos para Saint-Cloud com a desculpa de que um complô anarquista havia sido descoberto. Não faltou apoio, como em certos meios de negócios de Paris. O golpe de Estado, bem-sucedido em 18 de brumário, esbarra na resistência dos deputados do Conselho dos Quinhentos. No momento que Bonaparte perde o controle, a presença de espírito de seu irmão Luciano garante a vitória; a intervenção das tropas para dispersar os deputados faz o resto. Com esse golpe de Estado termina, sem nenhuma grandeza, a história da Revolução Francesa. Começa então a aventura napoleônica.

Capítulo 2
O Estado revolucionário

Proclamações e valores: os fundamentos do Estado revolucionário

A Declaração dos Direitos do Homem

Adotada pela Assembleia Constituinte entre 20 e 26 de agosto de 1789, a Declaração dos Direitos do Homem e do Cidadão é até hoje a principal referência para avaliar e compreender a contribuição da Revolução Francesa. Michelet via nela o "credo da nova era".

Seu alcance é avaliado em referência às declarações que podem ser evocadas: a Declaração de Independência dos Estados Unidos (1776) e, mais precisos, os preâmbulos das constituições de certos Estados americanos que mencionam os direitos do homem, mas com uma abordagem pragmática, sem aspirar à universalidade. Os membros da Assembleia Constituinte francesa, que conheciam esses textos, assim como podiam se reportar à petição de direitos redigida em 1689 pelo Parlamento inglês, não careciam de exemplos, além de terem lido os textos dos grandes juristas do Iluminismo, fundadores da teoria do direito natural. Com os escritos de Locke, Voltaire, Rousseau e dos enciclopedistas, eles haviam se impregnado dessa nova filosofia. Assim, a ideia estava no ar, e uma declaração de direitos era exigida em certos cadernos de reclamação.

O texto dos dezessete artigos da Declaração dos Direitos do Homem[1] começa com um preâmbulo que impressiona pelo caráter de solenidade e universalidade, porque é aos homens de todos os tempos e de todos os países que se dirige essa proclamação dos "direitos naturais, inalienáveis e sagrados do homem". Eles podem ser classificados em duas categorias: direitos do homem e direitos do cidadão. Os primeiros visam a liberdade, a igualdade e a propriedade (Artigos 2, 4, 7 e 17); os segundos dizem respeito à soberania nacional, ao direito de fazer a lei, votar impostos e ser representado nos poderes públicos, assim como de poder exigir deles uma prestação de contas.

A liberdade, citada em sete artigos, ocupa um lugar essencial, ou melhor, *as* liberdades, definidas como a liberdade da pessoa (garantia contra qualquer prisão ou pena arbitrária, que não esteja em conformidade com a lei), liberdade de opinião (rejeição da censura e dos entraves à livre expressão) e liberdade religiosa, citada com certa reserva. A imprensa e a publicação de obras são livres, "salvo ao responder por abuso dessa liberdade".

É claro que a igualdade tem seu lugar entre esses direitos (Artigo 1: "Os homens nascem [...] livres e iguais em direitos"), mas esse lugar é mais modesto, ainda que especifique a igualdade diante dos impostos, acabando com os privilégios da nobreza e do clero, e a igual admissibilidade nos empregos: a lei é a mesma para todos, "seja para proteger, seja para punir".

---

1 Ver "Declaração dos Direitos do Homem e do Cidadão de 26 de agosto de 1789", p.68.

A Revolução Francesa

Para completar essa trilogia, não é a fraternidade que aparece, mas a propriedade, definida como "um direito inviolável e sagrado", e a segurança ou a resistência à opressão (corolário da liberdade).

Os direitos da nação remetem a duas afirmações essenciais: o princípio da soberania nacional, que transforma a lei em expressão da vontade geral, mas também, entre esses juristas impregnados de Montesquieu, o princípio da separação dos poderes, condição indispensável de uma Constituição.

Apesar de sua pretensão à universalidade, esse texto é ainda a expressão do momento, fruto de uma discussão em que as cabeças pensantes da Assembleia (Sieyès, Mirabeau, Mounier, Malouet) se enfrentam tanto nas sessões quanto nos comitês; alguns – os futuros *monarquianos* – rejeitam a conveniência dessa declaração, da qual os patriotas não abrem mão. Entre estes últimos, vencem os que consideram que a liberdade e a propriedade vêm em primeiro lugar, e não os projetos em que a reivindicação de igualdade possa acarretar a limitação do direito de propriedade. Também é discutida a conveniência de uma invocação ao Ser supremo – por fim aceita – e da liberdade religiosa, proclamada de maneira dissimulada, apesar da intervenção de Mirabeau. Apesar das omissões e das hesitações, a Declaração dos Direitos do Homem assentou as bases de uma nova visão do mundo. Tanto na França quanto no estrangeiro, ela teve uma imensa repercussão e deu origem a uma dinâmica da qual as declarações seguintes são o testemunho.

As Declarações de 1793 e 1795 (ano III)

Os estudiosos tradicionalmente compararam a Declaração de 1789 à que foi redigida no início do verão de 1793, como preâmbulo à nova Constituição promulgada após a queda da monarquia, e destacam suas "antecipações", como a de 1795, que inicia a Constituição do ano III, expressão de um retorno à ordem que destaca os deveres e modera parte dos avanços precedentes. Essa comparação é justificada, sem dúvida, mas há uma continuidade real na atitude e nos princípios tais como foram estabelecidos em 1789.

Na primavera de 1793, dentro do contexto do conflito entre Montanha e Gironda, duas concepções se opuseram e deram origem a projetos profundamente refletidos (o de Condorcet e o de Robespierre). Assim, os girondinos suprimiam qualquer invocação à divindade, ao passo que os montanheses não abriam mão de uma referência ao Ser supremo. O projeto montanhês, que acabou prevalecendo, é ele próprio um retrocesso em relação a certas propostas de Robespierre nas discussões preliminares, querendo restringir o direito de propriedade àquele "que tem todo indivíduo de usufruir e dispor da porção de bens que lhe é garantida pela lei".

Declaração dos Direitos do Homem e do Cidadão de 26 de agosto de 1789

"Os representantes do povo francês, constituídos em Assembleia Nacional, considerando que a ignorância, o esquecimento ou o desprezo dos direitos do homem são as únicas causas dos males públicos e da corrupção dos governos, resolveram expor, em declaração solene, os direitos naturais, inalienáveis e sagrados do homem, a fim de que essa declaração, sempre presente em todos os membros do corpo social, lhes lembre permanentemente de seus direitos e de seus deveres; a fim de que os atos do Poder Legislativo e do Poder Executivo, podendo ser comparados a cada instante com a finalidade de qualquer instituição política, sejam mais respeitados; a fim de que as reivindicações dos cidadãos, fundadas doravante em princípios simples e incontestáveis, dirijam-se sempre à conservação da Constituição e à felicidade de todos. Consequentemente, a Assembleia Nacional reconhece e declara, na presença e sob os auspícios do Ser supremo, os seguintes direitos do homem e do cidadão:

Artigo 1º – Os homens nascem e permanecem livres e iguais em direitos. As distinções sociais podem se fundar apenas na utilidade comum.

2 – O objetivo de toda associação política é a conservação dos direitos naturais e imprescritíveis do homem. Esses direitos são a liberdade, a propriedade, a segurança e a resistência à opressão.

3 – O princípio de toda soberania reside essencialmente na nação. Nenhuma corporação, nenhum indivíduo podem exercer autoridade que não emane expressamente dela.

4 – A liberdade consiste em poder fazer tudo que não prejudique o próximo: assim, o exercício dos direitos naturais de cada homem não tem outros limites além daqueles que asseguram aos outros membros da sociedade o gozo desses mesmos direitos. Esses limites só podem ser determinados pela lei.

5 – A lei tem o direito de proibir apenas as ações nocivas à sociedade. Tudo que não é proibido pela lei não pode ser impedido e ninguém pode ser constrangido a fazer o que ela não ordene.

6 – A lei é a expressão da vontade geral. Todos os cidadãos têm o direito de concorrer pessoalmente ou por intermédio de mandatários à sua formação. Ela deve ser a mesma para todos, seja para proteger, seja para punir. Todos os cidadãos são iguais a seus olhos e igualmente admissíveis a todas as dignidades, cargos e empregos públicos, segundo sua capacidade e sem outra distinção que não seja a de suas virtudes e a de seus talentos.

7 – Ninguém pode ser acusado, preso ou detido senão nos casos determinados pela lei e de acordo com as formas por ela prescritas. Os que solicitam, expedem, executam ou mandam executar ordens arbitrárias devem ser punidos; mas qualquer cidadão convocado ou detido em virtude da lei deve obedecer imediatamente, senão torna-se culpado de resistência.

8 – A lei deve estabelecer somente penas estrita e evidentemente necessárias, e ninguém pode ser punido senão por força de uma lei estabelecida e promulgada antes do delito e legalmente aplicada.

9 – Todo homem é considerado inocente até que seja declarado culpado e, se for julgado indispensável prendê-lo, todo rigor desnecessário à garantia de sua pessoa deve ser severamente reprimido pela lei.

10 – Ninguém pode ser admoestado por suas opiniões, inclusive opiniões religiosas, desde que sua manifestação não perturbe a ordem estabelecida pela lei.

11 – A livre comunicação de pensamentos e opiniões é um dos direitos mais preciosos do homem; portanto, todo cidadão pode falar, escrever, publicar livremente, respondendo, todavia, pelos abusos dessa liberdade nos casos determinados pela lei.

12 – A garantia dos direitos do homem e do cidadão necessita de uma força pública; essa força é instituída para o bem de todos, e não para utilidade particular daqueles a quem é confiada.

13 – Para a manutenção da força pública e para as despesas de administração é indispensável uma contribuição comum; esta deve ser dividida entre os cidadãos, de acordo com suas possibilidades.

14 – Todos os cidadãos têm o direito de constatar, por si mesmos ou por seus representantes, a necessidade da contribuição pública, de consenti-la livremente, de acompanhar seu emprego e de determinar sua quota, coleta, cobrança e duração.

15 – A sociedade tem o direito de demandar prestação de contas a todo agente público por sua administração.

16 – A sociedade em que não esteja assegurada a garantia dos direitos nem estabelecida a separação dos poderes não tem Constituição.

17 – Sendo a propriedade um direito inviolável e sagrado, ninguém pode ser privado dela, a não ser quando a necessidade pública legalmente constatada assim exigir e desde que haja justa e prévia indenização."

(Fonte: citado em Christine Faure, *Les Déclarations des droits de l'homme de 1789*, Paris, Payot, 1988, p.11-3)

A Revolução Francesa

Declaração dos Direitos do Homem e do Cidadão de 24 de junho de 1793

Preâmbulo e alguns artigos significativos

"O povo francês, convencido de que o olvido e o desprezo dos direitos naturais do homem são as únicas causas dos males do mundo, revolveu expor numa declaração solene esses direitos sagrados e inalienáveis, para que todos os cidadãos, podendo comparar sempre os atos do governo com o objetivo de toda instituição social, não se deixem nunca oprimir e aviltar pela tirania; para que o povo tenha sempre diante dos olhos as bases de sua liberdade e de sua felicidade; o magistrado, a regra de seus deveres; o legislador, o objeto de sua missão. – Consequentemente, ele proclama, na presença do Ser supremo, a seguinte declaração dos direitos do homem e do cidadão. Artigo 1º – O objetivo da sociedade é a felicidade comum. – O governo é instituído para garantir ao homem o gozo de seus direitos naturais e imprescritíveis.

Art. 2 – Esses direitos são a igualdade, a liberdade, a segurança, a propriedade.

Art. 3 – Todos os homens são iguais por natureza e diante da lei.

Art. 4 – A lei é a expressão livre e solene da vontade geral; ela é a mesma para todos [...].

Art. 21 – Os auxílios públicos são uma dívida sagrada. A sociedade deve subsistência aos cidadãos desafortunados, seja proporcionando-lhes trabalho, seja garantindo meios de viver aos que não têm condições de trabalhar. [...]

Art. 33 – A resistência à opressão é a consequência dos outros direitos do homem.

Art. 34 – Há opressão contra o corpo social quando um único de seus membros é oprimido. Há opressão contra cada membro quando do o corpo social é oprimido.

Art. 35 – Quando o governo viola os direitos do povo, a insurreição é, para o povo e para cada porção do povo, o mais sagrado dos direitos e o mais indispensável dos deveres. [...]"

(Fonte: citado em J. Godechot, *La Pensée révolutionnaire*, Paris, Armand Colin, col. "U", 1964, p.210-3)

Michel Vovelle

▲ *Embora seja um texto de compromisso, a declaração votada em 23 de junho de 1793* tem um tom diferente do texto de 1789, afirmando desde o preâmbulo que "o objetivo da sociedade é a felicidade comum" e que o governo é instituído para garantir ao homem o gozo de seus direitos naturais e imprescritíveis.[2] Ela especifica de maneira notável as diferentes liberdades, tanto da pessoa quanto de culto, mas nesse caso a igualdade está à frente da liberdade. No entanto, o direito de propriedade é reafirmado no artigo 16, ainda que, retomando uma fórmula ligeiramente corrigida de 1789, considere-se que se possa atentar contra ele, quando a necessidade pública assim exige e desde que haja uma indenização justa e prévia. Mas a nova declaração é revolucionária pela atenção que dá àquilo que chamaríamos hoje de direitos sociais no campo material e espiritual: o direito à felicidade comum, à educação, à existência e à assistência. Também há uma ênfase real na luta contra qualquer forma de opressão, levando à proclamação do direito à insurreição e fazendo dela até um dever: "Art. 35 – Quando o governo viola os direitos do povo, a insurreição é, para o povo e para cada porção do povo, o mais sagrado dos direitos e o mais indispensável dos deveres".

Compreendemos como, apesar de tudo, essa declaração preliminar de uma Constituição que nunca foi aplicada pôde, pelas antecipações que trouxe, responder às aspirações dos patriotas mais avançados durante a década e depois ser reivindicada pelo pensamento revolucionário do século XIX.

▲ *A Declaração de 1795 registra o recuo, ou mesmo o repúdio, de parte dos princípios* das declarações anteriores. Houve dúvidas sobre a conveniência do texto, e, embora uma parte das proclamações de 1789 tenha sido utilizada, o artigo que diz "Os homens nascem e permanecem livres e iguais em direitos", considerado "perigoso", foi eliminado, a definição de liberdade foi restringida

---

2 Ver seções das páginas 68 e 71.

A Revolução Francesa

ao direito de fazer o que não prejudica o outro, e a definição de igualdade foi limitada à abolição das distinções de nascimento. Dos "direitos sociais" mencionados em 1793 não resta nada e, em particular, a referência aos direitos naturais do homem, pedra angular dos textos anteriores, desaparece. A ênfase é a conservação da ordem: o direito à insurreição desaparece, enquanto o princípio representativo é ressaltado. Uma declaração dos deveres – cogitada, mas descartada nos textos anteriores – ganha importância, insistindo no respeito das leis e dos valores, tal como a família, como um dever sagrado. Portanto, a declaração do ano III, querendo "terminar" a revolução, oferece uma leitura restritiva e, em certos aspectos, mutilada (em especial sobre a referência ao direito natural) das proclamações elaboradas de 1789 a 1793. Em todo caso, certo número de conquistas é irreversível, como a liberdade (as liberdades) e a igualdade, embora os limites desta última sejam claros.

▲ *Afora as declarações, o período revolucionário viu surgir certo número de ideias-força:* algumas permaneceram como sonho ou proclamação, incluindo-se entre as "antecipações", já outras tiveram um esboço de realização, ainda que efêmero. Foi o que aconteceu com a aplicação dos princípios de igualdade e liberdade no caso dos judeus, cuja emancipação, reivindicada antes da revolução por porta-vozes como Grégoire, ocorreria em etapas entre 1789 e 1791, e no caso dos negros e dos homens de cor, que levantam o problema da escravidão nas colônias. A questão foi objeto de duras discussões na Assembleia Constituinte em 1790 e 1791, opondo os partidários da abolição e de uma concessão de direitos civis aos homens de cor – Robespierre, Grégoire e os "amigos dos negros", adeptos de uma emancipação progressiva – ao *lobby* dos fazendeiros e dos negreiros, amparados por apoiadores poderosos (Barnave). Estes últimos ainda estavam em vantagem em 1791, mas a revolta dos escravos de Santo Domingo, da qual falaremos adiante, alterou as condições do problema e a Convenção montanhesa teve o mérito, pelo decreto de 16 de pluvioso do ano II, de proclamar a abolição da escravatura nas colônias: antecipação que seria contestada no período consular.

No ano IV, quando Sylvain Maréchal, companheiro de Babeuf, redige o *Manifesto dos Iguais*, ele formula a reivindicação daqueles que julgam que sua esperança de uma verdadeira revolução da igualdade foi traída ("Exigimos viver e morrer iguais, assim como nascemos. Queremos a igualdade real ou a morte. Eis do que necessitamos"), traduzindo no nível da utopia a expectativa de uma "outra revolução, muito maior, muito mais solene, e que será a última", e ilustrando a dinâmica iniciada pelo texto fundador de 26 de agosto de 1789.

Os valores da Revolução Francesa

Pelo encadeamento das declarações dos direitos, revela-se, tanto em sua elaboração quanto em seus avanços ou recuos, todo um conjunto de valores novos que constituem a contribuição específica do período. Remetendo-nos ao conjunto do discurso revolucionário, e não apenas a seus textos fundadores, podemos enumerar brevemente a lista dessas "noções-conceito".

▲ *Em primeiro lugar, obviamente, a de revolução,* que ganha definitivamente seu sentido moderno. Tanto num campo quanto noutro, os homens da época tinham um sentimento muito vivo de rompimento radical, de ponto sem volta, em referência ao que era então o Antigo Regime, o regime da sociedade de ordens e do absolutismo monárquico. "Abordamos a ilha da liberdade e incendiamos os barcos que nos levaram até ela", dirá Cambon em 1793. A revolução, tábua rasa, é ponto de partida ou ponto de chegada? Para Marat, que considera que "a liberdade nasce do fogo da sedição", convém que a revolução seja permanente e continuamente reavivada. Outros – a maioria – sonhavam desde o princípio em "terminar a revolução", estabelecer um ponto que não podia ser ultrapassado: essa é a atitude da burguesia constituinte, e seria a dos termidorianos e dos membros do Diretório. Mas, mesmo para eles, a ideia de concluir a revolução está associada ao conceito de regeneração, concebido como a necessidade de fazer surgir um novo homem por meio de uma pedagogia cívica.

▲ *Os fundamentos desse novo mundo não apenas político, mas também social e moral, são os do direito natural,* herdado do pensamento iluminista. Os direitos naturais, como são colocados nas diferentes declarações – liberdade, igualdade, segurança e propriedade para uns, direito à existência para outros –, não são definidos por todos nos mesmos termos. Ao longo dos anos, a ênfase recairia sobre diversas leituras sucessivas, fazendo surgir várias concepções e contradições (liberdade contra propriedade). A revolução foi infiel a suas proclamações iniciais, como certos estudiosos acreditam, renegando no ano III parte de seu ideal? Seja como for, ela nunca renunciou ao conceito de soberania popular que substituiu o sistema monárquico, ainda que tenha feito diferentes leituras dele, restringindo o exercício dessa soberania a uma elite censitária, tanto sob a Assembleia Constituinte quanto sob o Diretório.

De todo modo, ele exige ser regulado pela lei. A Constituição deveria substituir a arbitrariedade, garantido o exercício da liberdade, único meio de evitar o despotismo. Para os homens da revolução, essa Constituição não é um conjunto de regras sancionadas pelo uso, como na Inglaterra ou como as "leis fundamentais" do Antigo Regime. Ela supõe o respeito de um conjunto de regras, tais como a separação dos poderes. Herdada de Montesquieu, essa ideia não se reduz ao simples equilíbrio entre o Executivo, o Legislativo e o Judiciário. Todos têm consciência de que o único verdadeiro poder é o de fazer a lei. Mas, para evitar que um órgão acumule todas as funções, eles propõem diferentes soluções. Os membros da Assembleia Constituinte e, mais tarde, os termidorianos, cujas concepções eram próximas do sistema anglo-americano de equilíbrio de poderes, querem evitar a preponderância do Legislativo por meio da implantação de um Executivo forte: o rei na Constituição de 1791, os direitos no sistema diretorial. O projeto constitucional de 1793, ao contrário, repousa sobre a primazia do Legislativo, emanação direta da soberania popular; é a essa ideia que se vincula toda a corrente democrática da revolução. Em todo caso, o princípio da separação dos poderes visa preservar a verdadeira soberania, a do povo ou da nação, fundamento de um Estado de direito. Esse Estado de direito supõe um regime representativo, dada a impossibilidade, já sublinhada por Rousseau, do exercício de uma democracia direta numa grande nação, o que coloca o problema da democracia, tanto por aquele da base sobre a qual ela repousa quanto por aquele de suas condições de exercício.

A revolução cria a cidadania, dando aos franceses o exercício dos direitos cívicos. Ela define seus limites – censitários, na Constituição de 1791, para distinguir os cidadãos ativos e os cidadãos passivos, como veremos – e amplia-os, a partir de 1792, pelo estabelecimento do sufrágio universal – direito estendido ao conjunto da população masculina adulta –, antes de retornar, no ano III, a um novo sistema censitário. Democracia direta ou indireta? Embora o princípio do regime representativo se imponha, o que implica a rejeição do "mandado imperativo", a revolução se viu dividida ao longo de sua história entre a reivindicação de uma democracia direta, tal como formulada em 1793-1794 pelos porta-vozes do movimento popular, e as necessidades ligadas às circunstâncias de um poder forte e centralizado. Centralismo – cuja expressão momentânea no ano II é a forma jacobina – e descentralização – tal como encarnada pelo movimento federalista em 1793 – são outra expressão dessas escolhas com as quais o período se viu confrontado. Assim dividido, o período revolucionário é uma experimentação da democracia? Seja qual for o julgamento que se faça, ele representou o acesso à política e aos direitos cívicos de parte importante da população.

A Revolução Francesa

Com isso, ele deu origem a uma consciência coletiva que se exprime por intermédio de certo número de ideias-força promissoras. "Unidade e indivisibilidade": o lema que se imporia a partir de 1793, e que nunca seria contrariado, tem suas origens nos primeiros tempos da revolução e traduz-se, desde 1790, no movimento das federações, expressão espontânea de uma consciência nacional coletiva. Ele se encarnaria em vários outros conceitos criados ao longo dos anos: República, nação, pátria.

A República, proclamada, ainda que discretamente, em 21 de setembro de 1792, não estava no centro do projeto revolucionário no início. Em 1789, apesar de remeter a algumas imagens positivas, como os Estados Unidos e a Suíça (tanto um mito quanto uma realidade), ela lembrava também Veneza e as Províncias Unidas, oligarquias de tradição antiga, ainda que o sonho das antigas repúblicas fizesse parte da cultura humanista dos homens da época. Portanto, não nos surpreende que, até 1792, a ideia republicana tenha progredido lentamente entre porta-vozes tão avançados quanto Marat ou Robespierre, embora já estivesse presente em Condorcet. Seu surgimento entre as referências fundamentais da Revolução Francesa não está ligado apenas ao peso das circunstâncias, ao fracasso de uma via reformista da monarquia constitucional, por culpa do próprio soberano? Ela se deve mais profundamente à associação que foi feita no imaginário e no simbólico com a ideia de liberdade, de rejeição do despotismo e da tirania, constituindo a originalidade da experiência revolucionária francesa. Deve-se muito também ao nexo poderoso que se estabeleceu entre República, pátria e nação.

▲ *A nação* existia havia muito tempo, mas confundia-se com a fidelidade monárquica. A cisão radical que se estabeleceu entre povo e aristocracia, povo e monarquia, à medida que a imagem da realeza se deteriorava, com o tempo levou a um conteúdo muito diferente. Houve durante um momento – na ilusão unanimista das federações de 1790 – um sonho de reconciliação cujo lema

77

Michel Vovelle

era "A nação, a lei, o rei", mascarando o fato de que a soberania já havia sido transferida do monarca para o povo soberano. A partir de 1792, a queda da realeza, mas também o estado de guerra com a "Europa dos déspotas", dá pleno significado à nação; ela se identifica com o povo e ganha todo o seu poder unificador no confronto com a crise interna e a guerra externa. Ocorre uma fusão momentânea entre nação e pátria, e é aos brados de "Viva a nação!" que Kellermann reúne as tropas em Valmy. Uma ideia exigente, se não exclusiva, de pátria, identificada com a revolução, impõe-se quando Barère declara: "Os aristocratas não têm pátria e nossos inimigos não podem ser nossos irmãos". A nação ocupa o lugar que a realeza deixou vago, daí sua associação com a ideia de República. Quando a tensão diminui no ano II, ocorre o desvio da noção de nação; a França diretorial, que se lança numa aventura de conquista, se tornaria "a Grande Nação acostumada a vencer": uma porta aberta para todas as aventuras posteriores, da nação ao nacionalismo, do século XIX e além.

Para o bem e às vezes para o mal, são essas ideias-força que constituem, não sem tensões e contradições, mas com unidade real, a estrutura do novo Estado implantado pela revolução, fazendo a França entrar na modernidade.

As estruturas do Estado e as condições da vida política

A década revolucionária vê três formas de governo se sucederem ao longo dos acontecimentos: de 1789 a 10 de agosto de 1792, houve uma monarquia constitucional; dessa data até vendemiário do ano III, a Convenção é marcada pela implantação, pela afirmação e pelo declínio do governo revolucionário; por fim, a Constituição do ano III instala o regime do Diretório, que durará até o golpe de Estado de 18 de brumário do ano III. A essas três sequências correspondem estilos de experimentação contrastantes.

A monarquia constitucional

A Assembleia Constituinte (de julho de 1789 a setembro de 1791) e a Assembleia Legislativa (de setembro de 1791 a setembro de 1792) trazem a marca da continuidade, apesar do corte que o voto e a entrada em vigor da Constituição de 1791 representam. Nos dois primeiros anos, instituições são criadas e brevemente experimentadas até a queda da monarquia; mas as bases de um novo equilíbrio estão assentadas desde 1789.

▲ *O rei conserva um papel importante nesse sistema:* a monarquia não é contestada até 1791. Contudo, a partir outubro de 1789, ele se torna o "rei dos franceses" e reina, como dirá a Constituição, "pela graça de Deus e pela lei constitucional do Estado". A monarquia continua hereditária, mas o soberano deve prestar juramento ao ato constitucional. Ele é remunerado por uma lista civil anual de 25 milhões de libras. Continua responsável pelo Executivo, nomeando embaixadores e generais, mas suas prerrogativas são exercidas apenas no nível do governo, que ele compõe à sua vontade, sem precisar se reportar à Assembleia. Esse sistema não tem nada a ver com o regime parlamentar à inglesa; os ministros não dependem de uma maioria na Câmara, que pode apenas exigir explicações e eventualmente denunciá-los numa corte suprema. Esses ministros são seis: do Interior, da Guerra, da Marinha, da Justiça, dos Assuntos Estrangeiros e das Finanças. O rei, de sua parte, goza de inviolabilidade.

O rei mantém um direito de controle sobre o Legislativo por intermédio do direito de veto, que foi duramente discutido na Assembleia Constituinte. Embora a Assembleia tenha a iniciativa dos decretos, ela necessita da sanção real, e o monarca pode recusá-la. A direita monarquista proibiu o veto absoluto, e o que prevaleceu afinal foi o "veto suspensivo", limitado a duas legislaturas. Mas ele não se aplica às leis das finanças e aos textos constitucionais. O rei também precisa do acordo da Assembleia para declarar guerra ou assinar a paz.

▲ *Se o rei conserva um conjunto de prerrogativas que estão muito longe de ser insignificantes, a iniciativa e a responsabilidade de fazer a lei competem ao corpo legislativo.* Daí a importância do debate sobre a organização desse poder que opôs os deputados na Assembleia Constituinte: à direita, os monarquianos, "anglômanos", pendiam para um sistema com duas câmaras, em que a Assembleia eleita seria associada a uma Câmara Alta, à maneira inglesa, elemento conservador no qual o rei poderia encontrar apoio nos notáveis, associando a elite da fortuna aos antigos privilegiados. Mas o que prevaleceu, ao contrário, foi a solução de uma Câmara única, na forma de uma Assembleia Legislativa com 745 membros, eleitos por dois anos. Seus poderes são estendidos, já que essa assembleia determina e vota o orçamento e pode propor leis. O Poder Executivo não pode dissolvê-la, mas ele também não tem o controle do governo, embora possa levar os ministros a juízo. O modo de eleição não é nada democrático: o corpo eleitoral dos cidadãos homens, com mais de 25 anos, é dividido em dois grupos – cidadãos passivos e cidadãos ativos – definidos por um critério censitário, isto é, o pagamento de um imposto direto de três dias de trabalho (são excluídos os criados e os falidos). Esse critério seletivo pode parecer bastante amplo, já que se estima que são cerca de 4,3 milhões de cidadãos ativos contra 3 milhões de passivos; mas, se os cidadãos ativos são maioria na França rural, nas cidades eles não ultrapassam muitas vezes um terço. Além disso, o sufrágio se desenrola em vários níveis: os cidadãos ativos designam os eleitores (1%) entre os cidadãos que pagam um imposto de dez dias de trabalho. Então, 5 mil eleitores escolhem os deputados, do mesmo modo que elegem os administradores locais. Para ser elegível, é necessário ser proprietário e pagar um imposto de um marco de prata, ou seja, 52 libras. Essa última cláusula foi duramente combatida pelos porta-vozes do partido democrático, que a acusavam de recompor uma nova aristocracia. O imposto de um marco de prata acabou sendo suprimido, mas tarde demais para que essa medida se aplicasse às eleições para a Assembleia Legislativa.

▲ *Durante esse período, a Assembleia, que ocupa o centro do palco, é confrontada com duas estruturas aparentemente muito diferentes por sua composição.* A Assembleia Constituinte surgiu da transformação dos Estados-gerais; isso significa que a representação das ordens privilegiadas é teoricamente muito maior na Assembleia, mas muitos nobres voltaram para casa e os prelados emigraram. Restam os párocos, assim como um grupo de nobres, alguns liberais e patriotas, e outros pilares do partido aristocrata, em sua maioria monarquianos. Nesse sentido, a reviravolta nas eleições para a Assembleia Legislativa é decisiva, porque elimina quase todos os antigos privilegiados. É entre os plebeus do antigo terceiro estado que a massa dos deputados é recrutada. Nas duas assembleias, os representantes dos grupos populares não têm espaço, a burguesia domina. A velha polêmica dos historiadores anglo-saxões sobre os contornos dessa "burguesia" tornou-se obsoleta: ninguém mais contesta que a burguesia produtora dos comerciantes ou dos construtores é discretamente representada nas assembleias. Advogados, magistrados ou "togados", como se dizia na época, têm um lugar hipertrofiado nas duas assembleias – e ainda reforçado na Assembleia Legislativa –, dando crédito à expressão desdenhosa de uma revolução "de advogados e remendões" (mas não havia mais remendões na Assembleia!).

Esses deputados se unem por afinidades e tendências, mas hesitamos em falar de um partido no sentido moderno do termo, ainda que certos grupos sejam mais estruturados que outros, como os aristocratas e os "negros". Na Assembleia Constituinte, os patriotas ou "constitucionais" apresentam toda uma gama de atitudes, das mais moderadas às mais radicais. No entanto, surgem elementos de união: estruturas periféricas, mas influentes, como os clubes em que deputados de mesma tendência se reúnem. Herdeiros do Clube Bretão da época dos Estados-gerais, os jacobinos representam para a esquerda um ponto de união em que, inicialmente, os deputados ocupam uma posição fundamental e em que ocorrem os entendimentos que prepararam as sessões da Assembleia, assumindo-se cada vez mais como uma verdadeira autoridade. Moderados e contrarrevolucionários também têm clubes, que mais tarde serão fechados (Clube Monárquico); eles também se unem por afinidade em estruturas elitistas, como os salões. Além disso, formou-se o que hoje chamaríamos de "lobbies", como o Clube Massiac, que une ramos de negócios (armadores, agricultores) preocupados em defender os interesses coloniais.

Nesse trabalho de recomposição, as personalidades têm um papel importante: as prosopografias mais recentes dos membros da Assembleia Constituinte mostram um hiato entre a massa dos deputados mudos ou quase mudos e os especialistas da palavra, cujas intervenções são muitas e esperadas, como o abade Maury dentre os aristocratas. Não é forçar a mão afirmar que, à medida que a pessoa do rei se apaga, surgem personagens vistas como um recurso providencial: Necker representou esse papel durante algum tempo, assim como Mirabeau e La Fayette, o "herói dos dois mundos", ilustração efêmera da tentação do cesarismo. Mas o renome desaparece igualmente rápido: o de La Fayette e Bailly não resistiu ao massacre do Campo de Marte.

Nesse contexto, podemos avaliar a atividade desenvolvida pelas assembleias, cujo trabalho se estrutura e regulariza. Alguns estudiosos deram ênfase à desordem das sessões no dia a dia, cujo grande evento é a intromissão das delegações de peticionários... Eles esquecem a importância dos grandes debates que desde o início pautaram a vida dos deputados: debates sobre a Constituição, o veto, o marco de prata, o direito de paz e de guerra, a constituição civil do clero. Eles esquecem, sobretudo, a importância do trabalho menos visível dos comitês criados pela Assembleia Constituinte desde o princípio para preparar os trabalhos, e nos quais os técnicos se dedicam aos grandes problemas que devem ser resolvidos: Comitê de Constituição, Comitê de Divisão (encarregado da nova divisão da França), Comitê de Finanças, Comitê de Mendicância (que iniciou por toda a França uma grande pesquisa sobre a pobreza e a indigência), e outros... A extensão das reformas das quais falaremos a seguir mostra a eficácia das estruturas que foram implantadas.

No entanto, não poderíamos nos esquecer da marcha do tempo: houve incontestavelmente uma reviravolta, que podemos situar entre a fuga do rei para Varennes e a crise do verão de 1791. Ausência de chefes (ou de substitutos), renovação dos políticos na Assembleia Legislativa (os membros da Constituinte não eram reelegíveis), intensificação do conflito entre o rei e a Assembleia – evidenciado pelo exercício do veto real – no contexto da aproximação da guerra e da ameaça contrarrevolucionária... Sob pressão popular e da opinião pública, os centros de decisão mudam, e o debate sobre a paz e a guerra surge primeiro entre os jacobinos. As estruturas de partido se definem e fortalecem após a cisão dos *feuillants*. A precariedade do compromisso constitucional torna-se cada vez mais evidente no ano que precede a queda da monarquia.

O governo revolucionário

Em 19 de vendemiário do ano II (10 de outubro de 1793), o governo é declarado "revolucionário" até a paz.[3] De fato, a maioria das estruturas implantadas, definidas dois meses depois pelo decreto de 14 de frimário do ano II, sobreviveu até o fim da Convenção, ou seja, até brumário do ano III; mas a queda de Robespierre em 9 de termidor interrompeu a dinâmica iniciada

---

3 Ver "A teoria do governo revolucionário", p.84.

Michel Vovelle

no outono de 1793. Um período de seis meses a um ano assiste a essa experiência política que responde pelos momentos mais perigosos para a República.

▲ *O período que vai da queda da monarquia ao outono de 1793 é, no que diz respeito às estruturas do Estado, uma época de incertezas e ao mesmo tempo de inovações* fundamentais para compreendermos a sequência dos acontecimentos. Incertezas porque o fim do poder real leva à implantação de um conselho executivo provisório, constituído por cerca de dez ministros e liderado por Roland durante o período girondino. Esse conselho foi mantido, mas com atribuições cada vez mais limitadas, até ser suprimido em 13 de germinal do ano II. Estrutura atravancada, desde o princípio, tanto pelo peso das responsabilidades desses ministérios, cujo número de efetivos aumenta, quanto pelo contexto político. O problema do poder é suscitado pela presença da Comuna insurrecional de Paris, cujas ambições são grandes e contra a qual os girondinos tentam lutar. O problema se agrava com a luta entre girondinos e montanheses na Convenção até 2 de junho de 1793.

Entre as inovações, a passagem para o regime republicano: a República é proclamada sem entusiasmo em 21 de setembro de 1792; ela será declarada "uma e indivisível" em 25 de setembro. O processo e a execução do rei, em 21 de janeiro de 1793, sancionam definitivamente o início de uma nova era.

A teoria do governo revolucionário apresentada por Robespierre em 25 de dezembro de 1793

"Desenvolveremos, em primeiro lugar, os princípios e a necessidade do governo revolucionário; mostraremos em seguida a causa que tende a paralisá-lo desde o seu nascimento.

A teoria do governo revolucionário é tão nova quanto a revolução que a produziu. Não é necessário procurá-la nos livros dos escritores políticos, que não previram essa revolução, nem nas leis dos tiranos, que, satisfeitos em abusar do poder que têm, cuidam pouco

A Revolução Francesa

de buscar sua legitimidade; assim, para a aristocracia, essa palavra é apenas tema de terror ou texto de calúnia; para os tiranos, um escândalo; para muita gente, um enigma. É necessário explicá-la a todos para unir ao menos os bons cidadãos aos princípios do interesse público.

A função do governo revolucionário é orientar as forças morais e físicas da nação para a finalidade de sua instituição.

O objetivo do governo constitucional é conservar a República, o do governo revolucionário é fundá-la.

A revolução é a guerra da liberdade contra seus inimigos; a constituição é o regime da liberdade vitoriosa e pacífica.

O governo revolucionário necessita de uma atividade extraordinária, precisamente porque ele está em guerra. Está submetido a regras menos uniformes e menos rigorosas, porque as circunstâncias em que se encontra são movediças e tumultuosas e, sobretudo, porque é constantemente obrigado a mobilizar recursos novos e rápidos contra perigos novos e prementes.

O governo constitucional cuida principalmente da liberdade civil, e o governo revolucionário, da liberdade pública. Sob o regime constitucional, é quase que suficiente proteger os indivíduos contra o abuso do poder público; sob o regime revolucionário, o próprio poder público é obrigado a se defender contra todas as facções que o atacam.

O governo revolucionário deve aos bons cidadãos toda a proteção nacional; aos inimigos do povo, deve apenas a morte."

(Fonte: citado por C. Godechot, *La Pensée révolutionnaire*, Paris, Armand Colin, col. "U", 1964, p.190-1)

A eleição de uma Convenção, assembleia encarregada de dar à França uma nova Constituição, foi decidida em 10 de agosto; em 20 de setembro, ela substitui a Assembleia Legislativa. Pela primeira vez na história nacional, esse escrutínio em duas etapas é realizado por sufrágio universal; mas a verdade é que apenas um décimo do corpo eleitoral (700 mil de 7 milhões) participa dele. A Assembleia é constituída de 749 deputados: permanece burguesa por recrutamento, com um terço de homens da lei, muitos deles já com experiência da prática política em anos anteriores. Ela se divide rapidamente com o conflito entre Montanha e Gironda, mas ainda assim cumpre a tarefa para a qual foi convocada: votar uma Constituição. Esse é o paradoxo de um texto de grande importância histórica, cujo destino foi nunca ser aplicado nas circunstâncias excepcionais em que foi produzido.

Na primavera de 1793, as discussões preliminares assistiram à produção de vários projetos, dos quais o de Condorcet, próximo dos girondinos, é o mais desenvolvido. Apesar de democrático, é acusado de tender a instituir "uma realeza de ministros" e a pôr em confronto, sem nenhum tipo de arbitragem entre eles, um poder executivo e um poder legislativo escolhidos por sufrágio universal. Depois da queda da Gironda, os montanheses apressaram a conclusão do texto, adotado em 24 de junho de 1793.

Essa Constituição dava amplos poderes a uma Assembleia única, eleita por sufrágio universal e encarregada de votar as leis. O Executivo fora entregue a um conselho de 24 membros, escolhidos pela Assembleia entre os candidatos – um por departamento – propostos pelas assembleias eleitorais locais. O desejo de democracia direta exprimia-se na possibilidade de as assembleias primárias rejeitarem uma lei, caso um décimo dos eleitores em metade dos departamentos assim exigisse. O recurso ao referendo era previsto em certos casos e os deputados deviam prestar contas de seus mandatos aos eleitores. Esse texto dava garantias ao movimento popular e ao seu desejo de uma democracia direta. Contudo, era da mesma forma inaplicável nas circunstâncias da época, e seus autores tinham consciência disso. Submetido à ratificação popular, obteve 1,7 milhões de votos a favor e 100 mil votos contra, num universo de 7 milhões de eleitores, mas sua aplicação foi adiada para quando a paz se estabelecesse; como sabemos, houve uma mudança de opinião nesse momento. Por "força das circunstâncias", o governo revolucionário se estabeleceu em bases muito diferentes. Certos elementos foram implantados antes mesmo da queda dos girondinos; assim, em 16 de abril de 1793, foi criado um Comitê de Salvação Pública, dominado por Danton; remanejado depois da queda dos girondinos, Robespierre o assume em 27 de julho. O Grande Comitê entra em cena. Mas é entre 19 de vendemiário (quando o governo é declarado "revolucionário até a paz") e o decreto de 14 de frimário (que especifica seu funcionamento) que o comitê se torna capaz para apresentar suas engrenagens.

▲ *A Convenção permanece o centro da iniciativa e do poder:* apenas ela deve governar. Ela se reúne diariamente, associando o trabalho legislativo à recepção das inúmeras cartas e solicitações dirigidas a ela. Os efetivos da Convenção são reduzidos pelos expurgos em cerca de cem pessoas e ainda são desfalcados pelo envio de dezenas de deputados às províncias, em equipes sucessivas. Eles também participam dos dezenove comitês que, de modo menos transparente, administram os assuntos da República e preparam os relatórios. É a ela que eles prestam contas e é ela que os renova. Nessa qualidade, a Convenção não só concentra o poder legislativo, mas mantém ainda um direito de controle constante sobre o Executivo.

Um desses comitês, contudo, adquiriu uma importância excepcional na organização dos poderes: o Comitê de Salvação Pública. Era composto de doze membros – onze, depois da execução de Hérault de Séchelles. Robespierre, Saint-Just e Couthon controlam a política geral; Barère é o porta-voz do comitê na Convenção; Jean Bon Saint-André, Carnot, Lindet e os dois Prieur (do Marne e da Côte-d'Or) cumprem tarefas específicas, de acordo suas competências; Billaud-Varennes e Collot d'Herbois representam a ala avançada, próxima do movimento popular. Mas a responsabilidade é colegiada e todos participam da obra coletiva tomando decisões em conjunto, sejam quais forem as divergências que os opõem. O Comitê de Salvação Pública dirige serviços com um grande número de funcionários (mais de 250) e dá ordens diárias aos ministros, que se tornaram simples executantes. Embora em princípio esteja submetido à Convenção, cujos poderes são renovados a cada mês, o Comitê de Salvação Pública é o verdadeiro centro da autoridade: cabe a ele realizar "a união de visões, máximas, vontades", de acordo com o decreto de 14 de frimário. Responsável pela diplomacia, encarregado de conduzir a guerra, tem autoridade sobre os funcionários e os corpos constituídos, controla a Comuna parisiense e envia representantes em missão à província, que prestam contas a ele.

Entre os diferentes comitês, apenas um mantém um lado autônomo em relação ao Comitê de Salvação Pública: o Comitê de Segurança Geral, expurgado em setembro de 1793, conta com doze membros, entre eles Vadier, Amar e Lebas, que também foram substituídos no Termidor. Compete a ele exercer as funções de polícia e vigilância em toda a extensão do território francês. Ele as exerce por meio de enviados e observadores, mas também dispõe de uma rede de comitês de vigilância através do país. O Comitê de Segurança Geral se sujeita com certa dificuldade à tutela do Comitê de Salvação Pública, ao qual presta contas todas as semanas: o conflito exacerbado entre os dois comitês tem um peso real sobre a crise do Termidor.

Por trás da fachada de monolitismo, assumindo a ditadura coletiva que as circunstâncias exigiam, o governo revolucionário reflete as tensões – individuais ou coletivas – que opõem seus membros ou ocorrem na Convenção. Ele fortalece seus poderes ao longo do ano II. Em 13 de germinal, após a queda dos hebertistas, o Conselho Executivo Provisório é eliminado e os ministros são substituídos por comissões. O governo revolucionário não sobrevive à crise do Termidor: em 7 de frutidor, a Convenção limita as funções do Comitê de Salvação Pública à diplomacia e à direção da guerra. O Comitê de Segurança Geral mantém a polícia, o Comitê de Legislação é encarregado da administração e da justiça, e os outros comitês são confirmados em suas atribuições.

A Revolução Francesa

Com essa dispersão do poder, acaba a unidade de condução do movimento revolucionário, cujo instrumento era o Comitê de Salvação Pública.

O regime diretorial

O regime do Diretório foi instaurado pela Constituição elaborada entre germinal e frutidor do ano III pela Convenção, de acordo com o projeto de um comitê em que o papel principal coube aos moderados (Daunou e Boissy d'Anglas). Esse longo texto, precedido da Declaração dos Direitos e dos Deveres, da qual falamos anteriormente, realizava uma reforma completa das instituições revolucionárias em todos os campos, com o objetivo confesso de estabilizar definitivamente as conquistas da revolução.

▲ *O sistema político* implantado por ele visa evitar qualquer perigo de ditadura e garantir a primazia dos notáveis, nova classe política que surgiu da revolução. O Legislativo é dividido em duas assembleias: o Conselho dos Quinhentos, formado por quinhentos deputados com mais de trinta anos, e o Conselho dos Anciãos, que contava com 250 deputados com mais de quarenta anos. Não se trata de uma Câmara Alta e de uma Câmara Baixa, como existia na Inglaterra, mas de um meio de garantir a estabilidade por um processo de dupla análise: os Quinhentos votam propostas de leis que são submetidas ao Conselho dos Anciãos; este não pode corrigi-las, mas dá a elas o *status* de "lei da República"; em caso de rejeição, ele pode devolver a proposta ao Conselho dos Quinhentos. Os conselhos são submetidos à regra de renovação anual de um terço. Os deputados das duas câmaras são eleitos pelo mesmo corpo eleitoral. A distinção entre cidadãos ativos e cidadãos passivos (criados, falidos e condenados, assim como cidadãos não inscritos nos registros civis) volta a vigorar. Para ser eleitor, é necessário ser residente e pagar uma contribuição direta. Em aparência, o sistema é mais aberto que o de 1791, mas os cidadãos ativos elegem anualmente os eleitores que designam os deputados e, para ser eleitor, é necessário ser proprietário de um bem que gere uma renda equivalente a cem ou duzentos dias de trabalho, conforme o lugar. Esse corpo eleitoral fixo, de 30 mil eleitores em toda a França, é o único a dispor da totalidade dos direitos cívicos.

▲ *A definição do Executivo* cerca-se de precauções para evitar qualquer perigo de ditadura. O poder colegiado é garantido por cinco diretores eleitos pelo Conselho dos Anciãos a partir de uma lista de cinquenta nomes propostos pelo Conselho dos Quinhentos. Um quinto do diretório é substituído todos os anos, sem possibilidade de reeleição nos cinco anos seguintes, o que exige mobilidade das pessoas. Os diretores nomeiam os ministros, os altos funcionários e os generais e dirigem a política externa. Também designam os comissários encarregados de vigiar as administrações, mas não têm controle sobre a gestão dos fundos do Estado, que é feita por uma comissão.

Em seu título, a lei de 5 de frutidor do ano III propunha-se encontrar meios de "terminar a revolução", mas somos obrigados a reconhecer que, apesar das precauções e do fato de que o Diretório durou cinco anos, a sequência mais longa da história revolucionária, o objetivo de estabilização não foi alcançado. O funcionamento do sistema se revelou defeituoso desde o início: não foi um mau presságio que, antes de se separar, os membros da Convenção tenham trapaceado com o sistema eleitoral que eles mesmos implantaram, votando o decreto dos dois terços, pelo qual parte deles se mantinha no cargo, porque tinham receio de ser suplantados pela reação?

▲ *O Diretório foi marcado por uma sucessão de golpes de Estado* cujo objetivo era restabelecer a situação, ora à esquerda, ora à direita, alterando o jogo eleitoral quando era desfavorável aos termidorianos que estavam no poder. O 18 de frutidor do ano V,

A Revolução Francesa

a reviravolta mais importante do período, assistiu à exclusão dos monarquistas, que haviam voltado em grande número; em 22 de floreal do ano VI, os eleitos da esquerda foram invalidados em massa; em 30 de prairial do ano VII, é a vez dos conselhos serem obrigados a demitir os diretores Merlin e Treilhard... E o 18 de brumário fecha essa série de atentados contra uma legalidade que nunca conseguiu se impor de fato. Devemos ver nesse regime de golpes de Estado, como muitos viram, a consequência de um vício original, uma doença congênita cujo culpado seria a Constituição do ano III e a ausência de procedimentos de arbitragem em caso de conflito entre Executivo e Legislativo? A explicação é formal. Mas é preciso levar em conta a fragilidade da base social de uma burguesia diretorial que se distanciou dos grupos populares – que ela teme – e permanece à mercê dos contragolpes de uma contrarrevolução agressiva. Provavelmente, os próprios vícios do regime (corrupção, proliferação da burocracia) contribuíram para a desagregação interna do aparelho de Estado, ainda que o balanço bastante sombrio que tradicionalmente costuma ser feito mereça ser revisto. A ascensão do poder militar, que dá o último golpe no regime, é tanto consequência quanto causa da crise final. A consolidação das instituições republicanas sonhada pela burguesia continuava precária demais para permitir que ela resistisse, pelos meios legais, aos ataques que ela sofria tanto de dentro quanto de fora.

Estruturas do Estado: a França reformada, as instituições

Depois de fazer tábua rasa das instituições do Antigo Regime, tanto no confuso emaranhado de suas estratificações seculares quanto nos princípios condenados que as regiam (privilégio, caráter venal dos ofícios), a revolução tinha de repensar e reconstruir a França sobre novas bases.

Ela não fugiu da tarefa, que já vinha sendo enfrentada desde 1789. As soluções adotadas evoluíram com o tempo: é clássico – e legítimo, afinal – opor uma atitude característica do período constituinte, que privilegia o princípio eletivo e certa forma de descentralização, à evolução posterior, que, no ano II, leva a uma centralização "jacobina" que o Diretório não corrige de fato e cuja conclusão será a centralização consular e, em seguida, a centralização imperial. Também é tradição se questionar sobre o problema da continuidade ou da ruptura, como fez Tocqueville: a Revolução Francesa insere-se em linha direta na herança de centralização da política monárquica ou representa uma ruptura e traz com ela um novo espírito? Antes de examinar os diferentes campos de intervenção (administração, justiça, finanças, educação, assistência...), seria útil conhecer certo número de princípios gerais que governaram a conduta dos homens da revolução e definiram um projeto contínuo, apesar das notáveis mudanças de rumo.

▲ *Racionalização, uniformização, organização*: esses objetivos se afirmam desde o princípio. Trata-se de transformar esse "aglomerado inconstituído de povos desunidos", como dizia Mirabeau, num conjunto coerente. Essa atitude se confunde com o voluntarismo, que já havia sido evocado por intermédio da mística do homem novo num país reformado, e, nesse sentido, não há ruptura entre os constituintes e os jacobinos do ano II ou os homens do Diretório.

Esse projeto implica necessariamente uma vontade centralizadora? Há quem duvide. Burke, crítico inglês da experiência revolucionária, considerava, ao contrário, que as reformas da Assembleia Constituinte, fragmentando a França em pequenas repúblicas independentes, foram uma das razões do fracasso da revolução... Mas não há dúvida de que o sentimento da unidade necessária do país esteve sempre presente no pensamento dos legisladores. Ele teve contrapartidas, e a ideia federalista teve seu momento em 1793, mas foi combatida pelo lema: "Unidade e indivisibilidade". O que corrige de certo modo a leitura centralizadora é, além de um pragmatismo real, o fato de que vemos em ação na formação dos departamentos uma preocupação de democracia que se encarna desde o início na afirmação do princípio eletivo: a eleição dos administradores, dos juízes, dos oficiais e até dos padres é uma das originalidades que impressionaram os observadores. O sistema implantado desde 1790 pela burguesia constituinte é um dos mais descentralizados que a França já teve. Esse espírito está relacionado com uma ideia muito cara a essa burguesia: o liberalismo em todas as suas formas, um "Estado mínimo", diríamos hoje, tal como expresso na doutrina do *"laisser-faire, laisser-passer"* no que diz respeito à subsistência. Esse dogma não resiste à pressão das circunstâncias e à força da reivindicação popular em 1793, mas ele dá a última palavra.

▲ *Outros princípios regeram a ação dos revolucionários:* desfeudalizar, mas também dessacralizar a esfera das instituições e do espaço nacional, instaurar a divisão laica do direito, do registro civil, da remodelação do espaço e do tempo. Empreitadas audaciosas e, às vezes, arriscadas. Algumas não sobreviveram à época, já outras se incluíram por um longo tempo na paisagem da França moderna.

O espaço e o tempo

Como veremos, a revolução fracassou em sua tentativa de incluir o tempo nas novas estruturas, mas conseguiu dar ao espaço novas molduras e novas medidas.

Desde a noite de 4 de agosto de 1789, as antigas províncias e as antigas distinções – país de estado contra país de eleição – haviam desaparecido, mas foi toda a geografia complexa e enredada dos antigos limites administrativos, fiscais, religiosos e judiciários que foi posta em questão.

▲ *De setembro de 1789 a fevereiro de 1790, a Assembleia Constituinte discutiu as novas divisões que deveriam ser dadas à França.* Vários projetos foram apresentados, desde o de Thouret, que dividia o país à americana (oitenta departamentos com base em quadrados de dezoito léguas), até o de Mirabeau, que desconsiderava os limites geográficos e os inseria no quadro das antigas províncias. Por fim, o princípio de uma divisão em 75 a 85 departamentos, subdivididos em 6 a 9 distritos, prevaleceu. Um comitê foi formado para consultar e arbitrar as pretensões de cada um, em particular entre cidades interessadas em ficar com a sede do distrito. Em 15 de fevereiro de 1790, a discussão foi concluída: 83 departamentos de tamanhos semelhantes foram criados, com a preocupação, indiscutivelmente coroada pelo sucesso, de respeitar as antigas divisões históricas. Eles foram batizados com nomes geográficos de rios e montanhas. A regra dos seis distritos em média, subdivididos em cantões, cada um com várias comunas, foi honrada: a unidade básica do tecido rural foi respeitada. Houve contestações, rancores da parte de cidades e burgos destronados, mas a nova estrutura resistiu à prova do tempo. As anexações da Saboia, dos condados Venaissino e de Nice completaram o tecido departamental entre 1791 e 1792, até as anexações ligadas à conquista estenderem provisoriamente a malha departamental para além do território francês.

▲ *Substituir as cerca de oitocentas medidas de peso e de comprimento que existiam na França do Antigo Regime por um sistema de medidas uniforme* não era tarefa fácil, mas atendia às necessidades tanto dos negócios quanto da ciência. Há muito se pensava nisso e, em 1787, a Academia de Ciências nomeou uma comissão para esse fim. O princípio de uniformização foi aprovado pela Assembleia Constituinte em 8 de maio de 1790, e uma comissão de especialistas (Lavoisier, Lagrange, Borda, Condorcet) trabalhou nele, adotando o sistema decimal e o princípio do metro, subdivisão do meridiano terrestre. Isso exigiu um imenso trabalho de triangulação para medir o meridiano entre Dunquerque e Barcelona: esse trabalho foi realizado com certa dificuldade entre 1790 e 1793. Em 1º de agosto de 1793, a Convenção instituiu transitoriamente um sistema métrico baseado em medidas provisórias, que foi confirmado pela lei de 18 de germinal do ano III (7 de abril de 1795) e em 1801, quando as novas medidas se tornaram obrigatórias. Elas demoraram a se impor no país, onde as antigas medidas ainda foram utilizadas por um bom tempo; mas pouco a pouco o uso das novas normas pela administração venceu a resistência.

▲ *O calendário republicano não teve a mesma sorte:* mudar o ritmo tradicional do tempo era ofender a herança religiosa do calendário litúrgico e o ritmo das estações na França rural. Contudo, desde 1789, havia um grande desejo de datar como o ano I da liberdade a nova era que os franceses iniciavam. A decisão de instituir um novo calendário, partindo da criação da República, é tomada em 22 de setembro de 1792, mas ele só é adotado depois de 24 de outubro de 1793, quando começa a descristianização. Coube aos especialistas propor uma divisão em doze meses de trinta dias, subdivididos em décadas. O ano começa no equinócio de outono e termina nos cinco dias de festas *"sans-culottides"*. Fabre d'Églantine propôs uma nova nomenclatura dos meses de acordo com as estações do ano: nomes de plantas, de animais ou de objetos corriqueiros substituíram os nomes de santos e exorcizaram as antigas referências religiosas. O novo calendário teve um sucesso passageiro, como se pode observar pelas festas decadárias e pelos prenomes revolucionários que fazem referência a elas no ano II em certos lugares. Mas, a partir do período diretorial, o uso do calendário republicano esbarra na má vontade cada vez mais generalizada da população, que troca o decadi pelo domingo, apesar do esforço do governo para torná-lo obrigatório (ano V). Esse uso se restringe pouco a pouco à administração, e o calendário republicano será abolido sob o Império,

A administração local

Na mesma qualidade que o governo central, a administração local reflete as grandes etapas da vida política, oscilando entre um sistema amplamente descentralizado em 1791 e a centralização do ano II, que o Diretório não pôs de fato em causa.

▲ *As novas instituições foram implantadas desde 1790*, substituindo as antigas administrações monárquicas – enfraquecidas, para começar – e também os poderes de fato que a revolução municipal estabeleceu durante o verão de 1789. Uma pirâmide de instâncias hierarquizadas, obedecendo a princípios idênticos, mostra a preocupação com a uniformidade, mas o princípio eletivo – reservado aos cidadãos ativos, é verdade – predomina e o controle do governo central é limitado. Cada comuna tem uma administração municipal; ela elege um conselho geral, um prefeito, os oficiais municipais etc. O poder central é representado por um procurador da comuna. Os cantões têm pouca importância, por isso possuem apenas um juiz de paz e uma assembleia primária de cidadãos ativos, que elege os eleitores. Estes nomeiam a administração do distrito e do departamento, assim como os deputados da Assembleia Nacional. Essa administração comporta um conselho geral (que se reúne em sessões), um diretório permanente (que garante a continuidade das funções) e um procurador-síndico (que representa o rei). Esses poderes locais têm atribuições muito amplas no campo fiscal, de obras públicas, polícia, educação, assistência, formação de guardas nacionais e recrutamento de tropas.

Esse sistema funcionou bem ou mal até 1793, ou mais mal do que bem, diriam alguns injustamente. Ele tinha defeitos

A Revolução Francesa

claros. O recurso sistemático ao princípio eletivo não era o mais adequado em termos de fiscalização e, mais amplamente, de administração: falta de tecnicismo, de educação e mesmo de autoridade ou boa vontade nas comunas menores. Se os quadros competentes estavam nas cidades, por causa do aproveitamento dos homens da lei, togados capazes de atender à gigantesca demanda representada pelas 40 mil comunas francesas, o mesmo não acontecia no campo. Além disso, essas autoridades provenientes da burguesia revolucionária tiveram de administrar problemas e tensões que surgiram da crise revolucionária. Departamentos e distritos, em geral moderados, viram-se, em 1791 e mais ainda em 1792, numa situação ambígua com relação a um movimento popular com o qual a administração municipal tinha contato e simpatias mais imediatas. Na crise do verão de 1792, esse pessoal foi tratado com rudeza e, às vezes, diretamente agredido. Nas grandes cidades, as seções – no princípio, simples quadros das assembleias eleitorais – ganharam importância, foram abertas aos cidadãos passivos e, a partir do verão de 1792, realizavam assembleias diárias. A partir de 10 de agosto, a Comuna Insurrecional de Paris ilustra de maneira incomum, mas significativa, a explosão das estruturas estáveis que a Assembleia Constituinte sonhava implantar. Na crise federalista, os departamentos escolheram em geral o lado errado – e jamais serão perdoados por isso.

▲ No novo sistema implantado a partir do verão de 1793, e sistematizado pelo decreto de 14 de frimário do ano II, prevalecia um espírito muito diferente. O expurgo das autoridades constituídas está na ordem do dia: ele é realizado em ondas sucessivas, até meados do ano II. É claro que, quando o poder central toma novamente as rédeas da situação, as instâncias que surgiram da crise 1793 são afetadas: a Comuna de Paris será "domesticada" ao longo do inverno e da primavera de 1794; as assembleias seccionais – expressão de uma democracia direta que nas províncias se

Michel Vovelle

extraviou no movimento federalista, ao passo que em Paris manifestavam a pressão do movimento popular – também serão enquadradas e, no ano II, eliminadas.

Mas as instâncias normais também são atingidas: os departamentos, sem seus poderes e suas instâncias deliberativas, são reduzidos a quase nada; os distritos, ao contrário, assumem um papel maior. Em todos os níveis (departamentos, distritos e municípios), o personagem principal é o agente nacional, nomeado pelo governo e por seus emissários (representantes em missão). Ele é o zeloso agente da execução das medidas revolucionárias e presta contas dela a cada dez dias. Novas instâncias são implantadas: os comitês de vigilância, criados em etapas entre março de 1793 e o inverno do ano II, são responsáveis pela vigilância e pela prisão de suspeitos nos departamentos, distritos e comunas e, mais amplamente, pelas medidas de ordem republicana (requisições, provisões, alistamentos de homens). Se levarmos em conta o papel cada vez mais importante das sociedades populares, que se multiplicavam na época e das quais falaremos adiante, havia toda uma rede redefinida que, sob a vigilância atenta dos representantes em missão, garantia o controle do governo revolucionário sobre toda a extensão do país.

Esse sistema não sobreviveu ao Termidor. Os comitês de vigilância foram diretamente atacados, limitados a um por distrito e mais tarde eliminados. O Diretório reabilita os departamentos e elimina os distritos; irá ainda mais longe, atacando a administração municipal com a instauração de uma administração cantonal. Nos departamentos, a administração é feita agora por cinco administradores designados pelos eleitores. Mas esses notáveis eleitos são auxiliados por um comissário do Diretório, em vez de por um procurador-síndico, e interferem diretamente na administração – o que causa conflitos frequentes, arbitrados pelo poder central. Diferente da centralização jacobina do ano II, talvez menos eficiente no contexto da crise do Estado, surge uma nova centralização. Nas comunas, um agente e um adjunto eleitos substituem o

A Revolução Francesa

corpo municipal. Apenas as cidades de mais de 5 mil habitantes têm uma administração municipal completa e, nas cidades de mais de 100 mil habitantes, uma administração de bairro. Essa era uma maneira de fragmentar a autonomia municipal. Nas administrações municipais, os ricos notáveis recuperaram a posição e a influência que o ano II havia provisoriamente tirado deles.

Por estar aflito para encontrar pessoal suficientemente qualificado nas aldeias, o poder instaurou as administrações de cantão, compostas de agentes comunais e de um presidente eleito, controlado por um comissário. Na verdade, essa instituição não é tão bem-sucedida como se esperava. O espírito municipal ainda era forte e, em muitos departamentos, não foi possível instalá--las por completo, um fracasso que reflete, em muitas regiões, a omissão das elites locais diante de responsabilidades difíceis e, às vezes, perigosas em zonas de conflito. Os quadros da vida política local se concentram numa elite restrita, republicana moderada, embora às vezes haja entre eles alguns sobreviventes do militantismo do ano II.

Imposto e sistema fiscal

Os problemas do sistema fiscal, da dívida e da desigualdade do imposto tiveram um papel fundamental na crise final do Antigo Regime, já que, afinal de contas, foram eles que deram origem à convocação dos Estados-gerais. "Bendito déficit, serás o tesouro da nação!", exclamou Mirabeau. Paradoxo aparente: apesar da resistência ao imposto, essas questões ocuparam um espaço medíocre na história do dia a dia da revolução. É que, para os estudiosos, os regimes revolucionários contornaram o problema; aceitando o peso da dívida do Antigo Regime, eles se conformaram em recorrer a outras vias que não o sistema fiscal para atender às necessidades do Estado: nacionalização dos bens do clero, emissões monetárias no contexto da aventura do *assignat,* empréstimos forçados, canalização dos recursos dos países conquistados sob o Diretório.

À custa dessa administração, que podemos considerar malsã, os regimes revolucionários conseguiram realizar uma série de reformas fundamentais, ainda que pareçam relativamente tardias (inverno e primavera de 1791). A opinião pública se irritara com o peso dos impostos indiretos da monarquia (a gabela e os auxílios) e, portanto, desistiu-se deles. Sob o Diretório, e mais ainda sob o Império, o governo redescobriu os méritos desse sistema fiscal invisível para o povo, se não indolor, e reintroduziu os impostos indiretos.

▲ *O imposto direito aparece como um meio justo de abastecer o caixa do Estado,* ou melhor, a contribuição, mudança de título significativa. Mudança de espírito também, que corresponde à proclamação da igualdade de todos diante do imposto, reivindicação fundamental na derrubada do sistema de privilégios. Depois de uma fase intermediária, sustentada pelas contribuições patrióticas do início da revolução, novas contribuições foram estabelecidas. Em primeiro lugar, a contribuição fundiária, que atingia a verdadeira fortuna, segundo os membros da Assembleia Constituinte, que acreditavam, como os fisiocratas, que toda a riqueza vem da terra; daí seu peso imenso: 67% do total. Mas os bens móveis não foram poupados: a contribuição mobiliária, associada à contribuição pessoal e suntuária, era calculada com base na renda presumida, e o imposto profissional incidia sobre atividades comerciais e industriais, desde artesãos até comerciantes. Em 1789, o Diretório acrescentou uma contribuição sobre portas e janelas, concluindo a rede das "quatro velhas" (contribuições) que formou a base do sistema fiscal francês até 1914.

▲ *Essa preocupação com um sistema fiscal mais equitativo e, apesar do que se disse, relativamente leve, encontra vários obstáculos em sua aplicação.* A arrecadação da contribuição fundiária, peça fundamental do mecanismo, supunha a criação de um cadastro em todas as comunas. Esse trabalho imenso só foi concluído com sucesso em parte delas, sobretudo no Midi, que já possuía cadastros próprios. O Império retomará esse trabalho desde o princípio, e o cadastro "napoleônico" será realizado entre 1808 e os anos 1830. Além disso, por não poder ou não querer exigir uma declaração de renda, o governo manteve o caráter de redistribuição do imposto a cargo das comunas, daí as múltiplas desigualdades, conforme o lugar. Enfim, o princípio eletivo, que predominou sob a Assembleia Constituinte, fez que a arrecadação do imposto ficasse a cargo das autoridades locais. Havia funcionários especializados apenas no nível departamental (tesoureiros gerais); o Diretório tentou implantar com pouco sucesso agências departamentais de contribuição. Por complacência ou falta de formação técnica, os eleitos encarregados da cobrança do imposto se saem bastante mal.

No entanto, a ideia preconcebida de uma França que teria se esquivado do imposto durante dez anos foi parcialmente revista: o recolhimento das contribuições melhora durante o período e os atrasos diminuem (apesar de algumas regiões continuarem rebeldes). Um sucesso relativo? Seja como for, a igualdade diante do imposto, conquista fundamental, tem seus limites. O imposto de redistribuição incide de maneira injusta; não existe progressividade de acordo com a fortuna, e os proprietários podem incorporar todo ou parte do imposto no direito de arrendamento, ou seja, é o camponês quem paga. A burguesia rentista construiu um sistema que se manteve firme durante um bom tempo, depois de passada a turbulência da década revolucionária.

Do novo direito até a justiça revolucionária

Abordando sucessivamente a elaboração do novo direito revolucionário e o exercício da justiça, entramos no universo do paradoxo, de acordo com os clichês que herdamos. Um direito emancipador, humanista, expressão do ideal iluminista, e uma justiça que a força das circunstâncias levará inexoravelmente até o exercício do Terror. E lembremos que Robespierre foi um dos que pediram o fim da pena de morte na Assembleia Constituinte.

A dupla reforma das instituições e dos princípios impunha-se numa França de Antigo Regime, caracterizada nesse domínio pelo peso e pela incoerência daquelas – quem ainda queria parlamentos ou mesmo parlamentares? – e pelo arcaísmo destas, embora a monarquia moribunda tenha abolido a tortura e introduzido, pelo Édito de Tolerância concedido aos protestantes em 1787, um tímido esboço de igualdade diante da lei.

Proclamado em seu ideal desde a declaração de 26 de agosto de 1789, o novo direito revolucionário foi objeto de trabalho constante e elaborações sucessivas. Os homens da revolução foram pouco recompensados por seu esforço, já que o direito revolucionário ficou conhecido como "direito intermediário", como se, entre a herança dos séculos monárquicos e o Código Civil Napoleônico, houvesse apenas um parêntese. Isso representa esquecer tudo o que o Código Civil deve aos projetos apresentados sucessivamente em agosto de 1793, em frutidor do ano II, em prairial do ano IV e em frimário do ano VIII. Eles assentaram as bases de um direito unificado, nacional, que sucedia ao emaranhado dos costumes. Assentaram, sobretudo, seus princípios, inspirados em Beccaria e nos grandes legistas do Iluminismo: libertação do indivíduo, rejeição de qualquer crueldade estéril, recusa de qualquer pena não necessária.

▲ *Liberdade dos indivíduos:* todos os vestígios de servidão pessoal são abolidos e todas as sujeições derivadas das sequelas da feudalidade são eliminadas pouco a pouco entre 1789 e 1793, oficializando a abolição inapelável dos direitos senhoriais. Essa libertação do indivíduo supõe liberdade de contratos e convenções para os que têm posses, assim como liberdade para alugar sua força de trabalho, destinada aos que nada têm. As leis de Allarde (maio de 1791) e Le Chapelier (junho de 1791) sancionam o fim não só das corporações, mas de qualquer forma de organização coletiva, com todas as consequências – vantajosas para uns e nefastas para outros – que isso acarreta à organização do trabalho no futuro. As exigências da família tradicional são abrandadas pela laicização do casamento e pela instituição do divórcio (20 de setembro de 1792). Os deputados votam o princípio da adoção (janeiro de 1792) e discutem o destino dos filhos naturais.

Esse triunfo do indivíduo é completo e, portanto, igualitário? Longe disso, e a revolução assume seus limites no campo da igualdade civil, que somente será concedida aos judeus em 1791 e aos negros em pluvioso do ano II, pelo decreto que abolia a escravidão. A mulher casada continua sujeita à autoridade marital, "de acordo com a ordem natural". Mas devemos reconhecer que o período da revolução democrática teve avanços tangíveis: a partilha igual das sucessões (1793) e as tentativas de igualitarismo social a favor dos mais necessitados, das quais as leis de ventoso do ano II foram uma expressão efêmera. Mas o novo direito instituído pela burguesia continua fundamentado na propriedade (o pós-Termidor afirmará isso em termos enfáticos na Constituição do ano III): "É sobre a manutenção das propriedades que repousam a cultura das terras, todas as produções, todo o meio de trabalho e toda a ordem social". A igualdade dos direitos encontra nesse princípio – que leva à ênfase no respeito à lei e na declaração dos deveres – seus limites óbvios. Redefinindo os delitos pela supressão dos "delitos imaginários" (heresia, lesa-majestade), a Assembleia Constituinte hierarquiza os outros e limita a punição a penas "estrita e evidentemente necessárias". E, anulando a venalidade dos cargos, confia aos juízes eleitos a responsabilidade de fazer justiça, auxiliados, ao menos no que diz respeito às causas criminais, por um júri de cidadãos, à maneira inglesa.

▲ *Uma hierarquia de instâncias é instituída:* para as causas civis, um juiz de paz por cantão, que era tanto árbitro e conciliador quanto juiz. O tribunal distrital, formado por cinco juízes e um ministério público, recebe as causas civis mais importantes. De acordo com seu grau, os delitos são apresentados, dentro do distrito, a um tribunal de polícia comum e, em seguida, a um tribunal correcional. As causas criminais são da alçada do tribunal do departamento, no qual um presidente, três assessores, um promotor público e um comissário do rei são auxiliados por um júri de acusação e um júri de julgamento, compostos por cidadãos ativos. O estudo ainda em andamento a respeito do funcionamento dessas instâncias mostra a eficácia desse novo sistema e um abrandamento real das penas proferidas.

Por razões facilmente compreensíveis, os estudiosos se concentraram durante muito tempo na justiça de exceção que a revolução foi levada a implantar, à medida que os perigos que ela enfrentava aumentavam, e que resultou em 1793 no sistema de exceção do Terror. Depois de 10 de agosto de 1792, foi criada uma Corte Suprema para julgar crimes políticos. De 62 causas, ela proferiu 25 condenações à morte, sem direito a recurso. Sua relativa indulgência contribuiu para a exigência de uma justiça popular, cuja expressão sangrenta e paroxística foram os massacres de setembro.

Em 10 de março de 1793, no contexto da crise da primavera (traição nas fronteiras e guerra civil), foi instituído o Tribunal Revolucionário de Paris, e os tribunais criminais ficaram incumbidos de julgar "revolucionariamente" os delitos de caráter político. A emigração tornou-se passível de julgamento, sem direito a recurso ou cassação, levando a condenação à morte e execução em 24 horas. A prática repressiva instaurada no outono de 1793 concentra no Tribunal Revolucionário parisiense a maioria dos casos, com exceção dos locais de repressão do federalismo e da contrarrevolução (Oeste e Midi). Ela amplia a lista das atividades suscetíveis de cair nas malhas da lei, em especial depois da aprovação da lei dos suspeitos em 17 de setembro de 1793. O Tribunal Revolucionário conta então com dezesseis juízes, sessenta jurados e cinco substitutos; quatro seções funcionam em paralelo, seguindo um processo expedito, ao mesmo tempo que as prisões se enchem e o número de suspeitos aumenta consideravelmente: estima-se que, somados todos os períodos, 500 mil pessoas tenham sido detidas: a maioria foi liberada rapidamente, mas parte delas foi apresentada ao Tribunal Revolucionário. A lei de 8 de ventoso do ano II estipulava que os suspeitos considerados inimigos da República permaneceriam detidos até a paz: para selecioná-los, seis comissões populares foram encarregadas de analisar seus casos, mas apenas duas foram implantadas antes do Termidor.

Nesse meio-tempo, o arsenal repressivo se agravou com a promulgação da lei de 22 de prairial do ano II, que deu origem ao "Grande Terror". Ela suprimia o interrogatório preliminar e a oitiva das testemunhas. A rivalidade entre o Comitê de Salvação Pública, que criou sua própria agência de polícia, e o Comitê de Segurança Geral, do qual se chegou a suspeitar que teria exacerbado o mecanismo repressivo de propósito, talvez explique em parte o balanço sangrento dessas poucas semanas. O número total de execuções realizadas pelos tribunais revolucionários foi estimado em 45 mil, mas esse balanço não leva em conta as execuções sumárias e varia muito conforme a região: os lugares dominados pela guerra civil e as fronteiras foram duramente atingidos, ao passo que outros departamentos (cerca de trinta) praticamente nem viram a passagem da guilhotina.

Depois de 9 de termidor, a atividade do Tribunal Revolucionário diminuiu consideravelmente, e a lei de 22 de prairial foi abolida. O próprio tribunal foi extinto em 12 de prairial do ano III. Mas o arsenal de leis repressivas, em particular contra os emigrados, foi prorrogado pelo Diretório e várias vezes reativado (como depois do golpe de Estado de frutidor do ano V), ao sabor das flutuações da política antimonarquista.

Educação e pedagogia

Dois balanços contraditórios podem ser apresentados sobre a obra educacional da revolução, conforme o que se considere: a derrubada e a desorganização do sistema do Antigo Regime ou a importância do projeto pedagógico para os homens da época. É incontestável que a revolução foi um golpe para as escolas de ensino médio, mantidas em 1789 por congregações docentes ou por seculares: sem recursos próprios, elas perderam seus quadros eclesiásticos quando houve a crise religiosa, fosse porque eles haviam se juntado à Igreja refratária, fosse porque tinham aderido ao novo regime (os oratorianos). O ensino básico é tirado das mãos do clero, responsável por boa parte dele, e enfrenta as agruras de uma reconversão dificultada pelas circunstâncias.

No entanto, o interesse pela formação dos jovens, indissociável do interesse que se tinha pela formação do cidadão, do novo homem que a revolução quis fazer nascer, ocupa um lugar fundamental no discurso revolucionário. Toda uma pedagogia, expressa por novas vias, procura seu caminho: festas e celebrações cívicas, aprendizado por intermédio de sociedades populares, ação dos "apóstolos cívicos" e dos "missionários patriotas", apoiada por toda uma literatura de catecismos cívicos e obras didáticas, para uso tanto das crianças quanto dos adultos.

A reestruturação do ensino foi objeto de muitos projetos, nos quais os grandes (como Condorcet) tiveram participação. O peso das urgências explica o caráter tardio de uma legislação em grande parte posterior ao Termidor, embora o tema não fosse desconhecido antes disso. Le Peletier de Saint-Fargeau, membro da Convenção assassinado em 1793 e um dos "mártires da liberdade", elaborou um projeto que Robespierre apresentou à Convenção em 13 de julho do mesmo ano. Por seu radicalismo, é, sem dúvida, a expressão mais original do ideal da revolução em seu apogeu. Ele previa a instituição de centros de ensino comum em cada cantão rural e em cada seção urbana, onde as crianças de

5 a 12 anos, afastadas de suas famílias para serem educadas sob a "santa lei da igualdade", receberiam educação física, moral e cívica, voltada para o aprendizado de uma atividade útil e a serviço da pátria. O projeto foi rejeitado menos por razões materiais – a dificuldade para implantar uma rede tão grande – do que por razões morais – a recusa de afastar as crianças de suas famílias.

Contudo, houve experiências pontuais no ano II para atender às urgências do momento: em ventoso, mil adultos fizeram uma reciclagem rápida em Paris, sob a orientação de grandes químicos, para o refino do salitre necessário para a fabricação de pólvora. De messidor do ano II a vendemiário, a Escola de Marte reuniu 6 mil adolescentes em Paris, enviados pelos distritos de todo o país para receber formação militar.

Menos dependentes das circunstâncias, outras criações mostraram que tinham futuro, como a Escola Central de Obras Públicas, que depois se tornou a Escola Politécnica, e a Escola Normal, ambas instituídas pela Convenção em frutidor e brumário do ano III. A primeira oferecia um ensino científico de alto nível. Na segunda, 1.400 alunos adultos, designados pelos distritos, receberam das celebridades da época uma educação enciclopédica que visava transformá-los em professores de escolas normais, que eles abririam quando voltassem para seus distritos, a fim de formar novos professores da República. O projeto era ambicioso demais para ter êxito, e a reforma educacional foi abrandada pela lei Daunou (3 de brumário do ano IV); por essa lei, o ensino básico ficava a cargo dos departamentos. Afastando-se da pedagogia elementar para uso do povo, o regime diretorial concentrou seus esforços no ensino médio, criando escolas centrais nos anos IV e V. Em cada departamento, elas propuseram uma experiência pedagógica original, que dava liberdade aos alunos para escolher as aulas que desejavam seguir; grande parte delas era dedicada às matérias científicas, às ciências naturais e ao desenho.

O ensino superior não foi abandonado: no ano III, três escolas de saúde, em Paris, Estrasburgo e Montpellier, abriram caminho para o ensino moderno da Medicina. No mesmo ano, o Conservatório Nacional de Artes e Ofícios inaugurava uma estrutura original, um verdadeiro museu vivo da tecnologia e da inovação.

Assistência e política social

Sob o Antigo Regime, o peso da assistência aos pobres (inválidos ou não) recaía em grande parte sobre o clero, dispensador da caridade paroquial. Mas, sobretudo nas cidades, ele incidia em especial sobre os hospitais, que, com denominações diversas (hospital geral, casa de misericórdia ou caridade), haviam sido mais do que locais de cura: foram o lugar onde tinha ocorrido a "grande reclusão" dos indigentes, dos órfãos e dos marginais na era clássica. Esse sistema agonizava havia muito tempo. A era das Luzes, em nome da nova noção de caridade, fez com Turgot e outros uma crítica severa ao tratamento hospitalar da miséria para substituí-lo pela ideia de assistência em domicílio.

A obra realizada pela revolução insere-se na linha direta dessa reflexão. Alguns estudiosos viram apenas os efeitos nocivos dessa obra: a crise da caridade tradicional, associada ao fim da ordem clerical, e a crise do sistema hospitalar, provocada pela alienação dos bens dos hospitais. Isso significa desconsiderar todo um objetivo de beneficência nacional que esteve presente desde o início do período e desabrochou em projetos audaciosos e realizações, ao menos momentâneas, de 1793 a 1794, retrocedendo em seguida na época diretorial. A alienação dos bens dos hospitais, decidida pela Assembleia Constituinte, visava limitar o campo de ação dos hospitais ao atendimento dos doentes e usar o produto dessa venda no auxílio em domicílio aos pobres. Adiada até o ano II, essa medida foi então aplicada, cabendo ao Tesouro prover às despesas desses estabelecimentos, o que acabou gerando uma crise séria, ligada às condições econômicas e financeiras da época e à falta de pessoal provocada pela dissolução das congregações hospitalárias. No ano III, os hospitais retomaram a posse de seus bens não alienados, acompanhados de subsídios públicos que o Diretório completou com os rendimentos da alfândega municipal e do direito dos pobres.[4] No fim de uma crise dura e, às vezes, trágica, os hospitais recuperavam suas rendas iniciais, em alguns casos aumentadas. Eles também se "modernizaram": a criação das escolas de saúde e a restrição a uma vocação de cura, a cargo de médicos qualificados, deram origem ao hospital moderno, tal como seria conhecido no século XIX. Foi no ano II que Pinel mandou libertar das correntes os loucos do Hospital Bicêtre.

Trechos dos relatórios de Saint-Just sobre os decretos de 8 e 23 de ventoso do ano II (26 de fevereiro e 3 de março de 1794)
"A força das coisas nos levou talvez a resultados que não havíamos previsto. A opulência está nas mãos de um número bastante grande de inimigos da revolução; as necessidades põem na dependência de seus inimigos o povo que trabalha. Os senhores podem conceber que um império possa existir, se as relações civis atingissem aqueles que são contrários à forma do governo? Os que fazem as revoluções pela metade apenas cavam a própria sepultura. A revolução nos leva a reconhecer o princípio de que aquele que se mostrou inimigo de seu país não pode ser proprietário. Ainda são necessárias algumas inspirações geniais para nos salvar.

Seria então para proporcionar prazer a seus tiranos que o povo derrama seu sangue nas fronteiras e todas as famílias vestem luto por seus filhos? Os senhores reconhecerão este princípio: apenas tem direitos na nossa pátria aquele que cooperou para libertá-la. Acabem com a mendicância que desonra um Estado livre; as propriedades dos patriotas são sagradas, mas os bens dos conspiradores

---

4 O imposto "direito dos pobres" era cobrado sobre a receita de espetáculos, bailes e concertos e destinado à assistência pública. Foi instituído provavelmente em 1677. (N. T.)

Michel Vovelle

estão aí para todos os infelizes. Os infelizes são as forças da terra; eles têm o direito de falar como mestres aos governos que os negligenciam. Esses princípios subvertem os governos corruptos; eles destruirão o seu, se os senhores deixarem que ele se corrompa; imolem, pois, a injustiça e o crime, se não quiserem que eles os imolem."

> (Fonte: citado por C. Godechot, *La Pensée révolutionnaire*, Paris, Armand Colin, col. "U", 1964, p.208)

O problema da miséria era ainda mais amplo. A Assembleia Constituinte, que havia instaurado um Comitê de Mendicância coordenado por representantes da corrente filantrópica, tratou de avaliar a extensão da miséria por meio de uma ampla pesquisa estatística, estimando entre 5% e 10% o número de pobres e indigentes no país. Era para eles que se cogitava transferir, na forma de auxílio em domicílio, o produto da venda dos bens dos hospitais.

A Convenção começou a agir por meio de uma série de leis em março e junho de 1793, em vendemiário do ano II, e principalmente pelo grande texto de 22 de floreal do ano II, que definia as regras da beneficência nacional. Trabalho remunerado de ajuda temporária para os pobres válidos, auxílio em domicílio para os não válidos: mulheres grávidas, mães solteiras, velhos doentes, filhos de famílias numerosas. A revolução, na fase do ano II, sonhou em ir mais longe: os decretos de 8 e 13 de ventoso do ano II, que ganharam fama por causa do relatório de Saint-Just, que proclamava que "os infelizes são as forças da terra; eles têm o direito de falar como mestres aos governos que os negligenciam", pretendia beneficiar os indigentes com o sequestro dos bens dos suspeitos. Tabelas com o recenseamento desses indigentes foram solicitadas às comunas, mas a incerteza da formulação dos termos pelos quais eles seriam "indenizados", as reticências ou a má vontade das autoridades locais tornaram a medida inaplicável. Os estudiosos discutiram, e ainda discutem, o significado real de decretos cujas segundas intenções políticas são ambíguas, mas eles continuam sendo o apogeu de um sonho de política social avançada cuja audácia foi proclamada por Saint-Just. "A felicidade é uma ideia nova na Europa", dizia ele.

Chegando ao fim desta revisão dos aspectos do Estado revolucionário, podemos avaliar a extensão das mudanças, umas efêmeras, outras duradouras. Dois itens importantes não foram levados em consideração: o Exército e a religião. Por sua importância no desenrolar do processo revolucionário, eles receberão uma análise específica na sequência desta obra.

O aprendizado da política

Não é simplesmente de cima, através das proclamações, das instituições e das reformas do Estado, que convém abordar a história política da revolução; ela foi o espaço de uma transformação profunda das representações e das práticas, de uma verdadeira descoberta da política por um grande número de franceses. Esse aprendizado em campo ocorreu de diversas maneiras: pela imprensa, pelas diferentes "mídias" que contribuíram para a formação da opinião pública e, por último, pelo surgimento de novas estruturas de sociabilidade política.

A imprensa e a opinião

O absolutismo monárquico proibia qualquer forma de contestação no campo político e religioso. A censura era parte integrante do sistema. Contestada e contornada por redes de literatura "por baixo do pano" no fim do Antigo Regime, essa censura continha margens de tolerância, e as gazetas estrangeiras, escritas em língua francesa, já esclareciam a opinião pública. A pré-revolução, sobretudo a partir de 1788, assistiu à eclosão de todo um fervilhar de panfletos, libelos e publicações em

Michel Vovelle

condições ainda precárias. A reviravolta de 14 de julho e, mais ainda, a Declaração dos Direitos do Homem, de agosto de 1789, que proclamava o princípio da liberdade de opinião e expressão, foram decisivas. Esse princípio nunca foi contestado em seus fundamentos; ao contrário, ele foi reiterado nos textos constitucionais do período. Mas passou por restrições de fato no desenrolar dos acontecimentos revolucionários.

Uma imensa liberdade prevaleceu do verão de 1789 a 10 de agosto de 1792, dando espaço para uma espetacular explosão de jornais e publicações de cunho patriota ou monarquista, ainda que às vezes essa liberdade preocupasse. O jornal de Marat, *L'Ami du Peuple*, foi perseguido várias vezes e obrigado a passar para a clandestinidade. Do mesmo modo, no período de reação que se seguiu ao massacre do Campo de Marte (17 de julho de 1791), a imprensa patriota, hostil à realeza, foi tratada com violência. Mas foi a imprensa contrarrevolucionária dos "amigos do rei" (título de um de seus periódicos), até então muito ativa, que sofreu os ataques mais diretos depois da queda da realeza: jornais cassados, jornalistas executados. Os girondinos, que haviam dado atenção especial a esse campo da propaganda ("agência do espírito público") por intermédio de Roland, ministro do Interior, derrubaram com eles, em 1793, parte da liberdade de expressão. Atacando a esquerda e a direita, eles conseguiram que as instigações ao restabelecimento tanto da realeza quanto da lei agrária fossem proibidas: a imprensa federalista é proscrita e as medidas relativas ao governo revolucionário (lei dos suspeitos) acarretam um controle rigoroso da opinião pública. Mas esse controle não é absoluto no ano II: cinco jornais são publicados em Rouen nesse período. E, até 1794, jornais como *Le Père Duchesne*, de Hébert, ou, ao contrário, *Le Vieux Cordelier*, de Camille Desmoulins, contestam a política do governo de salvação pública.

▲ *O Termidor provoca o retorno a uma liberdade proclamada*, mas com reservas: a instigação ao restabelecimento da realeza e, sobretudo, um novo fervilhar de jornais, em particular da imprensa contrarrevolucionária, que vai de vento em popa e faz concorrência à imprensa oficial ou jacobina (*Le Tribun du Peuple*, de Babeuf), continuam proscritos. Os homens do Diretório reagem, em especial depois de 18 de frutidor, porque jornais e jornalistas são perseguidos mais uma vez e, em alguns casos, deportados. Essas medidas, reiteradas e endurecidas nos anos VI e VII, restringem a liberdade da imprensa, mas é a reviravolta de 18 de brumário e o rígido controle napoleônico que dão um golpe mortal nessa experiência inédita, que durou dez anos.

De fato, apesar dos obstáculos, o balanço é espetacular: o crescimento dos jornais parisienses culmina em 1790 com 335 títulos. A imprensa provincial, estudada recentemente, oferece, de sua parte, quatrocentos títulos.

▲ *A imprensa de opinião encontrou um campo de expressão diversificada nos primeiros anos da revolução.* Alguns jornais visam a imparcialidade de uma informação neutra. O semioficial *Moniteur* publica leis e decretos; o *Journal Logographique* transcreve os relatórios das sessões das assembleias; e o *Journal de Paris*, que tem uma tribuna livre paga, pretende-se uma imprensa de informação. No início, a imprensa monarquista se beneficia das heranças da tradição, como a *Gazette* e o *Mercure de France*. Mas os amigos do rei logo se munem de órgãos incisivos, em geral violentos: os *Actes des Apôtres* (em que escreve Rivarol), o *Petit Gauthier* e *L'Ami du Roi*, do abade Royou. Eles mantiveram o dinamismo e a combatividade até 10 de agosto. A imprensa patriota, engajada de início no mesmo combate para defender a revolução, com o *Courrier de Provence*, de Mirabeau, *Le Patriote Français*, de Brissot, ou *Les Annales Patriotiques*, de Carra, logo deixa transparecer as cisões que dividem os revolucionários. Uma corrente distinta se destaca, liderada por *Les Révolutions de Paris* (em que escreve Loustalot), *L'Orateur du Peuple*, de Fréron, *Les Révolutions de France et de Brabant*, de Camille Desmoulins, e, é claro, *L'Ami du Peuple*, de Marat.

Os anos seguintes assistem ao crescimento de uma imprensa popular que adota o estilo popularesco (como o *Père Duchesne*, de Hébert) para ser o porta-voz do movimento popular, ao passo que o ministério girondino, por iniciativa de Roland, tenta mudar a opinião pública com *La Sentinelle*, de Louvet, que também era colado em muros. No ano II, se a imprensa de oposição da corrente indulgente, representada pelo *Vieux Cordelier* de Camille Desmoulins, é amordaçada, o *Journal de la Montagne*, órgão oficial do governo, é amplamente difundido na província e nos exércitos, que também possuem uma imprensa específica. O pós-Termidor assistiu ao retorno em grande número da impressa moderada ou criptomonarquista, tanto na província quanto em Paris. Para combatê-la, o governo subvencionava uma imprensa republicana, às vezes de tendência jacobina, como *L'Ami des Lois*, de Poultier, e o *Journal des Hommes Libres*, de Duval. O impulso babouvista do ano IV teve apoio na imprensa, como *Le Tribun du Peuple*, de Babeuf, *L'Éclair du Peuple*, de Sylvain Maréchal, e o *Journal des Hommes*, de Lebois.

Tanto num campo quanto noutro, a imprensa ocupou lugar fundamental num dispositivo mais amplo, do qual devemos nos lembrar tanto da multiplicidade de panfletos e folhas avulsas quanto da propaganda oral dos "apóstolos cívicos" ou dos "missionários patriotas" de 1793 e do ano II.

Clubes, sociedades populares, seções

A Revolução Francesa fez surgir todo um conjunto de estruturas de sociabilidade propriamente políticas. Elas tinham suas referências: foi da Inglaterra que veio o termo "clube" e, na França do Iluminismo, embora o debate político tivesse sido oficialmente proibido, as elites aderiram à moda dos salões e das sociedades de pensamento. As lojas maçônicas, propagadas a partir do primeiro terço do século, cobriram uma rede às vezes densa do tecido urbano francês desde os anos 1770, quando surgiu o Grande Oriente da França. Os membros das lojas evitavam falar de política, mas elas davam suporte à difusão da filosofia das Luzes, e a igualdade que reinava entre os irmãos fazia delas um lugar de experimentação dessa "sociabilidade democrática" que por vezes foi considerada um dos agentes da desagregação dos valores da antiga sociedade. Essa leitura é abusiva, assim como o mito, adotado por certa historiografia conservadora e sem nenhum fundamento, de que um complô maçônico deu origem à revolução. Os historiadores modernos se interessam mais pelas transformações por que passa a sociabilidade masculina tradicional no fim do Antigo Regime, como as confrarias de penitentes do Midi, prestes a se secularizar ou sofrer uma evolução profana, ao mesmo tempo que as elites abandonam essas confrarias e procuram um ambiente mais apropriado nas lojas maçônicas. Mas, como se imagina, não foram os penitentes provençais que fizeram a revolução: eles ofereceram localmente um caminho para as novas experiências.

▲ *A partir de abril de 1789, no contexto dos Estados-gerais, a estrutura de início informal do Clube Bretão reúne deputados patriotas preocupados em se harmonizar.* Em outubro de 1789, o clube se instala em Paris, no convento dos jacobinos (do qual tira seu nome), com a denominação oficial de Sociedade dos Amigos da Constituição. Ele se abre para aderentes de níveis sociais mais elevados, propõe-se discutir temas políticos tratados na Assembleia, sobretudo a Constituição, e manter contato com as outras sociedades do reino. Outros clubes são criados: os moderados, como Sieyès, La Fayette ou Mirabeau, reúnem-se na Sociedade de 1789, e os monarquistas, no Clube dos "Imparciais", ao qual sucederá o Clube dos Amigos da Constituição Monárquica, que durará até 10 de agosto de 1792. Mais fechados, à maneira inglesa, esses últimos clubes não terão a influência que os jacobinos tiveram desde o início, estruturando sua organização e criando em todo o país

Michel Vovelle

uma rede de contatos com suas filiais. No fim de 1790, eles estavam presentes em trezentas cidades e, no fim de 1791, em 1.100. Essa difusão também teve seus reveses: os jacobinos foram divididos e intensamente atacados do verão ao outono de 1791 por medidas repressivas da direita. A cisão dos *feuillants* moderados privou os jacobinos de uma parte de seus líderes, mas eles conseguiram manter o controle sobre a maioria das sociedades filiadas. Recuperando sua ascendência, contavam com sociedades em 1.500 comunas no fim de 1792 e em 2 mil comunas em meados de 1793. Eles mudaram então sua natureza: embora a sociedade parisiense continue sendo o local dos grandes debates sob a Legislação e, em seguida, sob a Convenção, isso acontece num quadro aberto para uma burguesia mais amplamente formada. Artesãos e varejistas, ao lado dos profissionais liberais, encontram um espaço importante nas sociedades da província. Mais populares em sua seleção, as sociedades fraternas que haviam sido criadas em Paris a partir de 1790, como a Sociedade Fraterna de Ambos os Sexos, têm mais a ver com a Sociedade dos Amigos dos Direitos do Homem e do Cidadão, mais conhecidos como Clube dos Cordeliers, em que se reúnem líderes avançados, como Danton, Marat, Hébert ou Desmoulins. Os *cordeliers* foram os instigadores da petição do Campo de Marte, em julho de 1791, à qual os jacobinos se associaram.

▲ *Na primavera de 1792, ao mesmo tempo que o jacobinismo recupera sua ascendência*, expressa na hegemonia dos grandes clubes de província (Marselha), outras estruturas se oferecem a um movimento popular cuja base se amplia na esfera dos *sans-culottes*. As seções não são propriamente instâncias de sociabilidade política. No início, esse papel cabe às subdivisões urbanas (48 em Paris, 23 em Marselha...), criadas em 1790 para servir de quadro para as assembleias eleitorais – o que elas foram até 1792 –, reunindo os cidadãos ativos nessas ocasiões. A crise que acompanha a declaração de guerra vê a frequentação das seções aumentar com a chegada dos cidadãos passivos, num ritmo que se torna cotidiano no verão de 1792 e até em 1793, com períodos de forte mobilização, em especial ao longo de 1793. As agências seccionais alteram a natureza das assembleias. Elas se tornam local de discussão dos *sans-culottes* militantes e de exercício de uma democracia direta rigorosa. Em Paris, tiveram um papel fundamental tanto na crise de 10 de agosto de 1792 quanto na queda dos girondinos. Os laços com as sociedades populares são estreitos no início, e continuarão assim em Paris, mas na província, na primavera de 1793, o movimento seccionário se autonomiza e se insurge contra a hegemonia dos grandes clubes jacobinos, no contexto daquilo que viria a ser a crise federalista. Tanto em Lyon quanto em Marselha, o movimento seccionário se desencaminhou pouco a pouco, e os elementos populares foram atraídos novamente por contrarrevolucionários, aristocratas ou burgueses, que transformaram o movimento em instrumento de revolta contra o centralismo parisiense, até que ele foi reprimido.

Em Paris, a mesma inspiração inicial de uma democracia direta, apoiada pelo movimento *cordelier* e hebertista, levou a um conflito cada vez mais intenso com o governo revolucionário. As seções, dispostas a pegar em armas, impuseram seus pontos de vista na Convenção em 4 e 5 de setembro de 1793, mas a vitória durou pouco. Do inverno à primavera de 1794, a domesticação das seções e a supressão de suas agências, deturpadas durante algum tempo pela implantação das sociedades seccionárias, marcam a volta à ordem dos *sans-culottes*. O fracasso do movimento de ventoso do ano II e a repressão do hebertismo são sua última etapa. Desconfiado da espontaneidade do movimento popular, o governo revolucionário se apoiou na organização cada vez mais estrita do movimento jacobino no decorrer do ano II.

▲ *Após a crise que corresponde ao movimento federalista da primavera ao verão de 1793, os jacobinos fortaleceram sua posição,* contribuindo para a queda dos girondinos. Constituídos numa verdadeira

Michel Vovelle

hierarquia paralela, eles são parte integrante do sistema do governo revolucionário, estimulando a atividade das autoridades em campo e aconselhando os representantes em missão. A democratização do recrutamento de novos membros continua, mas essa abertura é controlada pela disciplina estrita do escrutínio depurador. Corresponde a essa sequência a explosão numérica das sociedades populares que seguem esse modelo, embora nem todas sejam filiadas ao clube parisiense. Elas são 5,5 mil na primavera do ano II, ou seja, estão presentes em mais de 13% das comunas. Nesse momento, é possível desenhar um mapa definitivo: elas estão em quase todos os burgos e aldeias do Sudeste e, em particular, na Provença, com porcentagens que vão de 56% nos Baixos Alpes a 93% no Vaucluse. Outras regiões também as recebem bem: o Sudoeste, a região parisiense e a Normandia, com porcentagens de 15% a 30%. Em outras regiões, a semeadura é bem menos densa, e mesmo fraca no Oeste ou no Nordeste.[5]

Em Paris, as sociedades fraternas, as sociedades femininas (Clube das Cidadãs Republicanas Revolucionárias) e as sociedades seccionárias são preservadas, até sua supressão no ano II, quando o governo retoma o controle do movimento popular. No ano II, essas sociedades parisienses associavam uma minoria considerável de burgueses (10%) e comerciantes (16%) a um forte núcleo de artesãos independentes (41%) e assalariados (12%). Os criados (8%) ainda eram minoria.

---

5 Ver mapa da p.119.

As sociedades populares no ano II

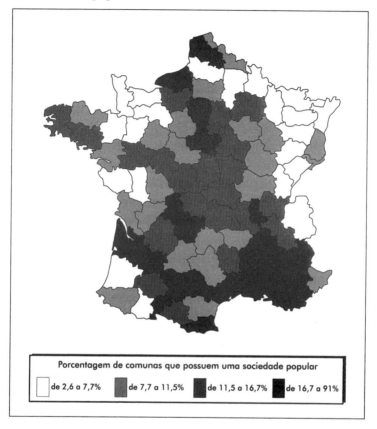

▲ *Peças fundamentais do sistema do ano II, embora sob controle estrito a partir da primavera, as sociedades populares foram diretamente visadas pela reação termidoriana:* em 22 de brumário do ano III, a Convenção ordenou o fechamento do Clube dos Jacobinos e, em 6 de frutidor do mesmo ano, decretou que "qualquer assembleia conhecida como clube ou sociedade está dissolvida".

No contexto do ano II, é legítimo associar a ação das sociedades populares à dos comitês de vigilância, embora estes não sejam propriamente estruturas de sociabilidade política. Mas, se nos remetermos a suas origens, no inverno de 1792-1793, constataremos que eles são criações semiespontâneas que, em Paris, surgiram das seções e, na província, de sociedades ou administrações, com o nome de "comitês de vigilância" ou "comitês revolucionários", para atender às emergências provocadas pelo perigo interno ou externo. São institucionalizados por uma lei de 21 de março de 1793, na forma de comitês de doze membros por comuna, para vigiar os estrangeiros. Em setembro do mesmo ano, recebem a missão de fazer uma lista de suspeitos e vigiar suas atividades, atribuições que serão ampliadas pelo decreto de 14 de frimário do ano II, o qual organizava o governo revolucionário. Uma nova rede é implantada, ao lado da rede de sociedades populares, com responsabilidades tremendas. Ela é implantada de modo desigual, conforme as circunstâncias que lhe dão origem: ora concentrados nos distritos, ora densamente fixados nas aldeias, os membros dos comitês de vigilância apresentam uma sociologia próxima da das sociedades populares, com as quais eles colaboram com frequência, mas também competem de maneira conflituosa. Cabe a eles a ingrata tarefa de perseguir os suspeitos que lhes deram má fama. Estudos atuais sugerem que essa fama é frequentemente imerecida, já que a repressão foi abrandada por um bom número de tratos.

▲ Do *Termidor ao Diretório*, o termo jacobino designa – com um toque de clara execração entre os reacionários – os que são suspeitos de lamentar o fim do regime do Terror ou mesmo os republicanos declarados, tais como eles tentam se agrupar durante esses anos. Os "neojacobinos" tentaram reconstituir estruturas de reunião, sociedades populares mais ou menos clandestinas no ano IV, na Côte-d'Or, em Angers ou em Toulouse. Em Paris, eles se encontravam no Clube do Panteão, que reuniu com êxito momentâneo, mas real, os antigos montanheses e os amigos de Babeuf. A repressão da conspiração babouvista interrompeu essa primeira tentativa, mas, depois do golpe de Estado de 18 de frutidor do ano V, as autoridades foram mais condescendentes com a criação de círculos constitucionais que, do ano VI a brumário, difundiram-se por toda a França, nas cidades e em certas regiões favoráveis, como o Norte, a Borgonha e a região de Toulouse. Na Sarthe, uma rede de sociedades ambulantes se formou entre uma cidade e outra. Mas faltava aos neojacobinos a base da massa que deu força ao jacobinismo.

De sua parte, os monarquistas tentaram aproveitar os momentos favoráveis a eles para construir uma organização em escala nacional. No ano V, ela possuía estruturas clandestinas e conspiratórias, assim como uma fachada legal: o Clube de Clichy em Paris e Institutos Filantrópicos em setenta departamentos. Essa rede não resistiu à repressão que sucedeu ao 18 de frutidor do ano V.

O teste eleitoral, os temperamentos políticos

As sociedades populares, as assembleias seccionais ou mesmo os comitês de vigilância são as minorias atuantes e motivadas que, até o momento, foram levadas em consideração. É difícil estimar a participação dos franceses na política durante a revolução, porque é muito delicado aplicar os parâmetros contemporâneos da sociologia política a um período em que os sistemas eleitorais variam, o aprendizado do voto é feito com dificuldade e as próprias fontes são incompletas. Uma ideia preconcebida predomina: a fraca participação nos escrutínios durante o período, revelando uma indiferença majoritária e, em seguida, uma clara hostilidade. Na atualidade, essa ideia é profundamente contestada pelos estudos de pesquisadores franceses e norte-americanos, que retomaram a questão.

Além das eleições nos Estados-gerais, a França teve três sistemas eleitorais sucessivos durante o período: o da monarquia constitucional, de base censitária (até 1792), o sufrágio universal (1793-1794) e, sob o Diretório, o retorno de um escrutínio que excluía os que não pagavam impostos e reservava a elegibilidade a uma pequena elite.

No contexto de cada um deles, qual foi o tamanho da mobilização dos eleitores que podiam votar? Durante a Assembleia Constituinte, os cidadãos foram consultados várias vezes, talvez com frequência demais para eleitores que ainda precisavam assimilar as novas regras – extremamente complexas e, para os menos abastados, dissuasivas – de um escrutínio definido em escala nacional (a operação prolongava-se muitas vezes por vários dias). Mas era preciso empossar e renovar as autoridades, desde as comunas até os departamentos. O mais impressionante é a constatação de um zelo real: mais de dois terços dos cerca de trinta departamentos estudados mostram taxas de participação superiores a 50% e, às vezes, a 60% em 1790. O nível de educação não tem influência: o Midi "analfabeto" vota tanto ou mais do que a França do Norte, e o campo se mobiliza mais do que as cidades. É em Paris e nas grandes cidades que as taxas são mais fracas. Entre as hipóteses mais aventadas, a herança de uma vida política local ativa antes da revolução e as tradições comunalistas (no Midi, por exemplo) devem ser levadas em consideração. Mas houve uma queda muito sensível em 1791, nas eleições para a Assembleia Legislativa, primeiro escrutínio nacional. As porcentagens oscilam em torno de 10%, às vezes menos, num nível próximo de um terço dos eleitores. Essa tendência de queda se acentua em agosto de 1792, nas assembleias primárias para a eleição da Convenção (de 4% a 27%) nos departamentos estudados. Várias explicações se impõem, como o impacto muito claro do cisma religioso e da agitação que ele provocou em 1791 e a politização crescente e, às vezes, mal recebida no jogo local. Mas observamos também, e isso será uma constante, que os escrutínios nacionais mobilizam sensivelmente menos os eleitores do que aqueles nos quais seus interesses estão diretamente envolvidos. Contudo, essa constatação tem exceções: no plebiscito para a aprovação da Constituição do ano I, em julho de 1793, houve

A Revolução Francesa

um aumento sensível da participação, às vezes acima de 50%, ao mesmo tempo que o sufrágio universal amplia a massa de cidadãos aptos a votar. Os franceses começavam a se familiarizar com o voto? A suspensão das eleições no ano II e, sobretudo, o novo sistema restritivo implantado pelo Diretório, assim como as muitas manipulações que ele ocasionou, não encorajavam os eleitores. A Constituição do ano III foi votada por apenas de 14% a 17% dos eleitores; em 1799, os escrutínios nacionais para a formação e a renovação dos conselhos sob o Diretório oscilaram entre um terço e 10%. Bonaparte, nos plebiscitos por meio dos quais conseguiu sancionar seu poder entre 1799 e 1804, obteve mais (até 50% em 1802), mas ele não mediu esforços para isso, aumentando ainda mais a pressão do governo.

O balanço que podemos fazer da participação na vida política, tal como refletida pelo teste eleitoral, só pode ser matizado: se um historiador (Eugen Weber) estima que a entrada dos camponeses na política aconteceu somente após a Terceira República, depois de 1871, há muitos que pensam que a reviravolta decisiva ocorreu em 1848. Os resultados coletados hoje a respeito do período da Revolução Francesa nos incitam a recuar ainda mais. Aprendizado incompleto, seletivo, que deixa de fora parte das massas tanto camponesas quanto urbanas, mas também formação de uma classe política e despertar para novas práticas de grupos mais amplas do que o que se disse com frequência, essas são as observações que podemos fazer.

▲ *Podemos tentar esboçar um mapa em escala nacional do engajamento político das diferentes regiões?* As incertezas e as lacunas dos dados eleitorais não permitem isso, mas podemos jogar com o silêncio das fontes. No auge do momento revolucionário, o balanço das cartas e solicitações recebidas no ano II pela Convenção (15 mil) oferece uma visão de uma França que toma a palavra, em contraponto com a França do silêncio. Esse critério destaca o grau de participação da Bacia Parisiense e da planície que se estende de Paris à Normandia e à fronteira do Norte. Mas também se delineia um eixo norte-sul que vai da Borgonha ao Lyonnais, mergulha no vale do Ródano e estende-se até o litoral do Mediterrâneo. Em contraponto, há o silêncio do Oeste, do centro da França e da maior parte do Maciço Central, o do Nordeste e das regiões montanhosas, como os Pireneus e a zona intra-alpina.

A França que fala e a França que silencia

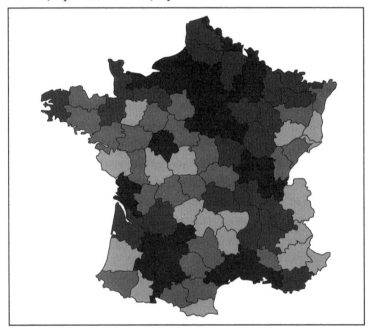

Fluxo global das solicitações endereçadas à Convenção Nacional (ano II, de vendemiário a frutidor): classificação por ordem dos departamentos em quatro grupos iguais hierarquizados (do mais escuro ao mais claro), de acordo com o número de solicitações enviadas.

▲ *A temperatura política*, tal como podemos tentar medi-la a partir dos resultados eleitorais – analisados não mais pelo simples critério da taxa de participação, mas pelas tendências que eles revelam –, é mais difícil de interpretar, sobretudo no início do período, quando houve uma lentidão na implantação das opções definidas. Obviamente, a França montanhesa não é a da Gironda, que tem seus pontos fortes no litoral, de Caen a Bordeaux, passando por Nantes, ou em Marselha. É preciso esperar pelos escrutínios eleitorais do Diretório, nos anos V, VI e VII, para ver surgir, em pinceladas sucessivas, o esboço de uma França jacobina, no Centro, do Nivernais ao Limousin, e em parte do Sudoeste. A essas regiões, que continuaram a ser as do jacobinismo rural no século XIX e mesmo no século XX, não poderíamos contrapor o resto da França como maciçamente de "direita", ou melhor, a França da ordem, como a Bacia Parisiense ou o Nordeste, mas também a França em estado de contrarrevolução no Oeste ou no sul do Maciço Central. É essa França da rejeição que convém analisar a partir daqui.

Capítulo 3
Em duas frentes: revolução aceita, revolução recusada na França e no mundo

A contrarrevolução

A contrarrevolução nasce com a revolução: já está em germe na atitude dos privilegiados em episódios de oposição aristocrática às últimas tentativas de reforma monárquica; define-se durante os Estados-gerais. A tomada da Bastilha provoca a fuga da França dos príncipes (Condé, Artois) e dos nobres mais hostis, determinando a primeira onda daquilo que será a emigração.

▲ *O termo contrarrevolução cobre várias realidades* que coincidem apenas em parte. Uma ideologia contrarrevolucionária é elaborada, desde muito cedo, para denunciar o novo rumo das coisas e propor uma interpretação dos acontecimentos, mas a contrarrevolução é, antes de tudo, ação. Entre os nobres e os plebeus que apoiavam suas posições, ela extrapola o quadro das lutas parlamentares – sob a Assembleia Constituinte e, em seguida, sob o Diretório – e dos debates de opinião na imprensa e

127

Michel Vovelle

investe numa atividade conspiratória que se estenderá por todo o período. Também assume a forma de tentativas de ação militar nos exércitos dos príncipes, recrutados fora da França, entre os emigrados. Mas a contrarrevolução encontrou também uma base popular em meios e regiões que se uniram a ela, desde cedo, em 1790, em certos pontos do Midi e, a partir de 1791 e 1792, no Oeste. O motim da Vendeia, em março de 1793, abre uma frente de guerra civil que teve prolongamentos na maior parte do Oeste sob a forma da chuaneria,[1] recorrente até o fim do período.

Outra contrarrevolução se esboça aqui, em sua maioria camponesa, no Oeste, estendendo-se igualmente aos meios urbanos no Midi. Tem características próprias, embora os vínculos com a contrarrevolução aristocrática sejam evidentes. Estudiosos propuseram recentemente o termo "antirrevolução" para designar o conjunto de atitudes renitentes ou refratárias que caracterizam os movimentos populares hostis ao novo regime ou a alguns de seus aspectos (políticos, sociais, religiosos), mas não resultaram numa revolta aberta. A expressão tem ao menos o mérito de permitir a distinção das diferentes formas de hostilidade contra a revolução.

▲ *A crítica à revolução se manifesta desde os primeiros meses.* Na Assembleia Constituinte, alimentou os discursos violentos dos porta-vozes do partido monarquista (abade Maury, Cazalès), enquanto os monarquianos, dos quais Mounier é o mais representativo, defendiam uma monarquia reformada, mas forte, num sistema à inglesa, com uma Câmara Alta e uma Câmara Baixa. O fracasso dos monarquianos na tentativa de fazer suas ideias prevalecerem deixa o campo livre para os partidários do

---

1 No original em francês, *chouannerie*, luta dos *chouans*, grupo contrarrevolucionário do Oeste da França que se levantou contra a República. O nome deriva de *chat-huant* [coruja] e foi empregado primeiramente por Jean Cottereau, mais conhecido como Jean Chouan, um dos líderes dos insurgentes. (N. E.)

A Revolução Francesa

restabelecimento de uma monarquia à antiga, como o conde de Antraigues. Os publicistas, como Rivarol e o grupo dos jornalistas "Amigos do Rei", elaboram um discurso. Sénac de Meilhan ou o conde Ferrand questionam as causas da revolução, são críticos com relação ao Antigo Regime, mas hostis à burguesia iluminista e ao próprio princípio de uma ruptura na continuidade histórica. É da Inglaterra que vem a crítica mais bem argumentada sobre esse tema, com as *Reflexões sobre a Revolução na França*, de Burke, que será a bíblia do pensamento contrarrevolucionário. A reflexão do abade Barruel, mais breve, mas destinada a um belo futuro, dá origem ao mito do complô maçônico, contra a religião e a monarquia, do qual viria todo o mal. Esse pensamento contrarrevolucionário evoluiu ao longo dos anos: a morte do rei, em 1793, anima a ideia de uma provação coletiva, de um ato da providência divina. Sob o Diretório, a oposição monarquista se divide, até o ano V, entre uma corrente legalista, que sonha com a restauração de uma monarquia adaptada às novas condições, e a visão teocrática dos grandes pensadores (o saboiano Joseph de Maistre ou Louis de Bonald), que pregam o retorno às antigas hierarquias: Deus, o rei e o pai de família, garantias de uma ordem providencial. Essa leitura alimentará a ideologia da Restauração e do legitimismo a partir de 1815. Depois da morte do delfim (Luís XVII), em 1795, ela recebeu a caução do pretendente ao trono francês, o conde de Provença, irmão do rei, que se proclama Luís XVIII e, de seu exílio, afirma em suas proclamações a vontade de restauração do Antigo Regime, expurgado de seus abusos, mas também exige a punição dos culpados.

▲ *No que diz respeito a ações, a contrarrevolução envereda de início pelo caminho de uma atividade conspiratória:* a ideia popular do "complô aristocrático" não é apenas um mito. Em Paris, o marquês de Favras planejou sequestrar o rei para livrá-lo dos revolucionários; foi enforcado em 19 de fevereiro de 1790. Em seguida, esse tipo de tentativa se multiplicou: complô verdadeiro ou mítico dos

Michel Vovelle

"cavaleiros do punhal" em 1790, preparação da fuga do rei em 1791 e, a partir de agosto de 1792 e até a morte do rei e da rainha, tentativas de fazer a família real fugir. Na província, mas também no estrangeiro, outros planos são executados: graças a seus emissários, o comitê de Turim, cidade onde o conde de Artois havia se instalado, organizou a partir de 1790 uma rede de conspiração no sudeste de Lyon e de Grenoble a Toulouse, passando pela Provença. Ela foi desmantelada e as tentativas pontuais (em Lyon ou no Vivarais, com os campos de Jalès) foram um fracasso. No Oeste, em 1791, a conspiração da Rouerie, batizada com o nome de seu instigador, também foi descoberta. O fracasso não foi completo, embora tenha revelado a incapacidade de seus líderes para reunir uma base de massa: a crise religiosa que nasceu do cisma constitucional fornece à contrarrevolução "a soldadesca que lhe faltava" (F. Furet) e muda as condições do jogo. Em 1793, no sudeste do Maciço Central, a conspiração do escrivão Charrier ainda fracassa, mas o motim do Oeste leva a contrarrevolução popular ao primeiro plano.

A atividade conspiratória é apoiada e fomentada de fora, pelos príncipes emigrados. O epicentro dessas iniciativas se deslocara do comitê de Turim para Koblenz, na margem esquerda do Reno. É ali que os emigrados se reúnem, sob a liderança do príncipe de Condé, que tentou formar um exército – comandantes sem muitas tropas – na perspectiva de reconquista do reino. A vida dos emigrados é um dos capítulos da história da contrarrevolução fora da França: era fútil, a ponto de nutrir ressalvas ou mesmo hostilidade entre os que os acolhem, e mais tarde miserável, quando foram dispersados pela diáspora provocada pela conquista francesa. A ação militar dos emigrados durou pouco: eles participaram de maneira apenas marginal – foram tolerados com certo desprezo – na campanha de Valmy em 1792 e espalharam-se pelos exércitos da coalizão. O último retorno, na tentativa de Quiberon em 1795, foi um desastre. Mas a emigração não se limita a esse aspecto. Restrita de início a um pequeno número de

A Revolução Francesa

privilegiados – cortesãos e um fluxo ainda modesto de nobres da
província –, ela cresceu em ondas sucessivas: padres refratários
a partir de 1791 e, sobretudo, depois de 1792, em consequência
das leis de deportação, e militares de alta patente depois de Varennes e, mais tarde, quando o país entrou em guerra. A crise federalista acrescentou a esses elementos iniciais uma contribuição
localmente excepcional (por exemplo, nos departamentos do Midi) de emigração burguesa das cidades atingidas pela repressão.
Soma-se a isso, ao sabor das operações militares, uma emigração
popular de camponeses e da arraia-miúda nas fronteiras: de Nice
à fronteira do Norte ou Alsácia, que fornece o maior contingente.

O mapa que mostra esses fluxos migratórios põe em evidência regiões periféricas rebeldes: o litoral, desde o Canal da Mancha até o oceano Atlântico, a fronteira do Norte e do Nordeste,
a Provença. O balanço global, que reúne os diferentes extratos,
permite recensearmos cerca de 100 mil emigrados, ou seja, de
0,4% a 0,5% da população francesa, e não nos surpreende que o
ex-terceiro estado contribua com 68% de emigrados; o clero, com
25%; e a nobreza, com 17%. Em termos de porcentagem relativa
sobre os efetivos das categorias, os privilegiados são os mais diretamente atingidos.

▲ *A vida dos emigrados foi difícil:* eles acreditaram que passa-
riam pouco tempo fora da França, e muito frequentemente acabaram tendo de enfrentar a miséria, sobretudo nobres ou padres
que não dispunham de recursos próprios. Foram recebidos com
uma simpatia variável, que não foi facilitada pela arrogância dos
primeiros a chegar; mais tarde, com o desenrolar dos acontecimentos, tiveram de buscar abrigo mais longe. Da Renânia ou do
condado de Nice, onde haviam se fixado, a conquista francesa
obrigou-os a se espalhar pela Inglaterra, pelo Império, pela Espanha, pela península italiana ou, às vezes, mais longe, pela Rússia
ou pelos Estados Unidos. Paradoxalmente, os padres foram mais
bem recebidos na Inglaterra anglicana do que nos Estados do

papa ou na Espanha, que desconfiavam de tudo que vinha da França. A partir de 1792, a França revolucionária promulgou toda uma legislação repressiva contra os emigrados e suas famílias que tem seu ápice em 1793 e 1794. O emigrado que volta ao país é passível de morte em 24 horas; seus bens são apreendidos e entram na venda dos bens nacionais de segunda origem; sua família fica sujeita à lei dos suspeitos. O pós-Termidor, que é acompanhado de um retorno maciço dos proscritos no contexto da reação do ano III, não desencadeia uma contestação do quadro legislativo terrorista; os períodos de tolerância, em que as autoridades fecham os olhos, são seguidos de fases de maior rigor, sobretudo depois do golpe de Estado de 18 de frutidor do ano V, mas também nos anos VI e VII. É o Consulado que, com suas medidas de anistia, provoca o retorno da maioria dos emigrados ou regulariza a situação dos que já haviam regressado.

A contrarrevolução popular enfrenta outro tipo de problema. Do como ao por quê, os estudiosos se questionam sobre sua extensão e suas formas de ação, mas também sobre as razões que fizeram grupos sociais ou áreas geográficas passar para o campo adversário, tornando-se maciçamente hostis à revolução.

▲ *Para resumir as etapas, podemos dizer que é no Midi que aparecem desde cedo focos contrarrevolucionários:* na primavera de 1790, os tumultos de Montauban ou o sangrento "conflito de Nîmes" (abril--junho) revelam focos de grande tensão, em que se associam conflitos políticos, confrontos sociais e religiosos: plebe católica enquadrada pelos aristocratas contra a burguesia patriota protestante. Mas a cisão confessional nesses focos em que há presença de reformados não explica tudo. O confronto é intenso nessas zonas fortemente urbanizadas de cidades que são também pontos candentes de uma luta de classes exacerbada, organizada com frequência em torno de clientelas, e que põe em campos adversários os notáveis e a arraia-miúda. Marselha, Arles, Aix ou Toulon conheceram esse tipo de confronto; as rivalidades paroquialistas se somam às outras: assim, no condado Venaissino, Avignon, que é pró-francês, opõe-se a Carpentras, a capital tradicional, que permanece papalina.

Nessas regiões profundamente influenciadas pelas redes monarquistas, a contrarrevolução dispõe de bases fortes nas cidades, assim como na rede de burgos urbanizados, divididos pelas disputas dos partidos. Mas ela não é exclusivamente urbana: os agrupamentos de guardas nacionais contrarrevolucionárias dos campos de Jalès (sul da Ardèche), em 1790, 1791 e ainda em 1793, atestam o domínio de toda uma zona refratária que se delineia claramente no lado sul do Maciço Central, do Vivarais ao Languedoc, e com capacidade para se espalhar a leste (Provença) e a oeste (sul do planalto central). Esse foco precoce é o epicentro de tumultos recorrentes em todo o período, estendendo-se a boa parte do Midi durante suas irrupções: em 1793, durante a crise federalista, e no ano III, quando o Terror Branco encontra aí terreno propício. Mas durante todo o período diretorial, e com alguns paroxismos (ano V), o vale do Ródano (de Lyon a Marselha) manteve-se como um dos focos contrarrevolucionários: foi aí que atuaram os degoladores monarquistas das companhias de Jeú (nas redondezas de Lyon) e das companhias do Sol (na Provença).

▲ *Seja como for, o Midi foi apenas excepcionalmente foco de guerra civil aberta e duradoura:* a originalidade da França do Oeste foi ter sido o local de uma contrarrevolução diferente, essencialmente camponesa, envolvendo vastas regiões numa guerra civil (na Vendeia) e cerca de quinze departamentos na guerrilha da chuaneria.

Frente de luta (1792-1794)

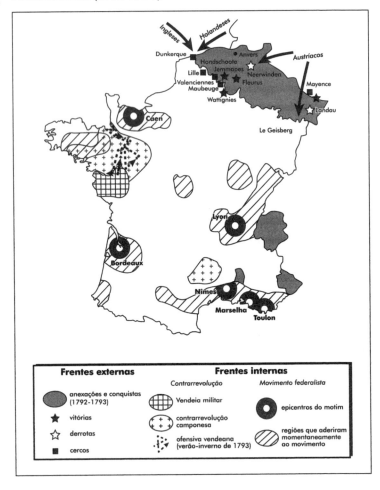

O alistamento de 300 mil homens para a defesa da República em março de 1793 provocou a insurreição geral do Oeste, atingindo nove departamentos (Bretanha, margens armóricas e Vendeia) entre 9 de março e o fim daquele mês. É violenta no início: em Machecoul, no Loire inferior, cerca de quinhentos guardas municipais e nacionais são massacrados pelos camponeses. No norte do Loire, a repressão é rápida e a revolta é esmagada no fim do mês. Mas, no Sul, os agrupamentos camponeses aumentam: Cholet cai nas mãos dos insurgentes em 14 de março; no dia 23, as tropas republicanas são derrotadas em Pont-Charrault. O movimento se organiza. Um exército católico e monarquista se forma; seus comandantes são nobres, como Charette. Pouco entusiasmados no início, eles constituem a alta patente da insurreição, apesar de um carroceiro (Cathelineau) usar o título de "generalíssimo". No escalão inferior, os capitães de paróquia comandam as tropas camponesas. Um território é conquistado no fim do mês de maio, determinando os limites da chamada "Vendeia militar": de leste a oeste, da costa ao rio Thouet, do norte ao sul do Loire, até o rio Sèvre Niortaise.[2] Em junho, o exército católico e monarquista toma Saumur e Anger, encontrando armas em abundância; marcha sobre Nîmes, que resiste ao avanço no fim mês e limita o avanço para o norte, assim como a resistência de Sables-d'Olonne o bloqueia ao sul. Mas ele continua firmemente plantado em seu perímetro, resistindo aos ataques dos "azuis" – ao menos até meados de outubro, quando um ataque convergente contra Cholet permite aos republicanos tomar a cidade de volta. Batendo em retirada, os insurgentes marcham para o Norte com a esperança de amotinar novamente a Bretanha, tomar um porto e assim receber ajuda dos ingleses.[3] O chamado "Giro do Galeno" reúne cerca de 70 mil camponeses, dos quais 40 mil combatentes, talvez; a tropa é pouco organizada, com mulheres e crianças. Eles tomam Laval e Fougères; reforços vêm da Bretanha e do Maine. Mas os vendeanos fracassam em Granville, fortemente protegida. Recuando para o Sul, eles não conseguem atravessar o Loire, tomado pelos republicanos; dirigem-se para o Leste, até Le Mans, onde são massacrados pelas tropas republicanas, comandadas por Marceau. O resto do

---

2 Ver mapa da p.134.
3 Idem.

exército católico e monarquista é desbaratado em Savenay, em 23 de dezembro de 1793. Desguarnecida, a Vendeia é reocupada nesse meio-tempo.

Por iniciativa de Turreau, comandante do Exército do Oeste, um sistema de repressão feroz é entregue nas mãos das "colunas infernais", que praticam a política da terra arrasada. A insurreição recomeça e dura até a primavera de 1793. Ao mesmo tempo, os tumultos ressurgem no norte do Loire, por iniciativa dos bandos locais, reforçados pelo que havia sobrado do exército monarquista, mas mudam parcialmente de natureza. É nesse momento que podemos falar de chuaneria, no sentido estrito do termo, em todos os departamentos do Oeste. Ao contrário do que aconteceu da Vendeia, não há operações de guerra, mas uma guerrilha sob a forma de ataques surpresa, em geral à noite, contra patriotas e soldados isolados, assim como contra diligências. A chuaneria teve várias fases. A fase ativa durou até a primavera de 1795, por iniciativa dos chefes locais, sobre os quais o conde de Puisaye tenta impor sua autoridade. Hoche, que havia assumido o comando do Exército do Oeste e trocado a repressão sangrenta por uma política de negociações, consegue impor a pacificação da Jaunaye na primavera de 1795. Apesar de fracassar, o desembarque dos emigrados em Quiberon (junho de 1795) reinicia a guerrilha – dominada por Hoche, que venceu os últimos chefes vendeanos (Charette e Stofflet) e termina uma reconquista precária. Em 1797, após o 18 de frutidor do ano V, a chuaneria ressuscita em todo o Oeste e cobre uma área mais extensa do que nunca.

▲ *A última fase da contrarrevolução, em 1799,* é a mais espetacular em certo sentido, porque envolve ação conspiratória e apelo à mobilização das massas e atinge simultaneamente o Oeste e o Midi. Na verdade, ela ocorre em terreno preparado: hoje, podemos dizer que formas de chuaneria difusa se espalham por inúmeras regiões, alimentadas por padres refratários e tropas de desertores e rebeldes, e, às vezes, distinguem-se pouco do banditismo de direito comum. Do mesmo modo, as conspirações recuperaram todo o seu dinamismo entre 1796 e 1797, fomentadas por redes como a do conde de Antraigues, a mais conhecida, e apoiadas pelo governo britânico. A prisão do general Pichegru, uma das esperanças dos conjurados em 1797, não acabou com elas. As derrotas dos exércitos da República diante dos exércitos da segunda coalizão deram esperança aos monarquistas e ao governo inglês de provocar uma insurreição em vários lugares: na Bretanha, mas também no Midi, em Bordeaux e em Toulouse. Ela devia estourar em agosto. Na região de Toulouse, ganhou maior dimensão: a cidade foi cercada por bandos de camponeses, refratários e desertores, mas essa fortaleza do jacobinismo meridional resistiu e os insurgentes foram derrotados em Montrejeau, em 29 de agosto. No Oeste, os chefes dos chuãs [*chouans*] (Cadoudal, Frotté, Bourmont) só conseguiram mobilizar a região em setembro, ao mesmo tempo que o perigo externo era afastado nas fronteiras. Algumas cidades (Nantes, Le Mans, Saint-Brieuc) foram ocupadas momentaneamente, mas a ordem foi logo restabelecida.

A guerra civil na Vendeia

O general Turreau, que promoveria as "colunas infernais" para reprimir a Vendeia, expõe as condições específicas dessa guerra civil.

"Os bandoleiros, favorecidos por todos os acidentes da natureza, têm uma tática particular, que eles sabem aplicar à perfeição em suas posições e nas circunstâncias locais. Garantidos pela superioridade que sua maneira de atacar lhes propicia, eles nunca se deixam antecipar: combatem apenas quando querem e onde querem. Sua habilidade no uso das armas de fogo é tal que nenhum povo conhecido, por mais guerreiro, por mais manipulador que seja, não tira tão grande proveito do fuzil quanto os caçadores do Loroux e do Bocage. Seu ataque é uma irrupção terrível, súbita, quase sempre inesperada, porque na Vendeia é muito difícil reconhecer, situar-se e, consequentemente, defender-se de uma surpresa. Eles dão à sua ordem de batalha a forma de um crescente, e suas alas, dirigidas em flechas, são compostas de seus melhores atiradores, de soldados que não atiram sem antes ajustar o fuzil, e quase nunca erram um alvo ao alcance ordinário. Somos esmagados antes de termos tempo de nos localizar, sob uma massa de tiros tal que nossas ordens não apresentam efeito que possa ser comparado. Eles não esperam comando para atirar; não conhecem tiros de batalhão, fileira ou pelotão e, no entanto, aquele que nos fazem sofrer é tão forte, tão intenso quanto e, sobretudo, muito mais mortífero que os nossos. Se conseguirmos resistir a seu ataque violento, é improvável que os rebeldes nos disputem a vitória; mas tiramos pouco proveito disso, porque eles recuam com tanta rapidez que é muito difícil atingi-los, e a região não permite quase nunca o uso da Cavalaria. Eles se dispersam, escapam pelos campos, sebes, bosques, matas, já que conhecem todos os caminhos, atalhos, gargantas e desfiladeiros, sabem todos os obstáculos que se oporiam à sua fuga e os meios de evitá-los. Se somos obrigados a ceder a seu ataque, temos tanta dificuldade para efetuar a retirada quanto eles têm facilidade de fugir, quando são derrotados [...]."

(Fonte: citado por Claude Petitfrère, *La Vendée et les Vendéens*, Paris, Gallimard, col. "Archives", 1981, p.24-5)

▲ *A contrarrevolução havia fracassado antes mesmo que Bonaparte viesse pôr ordem na situação.* É aqui que convém se interrogar sobre as raízes e as razões de seus sucessos e fracassos, sobre o balanço que se pode fazer delas.

Vimos claramente que houve vários modelos de contrarrevolução – ao menos no Oeste e no Midi. A revolta camponesa do Oeste foi a que suscitou mais perguntas. Uma produção historiográfica imponente foi dedicada a ela desde o século passado. Na época, as coisas eram simples: do ponto de vista dos autores legitimistas ou conservadores, um motim a favor do rei ou da religião, ou a favor dos republicanos, produto da ignorância de populações fanatizadas. Mas os estudiosos já começavam a se interrogar sobre as condições específicas dos movimentos do Oeste: o temperamento refratário de populações hostis desde o início ao alistamento de homens, o quadro geográfico dos bosques típicos da região, propícios à guerrilha. O debate, do qual excluímos os aspectos polêmicos, foi retomado nas últimas décadas sobre bases mais específicas. Em sua tese sobre *Les Paysans de l'Ouest* [Os camponeses do Oeste], a partir do exemplo da Sarthe, Paul Bois mostra a insuficiência das explicações tradicionais e é o primeiro a ressaltar o caráter social do movimento. Um campesinato frustrado em suas esperanças e em sua fome de terra pelo domínio da burguesia patriota das cidades e dos burgos sobre os bens nacionais voltou sua hostilidade não só contra essa burguesia, mas também contra o Estado revolucionário. Essa problemática foi retomada e ampliada por autores franceses ou anglo-saxões que, desde então, insistem no conflito entre cidade e campo nessas regiões, mostrando que a hegemonia burguesa, por meio das novas instituições administrativas, judiciárias e fiscais, contribuiu para rebelar comunidades que haviam sido ofendidas em suas tradições, práticas e solidariedades. Questionando em sua simplicidade o esquema explicativo de P. Bois, os autores mais recentes também convidam a uma reavaliação da importância do fator religioso, essencial a partir de 1792. Além da vitalidade da prática em regiões onde a Contrarreforma teve mais êxito, eles insistem no papel dos padres – tão numerosos no Oeste – na vida coletiva e na organização dos poderes nas aldeias. Embora seja possível nos atermos hoje a essas explicações matizadas, sabemos que elas dão conta de apenas uma parte do fenômeno: são válidas para a França do Oeste, mas não se aplicam ao caso do Midi, tal como o apresentamos.

Essa conclusão não leva a subestimar o custo desses confrontos, em homens e em misérias, tema que não poderia ser sofismado, embora convenha abordá-lo fora de qualquer polêmica. A guerra civil, sobretudo no Oeste, foi sangrenta, marcada por

Michel Vovelle

atrocidades de ambos os lados e acompanhada de uma repressão implacável: o número de 128 mil mortos, com o qual os historiadores da guerra da Vendeia parecem concordar, mostra sua extensão. Esse número é suficiente para justificar o termo "genocídio", aplicado por alguns? É jogar com o anacronismo, adotando um procedimento que a honestidade histórica não tolera. É esquecer voluntariamente que, apesar de alguns discursos excessivos e isolados, toda a filosofia da Revolução Francesa insere-se como contraponto a tal projeto.

A revolução e o mundo

A Revolução Francesa não poderia ser um fenômeno "franco-francês". Ela se insere no quadro mais amplo da era das revoluções que ocorre na Europa e na América dos anos 1770 a 1820, pelo menos. A Revolução Norte-americana, à qual a França deu seu apoio, é a referência principal, mas a Irlanda, as ilhas Britânicas, os Países Baixos e a República de Genebra tiveram tumultos ou verdadeiras revoluções antes de 1789; às portas da França, a revolução brabançona começou em 1788 nos Países Baixos austríacos. O impacto dos acontecimentos na França reiniciou uma nova onda revolucionária em boa parte da Europa. Os estudiosos falaram de "revoluções atlânticas" para caracterizar esse conjunto; o conceito é legítimo, se levarmos em conta a diversidade de conteúdo desses movimentos: mais independência nacional do que subversão social na América, defesa de antigos privilégios contra a brutalidade das reformas esclarecidas no caso do Brabante.

O caso francês afirma sua originalidade pela referência, não só porque diz respeito ao reino mais populoso, a uma potência cuja influência era grande na Europa, mas pelo próprio caráter de uma revolução que, desde o início, inscrevia-se em sua Declaração dos Direitos do Homem com uma perspectiva de universalidade, dirigindo-se aos homens de todos os tempos e de todos os países. A extensão das mudanças realizadas, tanto no plano institucional quanto no social, só podia pôr profundamente em questão a ordem monárquica europeia, oferecendo um exemplo para uns e um objeto intolerável de temor para outros.

▲ *O conflito era inevitável então?* A revolução foi acusada de ter se engajado em 1792 numa aventura bélica cujas consequências seriam consideráveis não só fora da França, mas para o próprio avanço da revolução, radicalizando as posições, arrastando o país para uma escalada da qual o Terror do ano II seria o reflexo, e o recurso à ditadura militar de Bonaparte, a última consequência. Responsabilidade discutível e, no mínimo, compartilhada: a revolução se inicia com um desejo pacífico, mas as circunstâncias externas e internas – "a força das coisas", como diz Saint-Just – arrastam a revolução para uma aventura que não havia sido prevista.

Há, portanto, diversas fases distintas na relação da Revolução Francesa com a Europa. No período que corresponde à Assembleia Constituinte, ela se pretendia pacífica e aberta a tudo ao mesmo tempo: em 19 de junho de 1790, Anacharsis Cloots, que se diz "orador do gênero humano" apresentou-se à Constituinte à frente de uma delegação de estrangeiros para convocar uma festa (eram vésperas da Federação) que seria a festa de toda a humanidade. Esse tipo de iniciativa ainda era isolado dentro do contexto de uma diplomacia prudente, cuja condução ainda estava a cargo do soberano, mas na qual a Assembleia afirma um novo espírito em agosto de 1790. Negando-se a tomar partido no conflito que, nas distantes margens do Pacífico, opunha a Inglaterra e a Espanha (à qual a monarquia estava ligada por um "pacto de família"), a Assembleia repudia a herança da política dinástica que regia a diplomacia tradicional.

Essa atitude se vê confrontada com contradições dificilmente assumidas no caso dos "príncipes possessores" da Alsácia,

Michel Vovelle

residentes do Império que se queixavam do prejuízo que haviam sofrido com o fim da feudalidade, assim como de Avignon, possessão pontifícia que reivindica sua anexação à França desde 1790. A vontade livremente expressa da população pode ser recusada? Direito monárquico *versus* direito dos povos, contra um pano de fundo de tumultos sangrentos: o debate entre aristocratas e patriotas foi intenso na Assembleia, e só em 14 de setembro de 1791, após consulta popular, o decreto de anexação de Avignon e do condado Venaissino foi finalmente votado.

Nesse primeiro período, enquanto os constituintes discutem o direito de paz e de guerra, os problemas vêm da diplomacia paralela secreta do rei: em 3 de dezembro de 1790, o soberano escreve ao rei da Prússia para pedir uma conferência entre as potências capazes de restaurar seus poderes. Eles vêm, em seguida, da atitude dos Estados monárquicos, preocupados com a expansão das ideias revolucionárias: nessa época, o impacto dos acontecimentos na França (eco da queda da Bastilha) é amplamente sentido na Europa, entre os intelectuais do Império e nos clubes da Inglaterra. O novo Estado revolucionário se beneficia momentaneamente das dificuldades das potências: guerra entre Rússia e Turquia e primeira divisão da Polônia. Em 27 de agosto de 1791, em Pillnitz, o imperador Leopoldo e o rei da Prússia concordam em declarar suas preocupações, mas ainda se engajam com cautela. Nesse momento, porém, a tentativa de fuga do rei para Varennes põe em alerta uma revolução que recruta seus primeiros batalhões de voluntários e preocupa-se com a ameaça dos emigrados nas fronteiras.

A iminência da guerra dominou a história da Assembleia Legislativa, marcada pelo grande debate no campo dos jacobinos entre Robespierre e Brissot sobre a conveniência de entrar em conflito com a Europa dos "déspotas". À prudência do primeiro, que aponta todos os perigos de um conflito e lembra profeticamente a eventualidade do surgimento de um salvador militar, opõe-se a ousadia talvez irrefletida do segundo: desmascarar a

A Revolução Francesa

duplicidade do rei, ir ao encontro das aspirações antegozadas dos povos para expandir o reino da liberdade.[4]

▲ *Inicia-se uma segunda sequência em que, para simplificar, a leitura "girondina" prevalece na política externa da França.* Obviamente, a partir da primavera, ela é dominada pelo estado de guerra: em 20 de abril de 1792, começam as hostilidades com o "rei da Boêmia e da Hungria", ao qual se juntam desde o início os Estados do Império e o rei da Prússia, apesar da cautela diplomática. A conjuntura militar predomina, marcada pelas derrotas francesas, pela invasão da primavera e do verão de 1792 e, em 25 de julho, pela ameaça de Brunswick de uma "subversão total", caso houvesse atentado contra a pessoa do rei.[5] O resultado é conhecido: depois da queda da monarquia em 10 de agosto e, sobretudo, da recuperação francesa na vitória de Valmy (20 de setembro de 1792), a revolução adota numa política de expansão momentânea, o que permite a conquista da Bélgica, após a vitória de Jemmapes (6 de novembro de 1792), e da margem esquerda do Reno. O que fazer com essas novas aquisições? Na Saboia, tomada do rei do Piemonte, o desejo da população, ratificado pelo voto (assim como em Avignon), leva à anexação. A Saboia forma o departamento do Mont-Blanc, e o condado de Nice, seguindo o mesmo procedimento, torna-se o departamento dos Alpes Marítimos. A Bélgica, também solicitada quando estava prestes a ser anexada à França, une-se com uma solicitude variável, conforme a província (valona ou flamenga), num breve intervalo antes da contraofensiva do Imperador. A nova leitura que prevalece nessa sequência é a da "guerra aos castelos, paz às choupanas", expansão revolucionária que se manifesta na declaração de 19 de novembro de 1792, pela qual a França concede "fraternidade e socorro" aos povos em luta por liberdade. Essa política girondina, que vai de encontro às

---

4 Ver "Discurso de Robespierre contra a guerra", p.144.
5 Ver "O manifesto de Brunswick", p.145.

intenções de um Dumouriez, associa o idealismo revolucionário a considerações mais concretas – abertura de novos mercados para a burguesia e para o ramo dos negócios.

Ela foi rechaçada pelo refluxo da conquista revolucionária que ocorreu da primavera ao inverno de 1793: derrota de Neerwinden em março, traição de Dumouriez, evacuação de Mainz em julho, ataque contra o território nacional em todas as fronteiras, ampliação da coalizão com a entrada da Inglaterra e da Espanha depois da execução do rei, ao mesmo tempo que a divisão da Polônia entre Prússia, Áustria e Rússia deixa essas potências livres para intervir no Oeste (23 de janeiro de 1793). Envolvida na reconquista das frentes internas (Lyon é recuperada apenas em outubro de 1793 e Toulon é tomada dos ingleses em 19 de dezembro) e na guerra nas fronteiras (vitórias de Hondschoote e de Wattignies, em setembro e outubro de 1793), a Convenção montanhesa repudia o expansionismo do período girondino, tanto por razões ideológicas quanto por força das circunstâncias. Mas, no Comitê de Salvação Pública, Lazare Carnot, cuja influência é preponderante no campo diplomático e militar, é simpático à ideia do "pré carré", herança do Antigo Regime que considera as fronteiras naturais (a linha do rio Meuse) condição necessária para a segurança do país.

Discurso de Robespierre contra a guerra (inverno de 1792)
"A guerra é sempre o primeiro desejo de um governo poderoso que quer se tornar ainda mais poderoso. Não lhes direi que é durante a guerra que o Ministério acaba de exaurir o povo e dissipar as finanças, cobre com um véu impenetrável suas faltas e depredações: eu lhes falarei daquilo que se refere mais diretamente aos nossos interesses mais caros. É durante a guerra que o Poder Executivo manifesta a mais temível energia e exerce uma espécie de ditadura que só pode assustar a liberdade nascente; é durante a guerra que o povo esquece as deliberações que interessam essencialmente a seus direitos civis e políticos para ocupar-se apenas dos acontecimentos

A Revolução Francesa

externos, que ele desvia sua atenção de seus legisladores e magistrados para dedicar todo o seu interesse e todas as suas esperanças a seus generais e ministros, ou melhor, aos generais e ministros do Poder Executivo. Foi pela guerra que foram combinadas, por nobres e oficiais militares, as disposições muito pouco conhecidas desse novo código que, desde que a França foi considerada em estado de guerra, entrega a polícia de nossas cidades fronteiriças aos comandos militares e cala diante deles as leis que protegem os direitos dos cidadãos. É durante a guerra que a mesma lei os investe do poder de punir arbitrariamente os soldados. É durante a guerra que o hábito da obediência passiva e o entusiasmo muito natural pelos chefes bem--sucedidos fazem dos soldados da pátria os soldados do monarca ou de seus generais. Em tempos de tumultos e facções, os chefes dos exércitos tornam-se os árbitros do destino de seu país, e fazem a balança pender para o partido que eles abraçaram. Se são Césares ou Cromwells, eles próprios se apoderam da autoridade. Se são cortesãos sem caráter, inexistentes para o bem, mas perigosos quando querem o mal, eles depositam seu poder aos pés de seu mestre e ajudam-no a recuperar um poder arbitrário, desde que sejam seus primeiros valetes."

(Fonte: citado por J. Godechot, *La Pensée révolutionnaire*, Paris, Armand Colin, col. "U", 1964, p.180-1)

O manifesto de Brunswick (trecho)

"[...] 8 – A cidade de Paris e todos seus habitantes, sem distinção, terão de se submeter de pronto e sem demora ao rei, pôr esse príncipe em plena e total liberdade, assegurar a ele, assim como a todas as pessoas reais, a inviolabilidade e o respeito aos quais o direito da natureza e das gentes obriga os súditos a seus soberanos; Suas Majestades Imperial e Real, tornando pessoalmente responsáveis por todos os acontecimentos, respondendo por sua cabeça, para serem julgados militarmente, sem esperança de perdão, todos os membros da Assembleia Nacional, do departamento, do distrito,

145

da comuna e da guarda nacional de Paris, os juízes de paz e todos os outros a quem de direito, declarando ainda as referidas majestades, por fé e palavra do imperador e do rei, que se o castelo das Tulherias for invadido ou insultado, se houver a mais ínfima violência, a mais ínfima injúria a Suas Majestades, o rei, a rainha e a família real, se não for providenciada de imediato sua segurança, preservação e liberdade, elas se vingarão de modo exemplar e para sempre memorável, entregando a cidade de Paris a uma execução militar e a uma subversão total, e os revoltosos culpados de atentados, aos suplícios que terão merecido. Suas Majestades Imperial e Real prometem, ao contrário, obter o perdão de seus erros e faltas, e tomar as medidas mais rigorosas para garantir sua pessoa e seus bens, se eles obedecerem pronta e exatamente à injunção anterior. [...]"

(Fonte: Buchez e Roux, *Histoire parlementaire de la Révolution française*, Paris, Paulin, 1835, t.16, p.276-81)

Essa filosofia – diferente, sem dúvida, embora não seja nova – prevalece depois do Termidor e sob o Diretório, quando a expansão francesa é retomada por vias inesperadas. A influência de Carnot, diretor até frutidor do ano V, e de Reubell, que tem um papel importante na política externa do Diretório, fortalece uma linha que continua apegada à demarcação do Reno e à política das fronteiras naturais. Mas há o modo: anexação direta e departamentalização ou criação de Estados satélites, que serão chamados de "repúblicas irmãs"? A questão foi suscitada pela diocese da Basileia, efêmera República Rauraciana até se tornar o departamento do Mont-Terrible. A reconquista da Bélgica, em 1795, foi seguida de uma nova anexação (outubro de 1795). Em 16 de germinal do ano III, a paz da Basileia com a Prússia reconhece essas fronteiras – faltava o acordo do imperador, principal interessado. Mas, ao mesmo tempo, o tratado de Haia, assinado depois da conquista da Holanda no inverno de 1795 (batalha de Helder, em 4 de pluvioso do ano III), dá origem à República Batava, que adotou uma Constituição à francesa.

▲ *A solução das repúblicas irmãs impõe-se definitivamente do ano IV ao V,* em virtude dos novos rumos que as vitórias de Bonaparte na Itália deram à expansão francesa: se o Diretório voltava sua atenção para o Reno, preocupado com uma vitória que obrigaria o imperador a negociar, o fracasso da campanha da Alemanha, depois de um início promissor na primavera do ano IV (1796), trazia para o primeiro plano as conquistas que Bonaparte realizou na península italiana de abril de 1796 (Montenotte, Millesimo, Dego) a fevereiro de 1797 (queda final da fortaleza de Mântua). Incapaz de lidar com a própria dimensão do êxito, mas sobretudo com a iniciativa pessoal do general vitorioso, o Diretório, apesar de suas veleidades, perdeu a chance de tomar a iniciativa das operações. Teve de se conformar em avalizar a reestruturação do espaço transalpino negociado por Bonaparte com o imperador nas preliminares de Leoben (29 de germinal do ano V, 18 de abril de 1797) e no tratado de Campoformio. Triunfo do príncipe das repúblicas irmãs? Sem dúvida, já que a planície do Pó se tornou a República Cispadana (vendemiário do ano V), estendendo-se depois às dimensões da República Cisalpina, e a antiga República de Gênova se tornou a República Liguriana. Apesar do tratado de Tolentino (ventoso do ano V), pelo qual o papa reconheceu a perda de parte de seus Estados, o movimento continuou: em nivoso do ano VI (janeiro de 1797), o general Berthier invadiu Roma, onde foi constituída uma República Romana; pouco mais de um ano depois, em pluvioso do ano VIII, Championnet tomou Nápoles, expulsou o rei e instaurou uma República Partenopeia.[6] Ainda podemos falar nesse estágio de um expansionismo da liberdade? Na Itália setentrional da República Cisalpina, núcleos minoritários, mas importantes, de patriotas e jacobinos italianos receberam favoravelmente a intervenção francesa, embora o peso do protetorado militar de Bonaparte e, em seguida, do Diretório, de seus comissários e generais, fizesse

---

6 Ver mapa da p.149.

pouco caso de suas aspirações e iniciativas. Tanto em Roma quanto em Nápoles, a base sobre a qual o protetorado francês repousava era ainda mais estreita, e tinha de enfrentar a má vontade popular e a resistência dos partidários do Antigo Regime. Os próprios princípios pelos quais a intervenção francesa poderia se justificar haviam sido desrespeitados: a política pessoal de Bonaparte revelou o pouco caso que ele fazia das aspirações dos povos quando, pelo tratado de Campoformio, entregou ao imperador Veneza e seu território (que tentavam formar uma república), em troca de outros arranjos na península. Ele restabeleceu a permuta de territórios e populações na melhor tradição das monarquias tradicionais.

▲ *Depois de Campoformio, a política do Diretório, tal como promovida pelos diretores Barras e Reubell, não é mais segura nem desinteressada:* na margem esquerda reocupada do Reno, eles permitiram que Hoche alimentasse as esperanças de criação de uma república cisrenana dos patriotas e depois efetuaram uma anexação pura e simples. Diante dos cantões suíços, Reubell e Bonaparte concordaram durante o inverno do ano VI em aproveitar os movimentos revolucionários, especialmente em Vaud, e provocar uma conquista francesa fácil, o que levou à constituição de uma frágil República Helvética, dividida entre federalistas e unitários.

Em todos esses países dependentes, as intervenções diretas, as contribuições forçadas e as exações dos comissários do Diretório, assim como dos generais, contribuíram para fragilizar um sistema que somente se conservava pela devoção de uma minoria de patriotas. Depois da partida de Bonaparte para o Egito (floreal do ano VI, maio de 1798) para realizar um sonho oriental que correspondia provavelmente ao desejo de parte dos diretores, preocupados em afastá-lo, a formação da segunda coalizão entre Inglaterra, Áustria, Rússia e o Império Otomano revelou, em 1799, a fragilidade do sistema das repúblicas irmãs. Vencidos na Alemanha (Stockach, germinal do ano VII), obrigados por

Anexações e repúblicas irmãs (1796-1799)

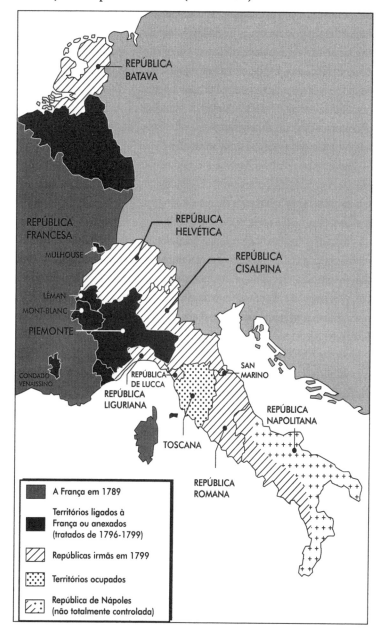

uma série de derrotas a abandonar quase toda a península italiana – enquanto os ingleses e os russos que haviam desembarcado na Holanda tomavam a República Batava –, os franceses foram salvos *in extremis* pelo brilhante sucesso de Masséna na batalha de Zurique, em vendemiário do ano VIII, obrigando o marechal russo Suvorov a bater em retirada. Um mês depois, quando Bonaparte retorna do Egito e desembarca em Fréjus, a integridade do território francês está preservada, mas não resta nada do precário edifício das repúblicas irmãs.

O Exército e a guerra

Os anos de guerra correspondem a três quartos da década revolucionária. A revolução teve de enfrentar a coalizão da maioria das potências europeias, ao mesmo tempo que os acontecimentos internos a confrontavam com a desorganização do Exército real. Ela só venceu por um esforço imenso, do qual surgiu o Exército Nacional.

▲ *Às vésperas da revolução, a monarquia dispunha de um exército profissional* (110 mil homens na infantaria e 32 mil na cavalaria), que associava regimentos franceses e estrangeiros. Por tradição, os nobres forneciam a maioria dos comandantes, monopolizando as altas patentes de acordo com regras que se tornaram mais seletivas ainda no fim do Antigo Regime (éditos de Ségur). Os oficiais plebeus, mais numerosos na artilharia e na engenharia, tinham perspectivas de ascensão limitadas. Na Marinha, os "casacas vermelhas" (oficiais nobres) desprezavam os "casacas azuis" plebeus. O destino da tropa era cruel, e os castigos físicos ainda vigoravam.

A crise de Varennes foi a primeira reviravolta importante: com medo de uma intervenção externa, a Assembleia decide realizar um primeiro alistamento de voluntários entre os guardas nacionais. Os 100 mil homens que se apresentam em 1791 são majoritariamente artesões urbanos (66%), mas também há camponeses. Os comandantes são recrutados entre a burguesia dos burgos e das cidades. Um exército paralelo é formado – os casacas azuis em contraponto com os uniformes brancos do Exército real. Comandantes e oficiais são eleitos e a disciplina é menos cruel. Esses voluntários terão um papel importante nos primeiros confrontos da guerra: eles não recuaram diante dos prussianos em Valmy.

No entanto, as derrotas da primavera e do verão de 1792 mostraram a profunda desorganização de um exército em plena reconstituição. De julho – depois que a pátria foi declarada em perigo – até o inverno de 1792, um segundo alistamento de voluntários foi realizado para aumentar os efetivos para 400 mil homens. Os federados de 10 de agosto estão entre eles, assim como certas legiões de patriotas estrangeiros. Mas esse novo alistamento atinge mais diretamente a população rural. Ele é trabalhoso nas regiões refratárias ao serviço militar, apesar de o Nordeste da França contribuir com seu contingente tradicional. Os voluntários de 1792 são mais politizados e menos disciplinados do que os de 1791. São o prenúncio dos recrutas posteriores: em fevereiro de 1793, o alistamento de 300 mil homens, realizado por departamento, segundo modalidades definidas localmente, e suscitando fortes resistências no Oeste, conseguiu apenas 150 mil soldados.

▲ *Em agosto de 1793, no auge da crise interna e externa, a Convenção decreta solenemente um alistamento em massa de todos os solteiros e viúvos que tenham entre 18 e 25 anos:* "A partir desse momento, e até que os inimigos tenham sido expulsos do território da República, todos os franceses estão em estado de convocação permanente para o serviço dos exércitos". Apesar das dificuldades da operação, a República pôde contar, em meados de 1794, com 1 milhão de homens, dos quais 700 mil nas primeiras fileiras. Essa mobilização sem precedentes acarretou uma reforma completa de um exército que havia se tornado o exército da nação. Desde o primeiro alistamento de 300 mil homens proposto por Dubois Crancé, a Convenção trata de unir os corpos provenientes do antigo exército aos novos batalhões; esse foi o objetivo da amálgama que consistia em associar dois batalhões de voluntários a um batalhão de linha no novo contexto das meias-brigadas. Graças a um sistema que combinava tempo de serviço e eleição para a mudança de patente, as diferenças não tinham mais razão de ser no que dizia respeito tanto ao soldo quanto às promoções. Em janeiro de 1794, duzentas meias-brigadas estavam formadas. O alistamento terminou no início de 1796.

Após o Termidor e as vitórias do ano II, os efetivos diminuem de ano a ano: passam de mais de 700 mil para menos de 500 mil em 1795 e para menos de 400 mil em 1796 e 1797. Não resta mais do que um quarto dos voluntários de 1791 a 1793, apenas um quinto dos alistamentos do ano II. Diante do prosseguimento da guerra e, a partir de 1798, da ofensiva da segunda coalizão, o Diretório cria um novo sistema: votada em 5 de setembro de 1798, a lei Jourdan estabelece a conscrição, que obriga os jovens com idade de 20 anos a prestar o serviço militar. As modalidades de aplicação – sorteio dos recrutas, possibilidade de pagar para um substituto – são definidas em 1799. O Consulado e o Império aperfeiçoarão essa prática de uma democracia comedida, como vimos. Acabaram-se os voluntários de 1792 e os soldados do ano II.

Nesse quadro cronológico, o exército revolucionário mostra características específicas: é um exército nacional de um povo mobilizado para defender a revolução e a nação. As resistências que os alistamentos suscitaram em parte da França não escondem o entusiasmo e a disposição coletiva. Voluntários e soldados do ano II sabem por que combatem: desde Jemmapes, em novembro de 1792, eles cantam "A marselhesa" ao atacar as linhas inimigas. Seus atos de heroísmo são relatados; eles têm seus clubes e fazem propaganda ativa por meio da imprensa. Para uma massa considerável de jovens franceses, o Exército é uma escola de republicanismo; eles permanecem ligados a ele até o fim. Pelas promoções que oferece, o exército também é um lugar de ascensão para os jovens comandantes – generais de 20 anos, como Hoche ou Marceau –, ao lado de elementos provenientes do antigo exército que encontram um quadro à sua altura: Carnot, capitão de engenharia, será o estrategista e "o organizador da vitória" do ano II.

▲ *Um "ritmo global" (J.-P. Bertaud) pode ser definido após o recenseamento dos atos de guerra,* dos engajamentos ou batalhas de importância desigual entre 1792 e 1802. Contamos 750 atos, dos quais quase a metade ocorreu entre o início das hostilidades em 1792 e julho de 1795 (Tratado da Basileia com a Espanha) e, se quisermos ser mais precisos, quase um quarto entre março de 1793 (derrota de Neerwinden) e junho de 1794 (vitória de Fleurus), isto é, durante o período da ditadura jacobina, que teve de enfrentar o choque maior do ataque da coalizão. Durante esses dez anos de combate, o palco dos conflitos mudou, passando das fronteiras do Norte e do Nordeste da França para o estrangeiro (Itália, Suíça, Império) a partir de 1795.

Fases de expansão e recuo sucedem-se e encadeiam-se. De abril a setembro de 1792, o fracasso da ofensiva francesa na Bélgica leva à invasão das fronteiras pelos exércitos da Prússia e da Áustria, interrompendo a vitória de Dumouriez e Kellermann em Valmy, em 20 de setembro. A Convenção passa à ofensiva: vitoriosos em Jemmapes, os franceses conquistam a Bélgica e parte da Holanda, anexam a Saboia e o condado de Nice. A formação da primeira coalizão, em que os Países Baixos, a Espanha e a Inglaterra unem-se à Áustria e à Prússia, enquanto a guerra civil atinge seu auge, leva a uma nova fase de recuo a partir da primavera de 1793 (derrota de Neerwinden em 28 de março): as fronteiras são invadidas novamente. A recuperação iniciada no outono (Wattignies, em 15 de outubro de 1793) leva à vitória decisiva de

Fleurus em 26 de junho de 1794. Os exércitos franceses retomam a ofensiva, enquanto a primeira coalizão se desloca (Tratado da Basileia com a Prússia e depois com a Espanha, em abril-julho de 1795, e tratado de Haia com a Holanda em maio) e concentra seus esforços contra a Áustria e a Inglaterra.

Embora os êxitos tenham sido compartilhados e as grandes ofensivas tenham durado pouco na fronteira do Reno, as vitórias de Bonaparte na primeira campanha da Itália foram uma compensação decisiva. As batalhas nos Apeninos e na planície do Pó, da primavera ao outono de 1796, sancionadas pelo tratado de Campoformio (17 de outubro de 1797), garantiram o domínio da França na península italiana e numa área da Suíça que em breve seria ampliada. As incursões contra a Irlanda não duraram muito, mas o Diretório lança a incursão do Egito, confiando-a a Bonaparte (desembarque em julho de 1798). O brilhante sucesso, conquistado primeiro contra os mamelucos e depois contra os exércitos turcos, é arrasado pelo desastre naval de Aboukir, quando o almirante Nelson destrói a frota francesa e prende Bonaparte a uma conquista que ele tenta consolidar com uma ofensiva contra a Síria.

A segunda coalizão, formada no outono de 1798, como vimos, assiste à retirada dos exércitos francesas da Itália, da Alemanha e da maior parte da Suíça, ao mesmo tempo que os ingleses e os russos desembarcam na Holanda. Essa situação crítica é compensada pelas vitórias de Masséna em Zurique e de Brune em Bergen, em setembro de 1799.

▲ *A arte da guerra mudou ao longo das campanhas.* É uma tradição opor as batalhas do século anterior às da década revolucionária. O novo exército da França revolucionária compensa a falta de formação dos recrutas com o poder da quantidade e o espírito combativo gerado pela convicção e pelo entusiasmo revolucionário. Ele pratica o ataque frontal, usando a força do choque das massas em movimento, munidas em geral de armas brancas.

As primeiras vitórias significativas (Jemmapes) ilustram essa técnica sangrenta, que provoca um grande número de mortes. Mas há um contraste evidente entre as ações dos primeiros anos da revolução e a extrema mobilidade associada à habilidade tática das batalhas na campanha italiana. A guerra mudou, e o exército também. Menos numerosos, mais aguerridos, os exércitos do Diretório têm características comuns aos do ano II, tanto nas condições materiais (penúria do Exército da Itália no início da campanha de 1796) quanto no espírito (apego à República e desejo de defendê-la). Mas o engajamento em territórios estrangeiros, a relativa profissionalização, a cisão com a sociedade civil da França diretorial, fortalecem a ascendência dos generais, *a fortiori* quando se trata de chefes brilhantes como Bonaparte. A personalização do novo poder militar só pode se fortalecer entre os generais com a autonomia e o sentimento de poder dos quais eles gozam, por exemplo, na Itália. Embora em conflito com os comissários do Diretório, eles sabem que o poder civil precisa deles: Bonaparte envia Augereau a Paris para apoiar o golpe de Estado de 18 de frutidor do ano V. Eles se tornaram os árbitros da situação interna nesse regime de golpes de Estado e ficam tentados a desempenhar um papel político, às vezes conspirando com os contrarrevolucionários (Pichegru, Moreau) ou afirmando suas convicções republicanas. Bonaparte encerra o debate, tomando o poder para ele.

O problema colonial e a abolição da escravatura

O problema colonial pode parecer marginal no contexto das relações da revolução com o mundo. No entanto, ele adquire toda a sua amplitude quando consideramos tudo que ele envolve. Não é só a economia e o poder da França além-mar que estão em questão, mas o sistema de valores proclamados pela revolução: ele não poderia deixar de se opor à questão da escravidão.

▲ *Do primeiro império colonial da França monárquica*, profundamente desfalcado pelas guerras contra a Inglaterra, restaram, além da Luisiana, as companhias da Índia e do Senegal, basicamente nas ilhas produtoras de açúcar e produtos exóticos: ilha Bourbon e ilha de França no oceano Índico, e Guiana, Martinica, Guadalupe e seus subordinados e, sobretudo, Santo Domingo no Caribe. Com cerca de 450 mil escravos negros em 1789, Santo Domingo era um exemplo típico de economia agrícola nas mãos de uma aristocracia branca na qual uma minoria de negros livres (30 mil), embora privada de direitos, ocupava um espaço importante na vida da ilha.

Na França, o problema das colônias e da escravidão era discutido pelos homens do Iluminismo: Montesquieu, Rousseau, Diderot, abade Raynal. A elite esclarecida tinha contato com os reformistas ingleses (como Wilberforce) que faziam campanha contra o tráfico negreiro. Como eles, a Sociedade dos Amigos dos Negros, fundada em 1788, foi liderada por pensadores e publicistas como Brissot, Condorcet, o abade Grégoire e Clavière. Mirabeau fazia parte dela, assim como Robespierre. Eles defendiam o fim do tráfico negreiro e, desde o início da revolução, a concessão de direitos civis aos negros libertos; a abolição progressiva da escravatura era um objetivo mais distante para eles. Mas havia uma forte resistência dos meios interessados no comércio das ilhas: os fazendeiros e seus amigos uniram-se aos armadores dos portos (Nantes ou Bordeaux), que prosperavam graças ao sistema. Ativo e poderoso, esse *lobby* colonial se reunia no clube Massiac, em Paris.

▲ *A Assembleia Constituinte foi confrontada com o problema colonial desde o início*, quando os colonos exigiram ter deputados (o que lhes foi concedido) e assembleias coloniais (que foram legalizadas). Mas os negros libertos também enviavam representantes a Paris para reivindicar direitos civis: o pedido foi negado duas vezes, em março e em outubro de 1790. Apenas em 15 de maio de 1791, depois de um debate acalorado em que Robespierre e Dupont de Nemours proferiram a célebre frase: "Antes pereçam as colônias que um princípio", é que eles ganharam esses direitos, mas com restrições: eles tiveram de esperar até março de 1792 para que tais direitos fossem confirmados. O problema da abolição da escravatura, no entanto, havia sido descartado: foi a grande insurreição dos escravos negros de Santo Domingo, em agosto de 1791, e seus desdobramentos que o impuseram novamente. Liderada por chefes sucessivos, entre os quais se destaca pouco a pouco a figura de Toussaint Louverture, a insurreição fortaleceu suas posições entre 1792 e 1793 com o apoio interesseiro dos espanhóis, ao passo que os ingleses, respondendo ao apelo dos fazendeiros, estabelecem postos avançados nas cidades. Os comissários civis enviados pela Convenção, sobretudo Sonthonax, lutaram pela reconquista da ilha e negociaram com os líderes negros para obter seu apoio contra os espanhóis ou contra os fazendeiros. Sonthonax, por iniciativa própria, decreta entre agosto e setembro de 1793 a abolição da escravatura nas diferentes partes da ilha. Em maio de 1794, Toussaint Louverture une-se à República e inicia a reconquista da ilha contra os espanhóis e os ingleses. Conflitos internos entre líderes negros e mulatos não impedem o sucesso da empreitada. Em 1798, sob o comando de Toussaint Louverture, Santo Domingo aparece como uma república independente no contexto da Revolução Francesa.

A abolição da escravatura

Convenção Nacional, sessão de 16 de pluvioso do ano II (4 de fevereiro de 1794)
"[...] Um dos três deputados vindos de Santo Domingo faz um relato sumário dos acontecimentos. Ele remonta à causa dos males dos quais a ilha foi vítima: ele a vê na política odiosa e nas intrigas da Inglaterra e da Espanha, que, querendo fazer a República perder essa interessante colônia, encontraram meio de organizar uma guerra civil. Mas os negros armados para a causa da França deslindaram com

Michel Vovelle

sua coragem esses pérfidos projetos e, por seus serviços, pediram a liberdade, que lhes foi concedida.

O orador roga que a Convenção confirme essa promessa e faça as colônias gozarem plenamente dos benefícios da liberdade e da igualdade. [...]

Levasseur [de la Sarthe]: Peço que a Convenção, cedendo não a um movimento de entusiasmo, mas aos princípios da justiça, fiel à Declaração dos Direitos do Homem, declare desde esse instante que a escravatura está abolida em todo o território da República. Santo Domingo faz parte desse território e, no entanto, temos escravos em Santo Domingo. Peço, pois, que todos os homens sejam livres, sem distinção de cor.

Lacroix [d'Eure-et-Loir]: Trabalhando na Constituição do povo francês, nós não dirigimos nosso olhar para os infelizes homens de cor. A posteridade terá muito que nos censurar nesse campo, mas devemos reparar essa injustiça. Decretamos inutilmente que nenhum direito feudal será cobrado na República Francesa. Os senhores acabaram de ouvir um de nossos colegas dizer que ainda existem escravos em nossas colônias. É hora de nos erguer à altura dos princípios da liberdade e da igualdade. Por mais que se diga que não reconhecemos escravos na França, não é verdade que os homens de cor são escravos em nossas colônias? Proclamemos a liberdade dos homens de cor. Realizando esse ato de justiça, os senhores dão um grande exemplo aos homens de cor escravos nas colônias inglesas e espanholas. Os homens de cor quiseram, como nós, romper suas correntes; nós rompemos as nossas, nós não quisemos nos submeter ao jugo de nenhum mestre; concedamos-lhes o mesmo benefício.

Levasseur: Se fosse possível pôr diante dos olhos da Convenção o quadro doloroso dos males da escravidão, eu a faria estremecer diante da aristocracia praticada em nossas colônias por uns poucos brancos.

Lacroix: Presidente, não consinta que a Convenção desonre a si mesma com uma longa discussão.

A Revolução Francesa

A assembleia inteira ergue-se por aclamação.
O presidente profere a abolição da escravatura, entre aplausos e gritos mil vezes repetidos de: 'Viva a República! Viva a Convenção! Viva a Montanha!'.
Os dois deputados negros estão na tribuna, abraçam-se. (*A assembleia aplaude.*)
Lacroix os conduz até o presidente, que os beija fraternalmente. Eles são abraçados sucessivamente por todos os deputados [...]."
(Fonte: Arquivos Parlamentares, 2ª série, Paris, CNRS, t.84, p.283)

Em Paris, nesse meio-tempo, a decisão tomada por Sonthonax provocou um avanço decisivo no debate sobre a abolição da escravatura. Reticente em junho de 1793, a Convenção, diante do pedido de uma delegação negra liderada por Chaumette, abole ao menos o tráfico negreiro entre julho e setembro. Em 16 de pluvioso do ano II (4 de fevereiro de 1794), ela recebe três deputados de Santo Domingo e, num movimento entusiasmado, vota definitivamente a abolição da escravatura nas colônias.

No entanto, o debate não se encerra, apesar de a Constituição do ano III confirmar que "ninguém pode se vender nem ser vendido". Ele é retomado em 1795, em consequência dos ataques dos fazendeiros aos comissários Sonthonax e Polverel, e mais uma vez em 1797, quando o monarquista Vaublanc apresenta um violento requisitório escravagista. Mas o decreto de 16 de pluvioso do ano II não será contestado até o fim da revolução. Bonaparte, casado com a crioula Joséphine de Beauharnais, restabelecerá a antiga ordem escravagista. Ela durará até 1848.

Nesse ínterim, com tantas conquistas e reconquistas, os ingleses tomaram posse da Martinica, de Santa Lúcia, de Tobago e das companhias da Índia. Mas, em brumário do ano VIII, ainda eram colônias francesas Santo Domingo, Guadalupe, Guiana e ilha de França, assim como a ilha Bourbon, então denominada ilha da Reunião. Embora compactuasse com o poder negro de Toussaint Louverture em Santo Domingo, a revolução fez concessões aos colonos do oceano Índico, aceitando a manutenção da escravatura. Dessa história complexa e agitada das colônias durante a revolução, resta a lembrança de algumas grandes figuras, como Toussaint Louverture e Sonthonax, e, mais ainda talvez, do decreto de 16 de pluvioso do ano II, que representa uma das grandes antecipações da Revolução Francesa.

Capítulo 4
Uma nova sociedade

População e demografia

▲ *Com 28,6 milhões de habitantes em 1790,* segundo estimativas atuais dos demógrafos que exploram (e corrigem) os dados incertos dos recenseamentos da época, a França era, depois do Império Russo, o país mais populoso da Europa, e esse peso demográfico deve ser levado em consideração para compreendermos em particular o tamanho do esforço de guerra que ela teve de empreender. Essa imensa população era em grande parte resultado de um crescimento secular que a fez ultrapassar, a partir do fim do século XVII, o patamar de cerca de 20 milhões de habitantes que havia sido atingido na era clássica. Obviamente, esse crescimento era inferior ao de outros países da Europa Central ou Oriental, onde o número de homens explodiu durante esse período; mas, durante a segunda metade do século, e sobretudo entre 1750 e 1770, tal crescimento foi marcado pela diminuição da mortalidade, ligada à redução das epidemias e da escassez, ao passo que a natalidade permaneceu estável. O aumento populacional também foi desigual: beneficiou principalmente o Nordeste e o Midi, da Aquitânia aos Alpes; no Oeste expandido, que abrangia o Maciço armórico e a região do Loire, a população diminuiu.

▲ *Essa população era rural em sua grande maioria:* a taxa de urbanização era da ordem de 16%. Cinco sextos da população viviam no campo, dos quais cerca de 75% eram de camponeses propriamente ditos. Sua distribuição espacial revela a importância das cidades no Norte e no Nordeste da França, mas também em parte do Oeste, na região de Lyon e num corredor contínuo, que vai do vale do Garona até o baixo Languedoc e a Provença, individualizando a rede urbana meridional. Em contraponto, aparece um extenso vazio ao sul do Loire, cobrindo a maior parte do Maciço Central e parte do Oeste. Também são pobres em cidades a zona intra-alpina e o Piemonte pirenaico. Paris, com algo entre 550 mil e 600 mil habitantes, é, depois de Londres, a maior cidade da Europa. Mas poucas cidades atingem ou beiram os 100 mil habitantes (Lyon, Marselha) ou mesmo ultrapassam os 50 mil (Bordeaux, Nantes, Rouen). A França atlântica das atividades portuárias predomina, embora haja centros industriais importantes (Lille, Amiens, Troyes, Nîmes). Contudo, as capitais regionais, dotadas tradicionalmente de um poder de comando exercido por um parlamento (Dijon, Toulouse, Rennes, Montpellier), predominam sobre menos de quarenta cidades com mais de 30 mil habitantes.

O impacto da revolução

Esse quadro, embora não tenha sido alterado, foi profundamente afetado pelo acontecimento revolucionário. Ele representou uma descontinuação ou, pior, um retrocesso demográfico? Em suma, a revolução foi "populicida", como foi dito na época e ainda hoje é? Podemos tentar fazer um balanço global, antes de entrar na análise das modalidades e dos comportamentos coletivos; apesar de seu caráter às vezes hipotético, os cálculos dos demógrafos modernos permitem isso. No fim da década revolucionária, a população francesa cresceu provavelmente em meio milhão. É muito, é pouco? Muito, sem dúvida, se levarmos em conta as perdas que ela sofreu. Em primeiro lugar, as perdas militares: o imenso esforço de guerra, dos primeiros alistamentos de voluntários ao alistamento em massa, além da conscrição diretorial, totaliza em perdas de vidas humanas quase meio milhão (480 mil). É mais difícil avaliar o que cabe, no interior das fronteiras, à revolução em si: violência espontânea, peso do Terror, guerra civil no Oeste e, de maneira mais difusa, no Midi. Assim, podemos – ideia controversa, como sublinhamos – excluir da época revolucionária a expressão anacrônica "genocídio franco-francês". Se tentarmos raciocinar com serenidade, evitando pintar o quadro com cores escuras ou claras demais, reconheceremos ao peso do Terror legal, segundo os estudos clássicos de Donald Greer: as execuções devidas aos tribunais revolucionários se elevam de 35 mil a 40 mil, repartidas de maneira muito desigual (90% nos palcos da guerra interna, nas fronteiras e em Paris). Mas 37 departamentos tiveram menos de dez condenações à morte. Esse balanço cobre apenas uma parte das perdas "civis" imputáveis à revolução. Houve massacres durante as ondas de violência (ofensivas ou repressivas) cometidas nos primeiros anos da revolução em Paris e na província, execuções sumárias e em massa em 1793 em Lyon ou Toulon, massacres durante os episódios do Terror Branco, tal como ele se desenrolou no Midi, do ano III ao ano V e além. Incontestavelmente, o tributo mais caro foi pago pelo Oeste insurgente, sobretudo pela Vendeia militar, ao longo de uma guerra cruel. Nós nos atemos ao balanço já extremamente elevado de 128 mil mortos nos dois campos, com o qual concordam os analistas mais sérios.

De onde vem então o resto desse déficit de meio milhão em 1801 que podemos aproximar? Os outros focos da guerra civil e da chuaneria não completam o saldo; mas talvez convenha lembrar as perdas provocadas pela emigração – em 1800, a lista de emigrados se elevava a 145 mil pessoas – como parte decisiva.

Os comportamentos demográficos

Apesar dessas perdas sérias e pesadas, a Revolução Francesa não alterou as características de uma demografia em expansão: a mortalidade "normal" parece ter recuado. O Oeste da França tendeu a manter o recuo das taxas de mortalidade, ao passo que a Bacia Parisiense, o Norte e o Sudeste acentuaram seu crescimento. Mas estamos falando de um Oeste expandido, o qual se estende até o centro do país, em que o recuo da mortalidade se deve apenas em parte à guerra civil.

▲ *De fato, podemos definir a Revolução Francesa, de modo menos espetacular, como uma grande mistura e uma desordenação das populações.* Podemos perceber facilmente seus aspectos mais visíveis nos deslocamentos dos batalhões de voluntários ou dos exércitos revolucionários do interior, assim como nos da população na fronteira do Norte ou do Nordeste (na Alsácia). Acompanhar as migrações internas é mais difícil, apesar de podermos pegá-las "no ato", como as comunidades do Oeste que recuaram para o interior... A revolução desorganizou momentaneamente certos circuitos de migração sazonal ou de trabalho (a volta da França dos Companheiros), mas também criou polos de atração. Foi o que aconteceu com Toulon, desocupada depois que foi tomada dos ingleses e repovoada pelos operários vindos de toda a França para trabalhar no "arsenal da República". Isso nos leva a nuançar no curto prazo o balanço que os estudiosos acreditaram poder fazer da desurbanização do país durante o período – aliás, uma desurbanização limitada: de 15% a 16% da população total. Certas cidades situadas entre Paris e o Norte ou o Oeste insurgente cresceram durante algum tempo; em outras regiões, como no Midi (Montauban), elas estacionaram e retrocederam. As flutuações da população parisiense – positivas no início do período, negativas em seguida – refletem esse ritmo contrastante.

▲ *As atitudes demográficas profundas também mudaram.* A partir do fim de 1792, a revolução assiste ao início de uma febre de casamentos que tem seu pico em 1793 e 1794 e, em alguns casos, mais tarde ainda. A guerra e os alistamentos, dos quais os homens casados estavam livres, tiveram a ver com isso. Estímulo poderoso! Mas o movimento havia começado antes. Com toda a certeza, a nova legislação revolucionária e o fim das obrigações religiosas canônicas sobre o casamento contribuíram para isso, mais do que o hipotético relaxamento dos costumes citado algumas vezes. Mas é incontestável que a mentalidade havia mudado. A união livre dos *sans-culottes* na Paris do ano II, citada por Albert Soboul, não parece ser uma característica generalizada; é e será praticada mais entre as classes populares urbanas do século XIX. Aliás, a ideologia revolucionária, naturalmente virtuosa e defensora da família, prega as virtudes conjugais. Mas, pela instauração do divórcio em 1792, o novo regime parece dar razão aos que viram nisso uma reviravolta (nociva) na história da família.

▲ *Com base numa legislação liberal, que admite o divórcio consensual,* um movimento perceptível insere-se na revolução, sobretudo de 1793 a 1795: duzentos divórcios por ano em Rouen nesses dois anos e cerca de cem nos anos seguintes. Em Paris, Lyon e Marselha é possível avaliar a extensão desse impulso. Ele absorveu primeiro todo um conjunto de casamentos desfeitos de longa data ou desajustados, daí sua importância. As facilidades legais oferecidas pela legislação de 1792 foram restringidas pelo Diretório; além do mais, suprimindo o divórcio consensual, entre outras coisas, o Código Civil aumentou os entraves e levou a prática a seu nível mais baixo, que foi o do século XIX.

Outras questões, que não são mais do domínio exclusivo da demografia, mas dizem respeito às mentalidades, impõem-se.

Assim, podemos nos perguntar se a revolução mudou a atitude diante da natalidade, acelerando a difusão da contracepção – nas formas elementares da época, já denunciadas pelos prelados como "funestos segredos" – que não era desconhecida dos meios modestos em certas províncias nos anos 1770. No Languedoc, E. Le Roy-Ladurie acreditou poder identificar uma reviravolta sensível na década revolucionária, que depois ele adaptou ao período do Primeiro Império. Mas, ainda que não haja correlação imediata entre o acontecimento revolucionário e o "relaxamento dos costumes", os estudiosos concordam hoje que o período ajudou a difundir mais amplamente a prática.

Esse elemento complementar do balanço nuançado de um período que não foi a grande anarquia que alguns viram nele, mas que é um ponto de inflexão sensível na história demográfica da França, não é desprezível.

Uma economia em revolução

Uma expansão interrompida?

A história econômica da revolução se confronta com um paradoxo. Assim como a demografia, ela é técnica: fala de curvas, números e técnicas financeiras complexas. Nesse sentido, apesar dos estudos do início do século, podemos dizer que ela só se afirmou – de maneira brilhante – com a tese de Ernest Labrousse sobre *La Crise de l'économie française à la veille de la Révolution* [A crise da economia francesa às vésperas da revolução], que leva em conta os movimentos conjunturais de uma economia de "estilo antigo", dominada pelo mundo rural, no curto período de uma breve convulsão, mas reintegrada no contexto de uma história dos movimentos de longa duração e do impulso do "glorioso século XVIII", marcado pelo lento aumento dos preços, da renda e do lucro burguês. Resta estudar o impacto profundo do movimento revolucionário nas próprias estruturas da produção nos campos agrícola, industrial (indústria têxtil, predominante na época, e siderurgia), comercial e bancário: os estudos mais recentes são dedicados a isso.

Essa abordagem precisa, que deve lidar com as dificuldades de fontes de uma época ainda amplamente pré-estatística, revela outro aspecto, se não inevitavelmente polêmico, ao menos problemático: o balanço econômico da revolução a coloca no banco dos réus, de maneira menos frontal do que no caso do Terror, mas ainda assim direta. A revolução interrompeu o impulso econômico francês, consumando-se no caos de um fiasco financeiro, de uma paisagem devastada e, pior, comprometendo por um bom tempo o desenvolvimento do país? Somos tentados a olhar em volta, a fazer comparações com a Inglaterra, que, sem revolução, continua sua revolução industrial e toma uma dianteira decisiva em relação à França, afirmando uma "decolagem" – um *take off* – que estava em curso havia décadas. Em suma, a revolução interrompeu o *take off* da economia francesa e comprometeu definitivamente suas chances de alcançar sua rival? Sem contestar a legitimidade dessas abordagens comparativas, podemos questionar essa atitude que distribui prêmios como se fosse uma competição. Não existe uma via francesa específica que mereça ser estudada por si mesma? E se aceitamos entrar no jogo, podemos dizer que, nas últimas décadas do Antigo Regime, a França estava alcançando a Inglaterra ou se equiparando a ela nessa corrida pela modernização?

Os pesquisadores modernos (D. Woronoff) reconhecem, como E. Labrousse, que a economia francesa deu um grande salto, em particular na segunda metade do século: são testemunhas disso a explosão demográfica, os avanços do grande comércio, o crescimento da indústria em certos setores, como o algodão, sobretudo depois de 1760, e as inovações na siderurgia (primeira

moldagem de ferro fundido em coque em Creusot, em 1785).
Mas esses pesquisadores também são sensíveis à apatia e ao atraso, em particular no mundo rural, onde, em certas regiões (Normandia), a extensão geral das áreas cultivadas começa, com algum esforço, a ser acompanhada de uma transformação profunda das técnicas e do rendimento. Embora o movimento de expansão (fase A dos economistas), caracterizado por uma alta lenta e benéfica dos preços e do lucro iniciada nos anos 1730, continue até 1817, coincidindo com o acontecimento revolucionário, ele está sujeito a modulações internas. Um "interciclo de retração" insere-se em 1778 e 1787 na curva dos preços, na fraca venda da viticultura e nas dificuldades da indústria têxtil, e a Revolução Francesa herda esse clima de marasmo. A França já não havia perdido o jogo antes de 1789, o que relativiza o papel do acontecimento revolucionário?

Em compensação, não convém minimizar seu impacto. Os movimentos naturais da conjuntura econômica serão afetados durante uma década pelas repercussões do evento político. Em primeiro lugar, a guerra, que a partir de 1792 altera todos os circuitos econômicos dos intercâmbios internacionais, impõe um esforço e uma perda considerável às forças vivas da nação, e a implantação de uma economia de guerra dirigista perturba por um longo período os mecanismos da produção.

Mas a revolução não esperou até 1792 para adotar uma política econômica e financeira de grandes consequências para o futuro. Sem nos arriscar, como fazem alguns, a ver no recurso a uma guerra expansionista uma fuga para a frente diante das dificuldades internas, devemos avaliar o impacto das duas medidas – intimamente ligadas, aliás – que são a nacionalização dos bens do clero – uma apropriação gigantesca – e a aventura do *assignat*, que, ao desencadear os mecanismos de uma inflação galopante, mudaria o curso de toda a história econômica do período. É preciso lembrar – já que se trata de dividir as responsabilidades – que essa dupla medida se insere na herança do Antigo Regime e da crise

A Revolução Francesa

financeira que acelerou a queda deste. "Bem-aventurado déficit, serás o tesouro da nação", disse Mirabeau, mas ainda era preciso encontrar esse tesouro.

À interseção dos movimentos de uma conjuntura amplamente pautada, numa economia agrária, pelo ritmo das colheitas – escassez e alta dos preços agrícolas entre 1788 e 1789, afetando toda a economia, melhoria entre 1790 e 1791, comprometida pela guerra e pela inflação a partir de 1792, nova crise agrícola entre 1795 e 1796, seguida de uma "trégua" (D. Woronoff) entre 1797 e 1799, e novamente colheita ruim às vésperas de brumário – e pela conjuntura política, a economia da década revolucionária não oferece um quadro uniforme, mas a imagem de uma luta contínua dos atores para se erguer, como se dizia na época, "à altura das circunstâncias".

Liberalismo ou taxação?

Confrontados com essa conjuntura, de que ferramentas ideológicas dispunham esses homens ou, mais simplesmente, há uma economia política da Revolução Francesa? Seria simples demais resumi-la numa única palavra – "liberdade" – e concluir que todos os tomadores de decisão da época se converteram ao liberalismo econômico, ainda que, como vimos, a liberdade de iniciativa apareça como complemento dos valores proclamados de "propriedade" e "segurança". A classe política e o ambiente de negócios da época consideravam, sem dúvida, que, em sua versão absolutista, o Antigo Regime de dirigismo econômico, de herança colbertista, que regulava a produção de maneira tacanha, usando seus privilégios para apoiar as manufaturas do Estado, já tinha dado o que tinha a dar. Do mesmo modo, o arcaísmo das barreiras (pedágios e alfândegas internas) é criticado.

É legítimo opor termo a termo essa corrente disseminada entre as elites a outro modelo de economia moral, baseado numa leitura diferente da filosofia do direito natural, tal como foi formulada, de Locke a Mably, e que coloca no centro dos direitos naturais do homem o direito à vida, com tudo que ele comporta como restrição ao exercício de uma liberdade de iniciativa que termina quando a satisfação de nossas necessidades é ameaçada? Esse discurso concorda ao menos com o que os grupos populares formulam à sua maneira no campo e na cidade, tanto em suas práticas quanto em suas declarações. A livre circulação é temida, pois desabastece os mercados; a liberdade de preços é negada em nome da taxação dos gêneros a um preço justo, que os torne acessíveis ao indigente. Suas reivindicações correspondem a necessidades objetivas, mas se inserem num imaginário em que o tema do monopolista ou do complô da fome também tem espaço, assim como numa tradição de lutas das comunidades camponesas pelo igualitarismo, de defesa e práticas coletivas. Em sua dupla expressão, urbana e rural, essa poderosa exigência popular vai se impor pelas lutas sociais, levando a classe política a se conciliar ou mesmo a dar parcialmente razão a essa reivindicação.

Podemos pensar que houve um encontro efetivo entre uma elite adepta da filosofia do direito nacional e a reivindicação espontânea – e mais tarde despertada – das massas? Não poderíamos afirmá-lo sem expor nuances. Quanto a concluir que a revolução, em vez de seguir o caminho da transformação capitalista da sociedade, pôde escolher a alternativa dessa economia moral, em que a filosofia do direito natural e a reivindicação popular se unem, isso fica para uma reconstrução retrospectiva da história.

As etapas de uma política

Seguir de perto as etapas da política econômica da revolução leva à distinção de vários momentos. Apesar da pressão popular, o vento sopra de início a favor da corrente liberal: no verão de 1789, a livre circulação de grãos é decretada. Aliás, certas medidas são

A Revolução Francesa

populares e unânimes, como as que suprimem, a partir de 1790, a alfândega municipal e os pedágios, e os parisienses comemoram a destruição das barreiras nas portas da capital. Menos populares, como se pode supor, são outros textos em que os estudiosos fingem ver apenas as consequências da noite de 4 de agosto, quando os privilégios foram abolidos. É nesse período da Assembleia Constituinte que são votadas as legislações fundamentais que regem a liberdade de iniciativa: em 2 de março de 1791, a chamada Lei de Allarde, batizada com o nome do relator, suprime as corporações, as manufaturas privilegiadas e a regulamentação da produção. Primeira etapa cujo espírito e modalidades são especificados em 14 de junho pela lei Le Chapelier,[1] que abolia qualquer "coalizão" ou associação tanto de colegas quanto de mestres e proibia "determinar portarias ou resoluções [...] sobre seus pretensos interesses comuns". Essa última medida, como podemos supor, pesa principalmente sobre os assalariados. A liberdade de associação pagou caro pela proclamação da liberdade do trabalho.

Mas a persistência da preocupação com a subsistência – explodindo em revoltas por alimento nos mercados, e sua retomada entre 1791 e 1792, quando as taxações populares ganham uma dimensão extraordinária nas planícies de grandes culturas e, ao mesmo tempo, os tumultos por açúcar e café em Paris visam as mercearias, de 1792 a 1793 – mostra um divórcio com uma classe política presa ao princípio da livre circulação. Por intermédio de seus porta-vozes, como Roland, por exemplo, o partido girondino será o defensor desse princípio, ainda que tenha de transigir, sob pressão da crise do verão de 1792, promulgando as primeiras medidas autoritárias para o abastecimento dos mercados.

▲ *O Maximum*. Depois da queda da Gironda, a pressão popular (cujas reivindicações são expressas pelos furiosos)[2] e, mais ainda,

---

1 Ver "A doutrina dos 'furiosos'", p.172.
2 Ver "Trecho da lei Le Chapelier", p.173

a necessidade de manter o esforço de guerra levam a Montanha a aderir aos princípios de uma economia dirigida, sob o controle do Estado. O máximo do preço dos grãos e do pão, e, mais tarde, de todas as mercadorias, é definido por etapas: em maio de 1793, ele é fixado localmente pelas autoridades dos departamentos; em setembro, o *Maximum* geral é aplicado uniformemente em toda a República; no dia 19, é estendido a todos os preços e salários – estes últimos com base numa taxa de 150% em relação a 1789.

Essa política de controle se insere no contexto de uma legislação social cujo espírito, como vimos, foi anunciado pela Constituição de 1793, que estabelece o dever de auxiliar os mais necessitados e assegurar o direito de todos à subsistência. Essa é a expressão de um ideal democrático social do qual as leis de ventoso do ano II tentarão fazer uma primeira aplicação na primavera de 1794.

A doutrina dos "furiosos" (fim de junho de 1793)

Delegados do povo francês,

"Cem vezes esse recinto sagrado ecoou crimes de egoístas e velhacos; os senhores sempre prometeram atacar os sanguessugas do povo. O ato constitucional vai ser apresentado à sanção do soberano: os senhores aboliram a agiotagem? Não. Os senhores decretaram a pena de morte contra os monopolistas? Não. Os senhores determinaram em que consiste a venda de prata cunhada? Não. Pois bem, declaramos que os senhores não fizeram tudo para a felicidade do povo. A liberdade não passa de um fantasma inútil quando uma classe de homens pode privar outra de alimento impunemente. A igualdade não passa de um fantasma inútil quando o rico, por monopólio, exerce o direito de vida e de morte sobre seu semelhante. A República não passa de um fantasma inútil quando a contrarrevolução se realiza, dia a dia, pelo preço dos alimentos, que três quartos dos cidadãos não podem pagar sem derramar lágrimas.

Contudo, somente eliminando o roubo praticado pelo negociante, que é preciso distinguir do comércio, somente colocando os alimentos ao alcance dos *sans-culottes*, é que os senhores conseguirão uni-los à revolução e conciliá-los em torno das leis constitucionais. Pois quê! Porque os mandatários infiéis, *os homens do Estado*, chamaram para nossa parte infeliz o flagelo da guerra estrangeira, o rico tem de nos declarar uma guerra ainda pior internamente? Porque 300 mil franceses, perfidamente sacrificados, morreram pela espada homicida dos escravos do rei, aqueles que guardam nossos lares têm de ser reduzidos a comer pedra? As viúvas daqueles que morreram pela causa da liberdade têm de pagar a preço de ouro até o algodão de que precisam para enxugar suas lágrimas? Elas têm de pagar a preço de ouro o leite e o mel que servem de alimento a seus filhos?".

(Fonte: citado por M. Dommanget, *Jacques Roux, le curé rouge*, Paris, Spartacus, 1948)

Trecho da lei Le Chapelier (14-17 de junho de 1791)

"Artigo primeiro – A extinção de todas as espécies de corporações de cidadãos do mesmo estado e profissão sendo uma das bases fundamentais da Constituição francesa, é proibido restabelecê-las de fato, a qualquer pretexto e em qualquer forma que seja.

Art. 2 – Os cidadãos de um mesmo estado ou profissão, os construtores, os que possuem estabelecimento aberto, os operários e os colegas de uma arte qualquer não poderão, quando juntos, nomear nem presidente, nem secretários, nem síndicos, manter registros, estabelecer portarias ou resoluções, criar regulações sobre seus pretensos interesses comuns.

Art. 3 – É proibido a todos os corpos administrativos ou municipais receber solicitações e petições sob a denominação de um estado ou profissão e responder a elas; e é exigido deles declarar nulas as deliberações que possam ser tomadas desse modo e cuidar zelosamente para que não lhes seja dado nenhum prosseguimento ou execução. [...]"

(Fonte: Duvergier, *Collection complète des lois, décrets, ordonnances*, Paris, Guyot et Scribe, 1834, t.3, p.22)

As medidas que acompanham o máximo (requisições forçadas e controle) integram-se num dispositivo geral que visa garantir o bom abastecimento das cidades; bem ou mal, ele é bem-sucedido até a primavera do ano II. Tudo que se refere ao esforço de guerra recebe atenção particular: organização de oficinas para prover ao equipamento das tropas, à produção de salitre necessário à fabricação de pólvora, controle das indústrias siderúrgicas indispensáveis para o armamento por diversos sistemas (administração do Estado ou sistema de "empresa") e até nacionalização das fábricas de pólvora.

▲ *O Termidor assiste ao retorno de uma desregulamentação* cujo símbolo é a supressão do máximo, que se tornou execrável tanto para assalariados quanto para produtores. O Diretório prefere delegar a tarefa de sustentar o esforço de guerra a empresas e companhias, que tiram bom proveito disso. O retorno da livre-iniciativa ocorre num clima de anarquia cujo preço é pago pelos mais pobres. A realidade da situação impõe que o Diretório transija e proceda por etapas. Assim, ele tenta impor aos agricultores o respeito ao abastecimento dos mercados urbanos para evitar a especulação e a economia de troca que tende a se instituir. Revés amargo do ideal de virtude e solidariedade do ano II, é justamente um sistema de economia paralela que tende a se estabelecer. Esse sistema já era conhecido nos anos anteriores, quando as denúncias de monopólio e má vontade dos grandes agricultores ressaltaram seus estragos. A ruína da moeda-papel – cuja extensão seria sentida em breve – acentua essa tendência: de região para região (os vinhos do vale do Loire contra o trigo de Beauce), de indivíduo para indivíduo (camponeses e citadinos), a liberdade recuperada beneficia aqueles que têm alguma coisa para trocar, em detrimento daqueles que nada têm.

A aventura do *assignat*

Na aventura coletiva dessa economia em revolução, em que os princípios são confrontados com a realidade, a crise financeira foi evocada como um dos principais elementos do fiasco econômico, acarretando a condenação global de uma experiência realizada por aprendizes de feiticeiro sob o signo da improvisação. Alterando o equilíbrio do Antigo Regime – um equilíbrio muito mal balanceado, aliás –, metendo a mão no patrimônio do clero, mas para gastá-lo inutilmente, lançando-se na aventura da substituição da moeda metálica pela moeda-papel – uma aventura sobre a qual se tinha pouco domínio –, o governo assumiu o risco de deslizes incontroláveis, levando ao estrago final de uma economia arruinada. Não podemos negar o óbvio, ainda que pareça excessivo julgar unicamente pela perspectiva dos problemas financeiros uma aventura coletiva cujas repercussões sociais e econômicas ultrapassam em muito esse quadro, e ainda que se passe levianamente, no jogo das responsabilidades, por cima das repercussões do Antigo Regime agonizante. Mas convém seguir, sem preconceitos, o encadeamento dos fatos e avaliar suas consequências.

▲ *Embora não tivesse finanças saudáveis, a França de 1789 possuía uma moeda forte, a libra tornesa,* estabilizada desde os anos 1720. Não faltava numerário, ainda que a moeda fiduciária fosse pouco difundida (apesar da criação de uma caixa de descontos para papéis comerciais no fim do Antigo Regime). Ao contrário da Inglaterra, a França não possuía um banco central.

O problema principal eram as finanças e ele estava ligado ao próprio sistema fiscal, que gerava um déficit crônico. Nas últimas décadas, e em particular depois da guerra nos Estados Unidos, verdadeiro sorvedouro, ele adquiriu proporções consideráveis, já que só os juros absorviam 50% da renda anual. Por que não fazer como as famílias fazem nesses casos – como sugeriu o banqueiro

Lecoulteux, à custa da sabedoria burguesa – e alienar uma parte do patrimônio? Em 2 de novembro de 1789, Talleyrand propõe à Assembleia a nacionalização dos bens do clero, uma fortuna estimada em 2 bilhões de libras.

▲ *Em sua forma inicial, o sistema é prudente: a Caixa do Extraordinário emite as notas, isto é, os assignats,* uma espécie de obrigação garantida pelos bens nacionais, rendendo juros de 5%. Aceitos como pagamento desses bens, e destruídos à medida que são recolhidos, eles financiam os adiantamentos que a caixa faz para o Estado para desafogar as finanças. Quatrocentos milhões de *assignats* foram emitidos desse modo.

Mas a necessidade manda: esse papel é mal aceito, a venda dos bens nacionais exige prazos, a criação e o recolhimento de novos impostos, no lugar dos do Antigo Regime, são medidas de longo prazo. Decidindo em 29 de setembro de 1790 uma nova emissão de 800 milhões de libras em notas de pequeno valor, sem juros, e decretando a conversão obrigatória, a Assembleia transforma o *assignat* em moeda de fato, cuja emissão contínua servirá para cobrir as despesas correntes do Estado. Controlado no início (900 milhões em 1791, 600 milhões em 1792), o funcionamento das prensas se acelera em 1793 sob pressão das novas necessidades: quase 4 bilhões estão em circulação em agosto de 1793. Essa inflação monetária não poderia deixar de acarretar uma desvalorização. Em relação ao numerário, a nota de cem libras era trocada no verão de 1792 por 80% de seu valor, 50% no início de 1793 e 30% no verão do mesmo ano. A moeda ruim expulsa a boa e o numerário desaparece, com todas as consequências sociais que isso acarreta. Mas nem tudo estava perdido nessa espiral inflacionista: a venda dos bens de segunda origem (dos emigrados) oferecia uma nova fonte de renda, assim como as disposições de 1793 sobre os novos países anexados. O governo de salvação pública, que juntou a essas entradas de dinheiro o espólio da prataria das igrejas, tentou interromper o movimento, diminuindo o ritmo de emissão; ele foi momentaneamente bem-sucedido, já que a taxa de troca do *assignat* subiu de 30% para 50%.

▲ *Após o Termidor, vem a derrocada, ao mesmo tempo que as pressões diminuem: 11 bilhões de assignats estão em circulação no verão de 1795.* As tentativas de saneamento – pagamento de parte dos impostos *in natura*, empréstimo forçado no ano IV – têm pouco efeito e, obrigado a reconhecer a realidade da inflação em junho de 1795, o governo estabelece o câmbio oficial do *assignat*. Já quase sem forças, quando o governo decide acabar com a experiência em 19 de fevereiro de 1796, há 34 bilhões de *assignats* em circulação. O Diretório tenta substituí-lo por outra moeda: o mandato territorial papel-moeda, também de conversão obrigatória. Mas essa nova tentativa falha: cambiáveis a uma taxa muito baixa por *assignats* sem valor (30 por 1), os mandatos territoriais caem no mesmo descrédito de seus antecessores. A operação é mais breve ainda: em fevereiro de 1797, o mandato territorial sai de circulação.

▲ *A volta da moeda metálica* e a queda dos preços, consecutiva ao fim do fenômeno inflacionista, provocam um longo marasmo. As finanças do Estado saem "o melhor possível" dessa reviravolta, isto é, mais mal do que bem: livrando-se da dívida pelo "calote dos dois terços"[3] (9 de vendemiário do ano VI, 30 de setembro de 1797), catastrófico para os pequenos rentistas, e captando fundos com as entradas extras de dinheiro resultantes da pilhagem e das contribuições dos países conquistados. Contudo, o recolhimento fiscal parece começar a melhorar num país que ainda está se acostumando ao imposto. Mas a situação fica novamente difícil, ou mesmo trágica, em 1799.

Assim, a política financeira da revolução termina num fiasco incontestável, cujas repercussões imediatas são pesadas tanto no

---

3 Dois terços da dívida pública foram anulados por lei. (N. T)

nível econômico quanto no social. Mas talvez convenha ir além dessa constatação. A revolução garantiu sua sobrevivência; a venda dos bens nacionais, seja qual for seu balanço, realizou uma mudança profunda, da qual não se pode dizer que tenha sido um fracasso. Como observa Georges Lefebvre, um desastre financeiro pode esconder uma vitória social no longo prazo.

Depreciação do *assignat* em Paris (1792-1794)

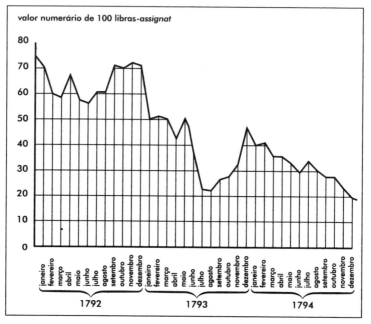

(Fonte: Marc Bouloiseau, *La République jacobine*, Paris, Le Seuil, 1971)

O quadro da economia francesa após a revolução

O estado real da economia francesa no fim da década parece muito contrastante. Os índices de produção, quando podem ser comparados com os de 1789, revelam um crescimento momentaneamente interrompido, que, no máximo, recupera os números iniciais depois da "trégua" diretorial. Mas ainda convém nuançá-los.

▲ *No campo agrícola*, a política voluntarista do ano II provocou uma valorização obrigatória do espaço cultivável. Novas culturas progrediram, como a da batata, por exemplo, mas às vezes em detrimento da modernização da cultura da forragem e da criação de animais, afetadas pelas requisições de terras. Por falta de inovação, o equipamento agrícola é arcaico, à semelhança da sociedade rural em muitas regiões. A ocupação das terras comunais, assim como o corte legal das florestas, pode ser avaliada de maneiras diversas, conforme o que se considere: seu alcance social ou sua rentabilidade econômica.

▲ *Na indústria*, os contrastes são ainda mais nítidos: a indústria têxtil, principal ramo da produção, sofreu com o marasmo econômico do comércio de tecidos no Oeste, assim como no Norte e no Midi languedociano. Mas o crescimento do algodão, pelo qual ocorre a modernização, é mais do que notável nas regiões onde as fábricas são implantadas (Paris, Rouen, Alsácia e região de Lille). Isolado do estrangeiro, o mercado francês se consolida. Novos circuitos de abastecimento suprem o desaparecimento dos antigos, os manufatureiros aproveitam a disponibilização das casas religiosas para se estabelecer: eles dão continuidade ao esforço de modernização tecnológica pela difusão de novas máquinas. Oberkampf, em Jouy-en-Josas, e Richard e Lenoir em Paris, instalados num antigo convento, mostram a capacidade dos manufatureiros de se adaptar às novas circunstâncias.

A situação na siderurgia ou nas minas está longe de ser tão próspera. Muitas empresas de extração ou fundição estavam nas mãos de privilegiados, nobreza ou abadias. Mudando de mãos ou sequestradas, receberam atenção particular no contexto da economia de guerra. O sistema de administração pelo Estado ou por empresa, pelo qual elas eram arrendadas a administradores controlados pelo Estado, permitiu que elas cumprissem sua missão no ano II, antes que fossem vendidas pelo Diretório. Nessas condições difíceis, a modernização estagna, como em Creusot, que continua uma vitrine tecnológica isolada de uma futura modernização. A multiplicação das pequenas oficinas – no centro da França ou nas regiões montanhosas – não favoreceu o progresso técnico. E, apesar das requisições e dos cortes obrigatórios, a falta de lenha, combustível essencial na época, começa a ser sentida.

▲ *O grande comércio,* elemento vital do dinamismo econômico do século, foi, sem dúvida, o que mais sofreu com a interrupção das grandes trocas marítimas. A reviravolta nesse caso, tal como podemos avaliar pela entrada de navios num grande porto como Marselha, ocorre não em 1789, mas em 1793, quando as consequências da guerra e do bloqueio inglês começam a ser sentidas. No Atlântico, a revolta e a perda das colônias foram um golpe terrível para os grandes portos. Mas o prejuízo não foi irremediável: em Marselha, um comércio de cabotagem mediterrâneo, por intermédio dos países neutros (Gênova, por exemplo), substitui parcialmente as trocas tradicionais; do mesmo modo, Bordeaux mantém parte de sua atividade recorrendo aos navios americanos ou nórdicos. Mas, seja como for, o período representa uma reviravolta irreversível para o mundo do grande comércio tradicional.

Fim do grande comércio e dos negócios? Mais uma vez, convêm nuançar. No mundo complexo dos homens de negócios e dos manipuladores do dinheiro, nem todos aparecem como perdedores no fim do período. A revolução guilhotinou os arrematantes gerais, mas de certo modo poupou os banqueiros, ainda que os tenha visto com desconfiança no ano II e tenha fechado a Bolsa (reaberta sob o Diretório). As famílias dos grandes bancos parisienses (Perrégaux, Hottinger, Delessert), em geral de origem protestante (genovesa ou suíça), já fortemente estabelecidas no fim do Antigo Regime, souberam atravessar o período. E prosperaram após o Termidor, com a retomada dos negócios de 1796 a 1799. Esse retorno dos capitalistas é concretizado pela criação de agências de crédito: Caixa de Contas Correntes, que associa os grandes bancos ao grande comércio, Caixa de Descontos do Comércio e Banco Territorial, que explora o mercado aberto à especulação fundiária pela venda dos bens nacionais. Se a necessidade de dinheiro de um Estado em apuros transforma essas potências em intermediários obrigatórios, os bancos também lucram com a retomada da circulação comercial no espaço francês, e o círculo fechado dos homens de negócios amplia-se com novos aportes vindos da província (Lyon, Rouen, Montpellier, Grenoble), assim como da Suíça e da Bélgica. Sem dúvida, esse desenvolvimento é incompleto em relação à Inglaterra e não chega às regiões mais afastadas da França. Também é frágil, porque, ao lado das dinastias consolidadas que souberam pegar sua parte do bolo, os novos-ricos, os fornecedores, os provisioneiros, os negociantes de prata e os especuladores de todos os tipos constroem fortunas às vezes imensas, e com frequência efêmeras, na época do Diretório.

Esse aspecto especulativo da economia revolucionária não deve ser esquecido. Ao longo do tempo, contudo, houve transformações profundas, das quais a mudança da geografia econômica francesa é, sem dúvida, a mais significativa. A França Atlântica recua e sente o contragolpe da crise do grande comércio que atinge os meios urbanos, como a das indústrias tradicionais. Mas o Leste da França progride, e os estudiosos puderam falar de um "eixo renano" que, por seu dinamismo econômico, testemunharia um princípio de reconversão dos espaços econômicos em direção à Europa continental, evolução que o período imperial acentuará. Nesse novo espaço, os territórios anexados (Bélgica, Renânia), onde a siderurgia prospera, ocupam uma posição importante. Enfim, Paris, que concentra os negócios e também as novas indústrias mais dinâmicas da área têxtil ou química, afirma-se como zona industrial cuja importância só se fará confirmar.

Tempos de agitação e também de experimentação. Com seu quinhão de fracasso, a Revolução Francesa não deixa uma paisagem de ruínas no campo econômico, como alguns estudiosos a descreveram. Ela estabelece em sua legislação as condições da entrada na modernidade do século XIX e assenta as bases de uma nova sociedade, na qual a burguesia liberal consolida suas conquistas. É essa nova distribuição dos papéis que convém analisar.

Sociedade: a revolução camponesa

Devemos sobretudo a Georges Lefebvre, por sua insistência em distinguir "as" revoluções, a consciência da especificidade, ou mesmo da autonomia, da revolução camponesa: autonomia relativa, pois vimos o peso que o mundo rural teve no destino nacional, em especial no verão de 1789. Seja como for, os três quartos dos franceses que pertencem ao campesinato viveram a revolução em função de seus problemas e segundo estratégias próprias. A comunidade camponesa não é uma palavra vazia, ainda que se deva tomar cuidado para não transformá-la num mito. Inegavelmente formada ou estruturada conforme a região, ela tem objetivos de guerra coletivos, mas também tensões internas.

Propriedade, exploração, desconto senhorial

▲ *Distinguiremos, em primeiro lugar, o campesinato proprietário e o campesinato sem terra*, porque, se a originalidade da França de 1789 foi ter entregado aos camponeses parte importante da terra – em torno de 40% em escala nacional –, as realidades regionais eram muito diferentes: nas planícies de grandes culturas da Bacia Parisiense e do Norte, a parte dos camponeses é pequena, de 20% a 30%, e às vezes menos nos arredores de Paris. É medíocre no

A Revolução Francesa

Oeste e, no Centro, é limitada pelas grandes propriedades (Bourbonnais) que se encontram em certas regiões do Midi (Baixo Languedoc). No entanto, o contraste maior é entre Norte e Sul, ainda que a parte dos camponeses cresça no Nordeste, de Lorraine e da Alsácia até a France-Comté; as regiões de forte ou mesmo fortíssima presença de propriedades camponesas estendem-se do Sudoeste ao Maciço Central, mas também aos outros maciços montanhosos, Pireneus e Alpes, do Dauphiné à Provença. Contudo, a parte dos camponeses não é exclusiva nem mesmo nessas regiões. Além da distribuição da propriedade, convém levar em conta a exploração das terras (pertencentes aos privilegiados ou aos burgueses) que são arrendadas aos camponeses, segundo modalidades diferentes. O arrendamento é uma renda fixa recebida durante o período de duração de um aluguel de três, seis ou nove anos, paga em dinheiro ou *in natura*, e é típico das regiões de grandes culturas da França setentrional. O arrendamento a meias ou à parte do fruto – baseado numa divisão exata da colheita, mas que às vezes é menos favorável ao camponês – caracteriza as áreas de agricultura mais modesta, ou mesmo pobre, da França Central e da maior parte do sudeste aquitano. No Oeste, o arrendamento coexiste com formas variadas de arrendamento a meias, como propriedade recuperável, em que a renda do proprietário é acrescida de elementos herdados do sistema senhorial.

▲ *O peso desigual do desconto feudal* é o terceiro componente que rege esse equilíbrio, e não menos importante. O peso da jugada, fração da colheita descontada antecipadamente do campo, pode variar de um terço, em casos excepcionais, a um trinta avos. A porcentagem global desses direitos, inferior a 2% da renda dos camponeses na Ilha de França, ultrapassa 10% na região de Toulouse. Isso mostra que a sina dos camponeses varia muito de um lugar para outro e no próprio interior da sociedade camponesa.

183

Michel Vovelle

As reivindicações camponesas

▲ *As lutas camponesas não se resumem a esse combate fundamental pelo pão* que impulsiona todos os motins relacionados à subsistência. Em 1789, o discurso coletivo dos cadernos de reclamação dá ênfase à denúncia do desconto senhorial e do sistema feudal; às vezes associa a eles o dízimo, desviado de sua vocação inicial. Menos evidentes à primeira vista, outras contendas aparecem – Georges Lefebvre as apresenta em *Questions agraires sous la Terreur* [Questões agrárias sob o Terror]. Nas planícies de grandes culturas da França setentrional, o problema são os grandes arrendamentos, isto é, a concentração das plantações tal como era praticada na época pelos grandes proprietários (nobres, abadias) ou pelos grandes arrendatários, agravando a fome por terra dos pequenos lavradores. Em outras regiões, sobretudo na fronteira das grandes culturas com a pequena lavoura, isto é, no Centro e no Sudoeste, onde o arrendamento a meias é particularmente arraigado, a denúncia é contra os "arrematantes gerais", intermediários (camponeses ou não) a quem os grandes proprietários entregam o recebimento de suas rendas, assim como de seus direitos senhoriais, em troca de uma quantia fixa, e que oprimem os camponeses. O problema das terras comunais (terras coletivas não apropriadas individualmente), como as terras incultas e as charnecas, mas também as florestas, materializa parte das lutas camponesas, sobretudo nas regiões onde essas terras são extensas. Os camponeses denunciam a apropriação dessas terras por parte dos senhores, frequentemente por divisões impostas à comunidade (por direito de triagem ou acantonamento florestal)[4] no fim do Antigo Regime. Há uma

---

4 Pelo direito de triagem, os senhores podiam exigir um terço dos bosques, pântanos e prados que haviam cedido à comunidade; pelo acantonamento florestal, os proprietários de florestas sobre as quais incidiam direitos de uso em benefício da comunidade podiam reservar dois terços delas para uso próprio. (N. T.)

A Revolução Francesa

hesitação entre a defesa do usufruto coletivo e a reivindicação de uma divisão – igualitária ou respeitando a propriedade – dessas terras cobiçadas. Aqui, os interesses divergem. O individualismo agrário dos camponeses ou dos proprietários abastados, que desejam cercar suas terras para livrá-las do peso da servidão coletiva (direito de pasto) e substituir o pousio por culturas forrageiras, por exemplo, esbarram numa profunda oposição.

▲ *Os problemas da comercialização e da distribuição* oferecem ainda um último obstáculo, e não dos menores: o campesinato vendedor e os negociantes ou intermediários, de um lado, e o conjunto das classes consumidoras, de outro, enfrentam-se na cidade e no campo. Toda uma corrente de pensamento liberal inspira-se no discurso fisiocrata do *"laisser-faire, laisser-passer"*, pregando, como Turgot, a livre circulação dos grãos. Na base, outros discursos e outras práticas prevalecem. A arraia-miúda das cidades e do campo reivindica não só o respeito estrito para evitar qualquer "apropriação", mas a taxação do preço dos grãos e do pão a um nível que os torne acessíveis aos pobres; além disso, alarma-se com a circulação do trigo: carroças nas estradas e barcaças nos rios.

Lutas agrárias

A história agrária da revolução é uma história de lutas e conquistas, frequentemente à viva força. A situação não é clara: as "fúrias camponesas" foram contrapostas algumas vezes à calma relativa de um século XVIII ajuizado, em que os motins populares diminuem em número e em intensidade e a guerra das farinhas (1774) assume o aspecto de um evento isolado. Sem subestimar a importância de uma mobilização camponesa talvez pulverizada e menos espetacular, podemos compreender melhor as explosões da primavera de 1789 até o outono de 1792.

Tumultos por alimentos (1789-1793)

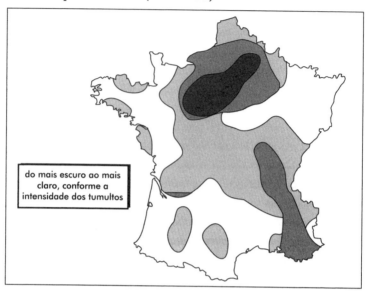

Tumultos antifeudais (1789-1793)

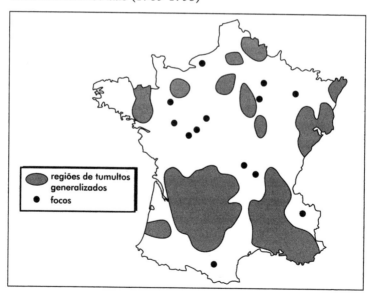

▲ *Um ritmo se delineia* nesses anos: a legislação agrária da revolução atende, às vezes com atraso, às novas solicitações da mobilização coletiva. A revolução camponesa antecipa-se à das cidades: desde março e abril de 1789, durante a preparação dos Estados-gerais, províncias se revoltam (Cambrésis e Picardia no Norte, Baixa Provença no Sul). Outra irrupção ocorre em julho, reanimando focos no Norte, incendiando o Bocage normando, a Alta Alsácia e a France-Comté, o Mâconnais (a revolta é violenta dos vinhedos à costa interna) e o Dauphiné. A preocupação com a subsistência, mais difusa, afeta campo e cidade no auge da crise do verão e associa-se aos movimentos antinobiliárquicos. Aqui, o Grande Medo, do qual falaremos adiante, adquire sua originalidade, inserindo-se ao mesmo tempo num contexto que o explica: o medo dos bandoleiros numa França esquadrinhada por bandos de nômades, como o do "complô da fome". Em todo caso, suas repercussões diretas, na forma dos decretos de 5 e 11 de agosto de 1789, alteram profundamente a paisagem social pela abolição da "feudalidade". Seus limites são notórios: a distinção realizada pelos juristas entre direitos pessoais abolidos sem reembolso e direitos reais declarados reembolsáveis, em condições que tornavam essa operação, se não irrealizável, ao menos extremamente cara para as comunas. A resposta coletiva é dada pela série de *"jacqueries"* (cinco ou seis), segundo a expressão de Taine, que foi o primeiro a identificá-las, antes da atual revisão de Ado. Elas se sucedem de 1790 a 1792, quase sem interrupção, a partir do Limousin, do Quercy e do Périgord, espalhando-se como uma mancha de óleo, como se dirá mais tarde, em direção ao Centro-Oeste (Charentes), a todo o Midi aquitano, à maior parte do Maciço Central e, a partir do inverno de 1791-1792, à Provença, ao condado Venaissino e ao Baixo Dauphiné. Mas a França setentrional não foi poupada.

Essas manifestações se traduzem pela reticência (resistência passiva ao pagamento das taxas e do dízimo), pela recusa de pagar ou por expressões simbólicas (plantação de "maios" reivindicativos, que se tornaram a árvore da liberdade). Mas também assumem a forma de ações violentas contra castelos, cata-ventos com o brasão da família, bosques, plantações e açudes. A mobilização camponesa culmina nos dois levantes da primavera e do outono de 1792, que afetam tanto o Norte quanto o Sul do país. São revoltas por alimento que resultam na taxação forçada do preço dos grãos e do pão e que, na primavera de 1792, nas planícies em torno de Paris, Beauce, Brie e Hurepoix, ganham um aspecto de expedição itinerante do campo em direção às cidades, às vezes acabando mal, como em Étampes, em março, onde o prefeito Simonneau foi massacrado pelos insurgentes. Esse movimento das planícies de grandes culturas tem seu ponto alto durante o outono do mesmo ano. Nesse momento, numa área ainda mais ampla, da planície aos confins dos bosques entre o Sena e o Loire, milhares de camponeses deslocam-se por grandes distâncias, de mercado em mercado, para taxar os grãos nas cidades. O movimento dos taxadores, que se esgota no Norte, tem equivalentes no Sul: do Vivarais ao Languedoc, da Provença ao Baixo Dauphiné, eles incendeiam os castelos. O estilo da expedição é diferente, talvez menos espetacular, porém mais brutal em sua hostilidade antinobiliárquica.[5]

▲ *Nesse contexto, em conjunção com os avanços políticos do movimento revolucionário urbano, não nos surpreende que as principais medidas legislativas nesse domínio* – e as mais avançadas – tenham sido tomadas entre agosto de 1792 e setembro de 1793. A Assembleia Constituinte e, até então, a Legislativa não haviam demonstrado nenhum zelo: escorada no princípio da liberdade (22 de agosto de 1789 e proclamação da liberdade do comércio de grãos) e da propriedade (repressão dos movimentos antifeudais do Sudoeste, e ainda o 8 de dezembro de 1792, com pena de morte para os propagadores da lei agrária, isto é, da distribuição de terras),

---

5 Ver mapas da p.186.

A Revolução Francesa

apoiada na lei marcial decretada em outubro de 1789 contra os ajuntamentos de pessoas, a nova legalidade burguesa não transigia. As barreiras se rompem uma primeira vez em 25 de agosto de 1792, com a anulação de fato de muitos dos direitos contestados, e definitivamente em 17 de julho de 1793, quando todos os direitos ligados à feudalidade são abolidos de modo definitivo e inapelável e os processos em andamento são extintos. No que se refere à taxação dos grãos, em consequência da crise do verão de 1792, um decreto de 16 de setembro de 1792 impõe que as comunas entreguem certa quantidade de trigo nos mercados, mas ele é aplicado mediocremente. Em 4 de maio de 1793, atendendo ao pedido dos *sans-culottes*, a primeira lei do *Maximum* é promulgada, primeira etapa em direção ao máximo geral dos salários e dos preços (promulgado em 29 de setembro do mesmo ano).

A questão das terras comunais impunha-se em razão do movimento geral de camponeses que, desde 1789, tomavam de volta terras usurpadas pelos senhores ou consideradas como tal. Em 28 de agosto de 1792, um decreto que reconhecia às comunas a propriedade de suas terras comunais também lhes dava a possibilidade de distribuí-las. Apenas uma fração delas fez isso durante a revolução.

A venda dos bens nacionais

A mudança mais profunda causada no equilíbrio do mundo rural é a imensa transferência de propriedades que a venda dos bens nacionais representou. Os bens do clero foram colocados à disposição da nação em 2 de novembro de 1789; em 14 de maio de 1790, um texto legislativo especificava as modalidades da venda. O sequestro dos bens dos emigrados em 1792 levou à sua alienação a partir de 3 de junho de 1793; eles se tornaram então os bens de segunda origem. No ano IV, uma nova legislação foi adotada. Era uma empreitada considerável, se considerarmos que o clero possuía de 6% a 10% do território nacional. É mais difícil estimar com precisão o patrimônio coletivo dos emigrados. Contudo, no total, um sexto das terras (de 15% a 16%) mudou de mãos. Sem entrar nos detalhes das modalidades da operação ou das discussões que ela provocou, é preciso lembrar as grandes transformações. Em 1791, foram realizados leilões nos distritos com pagamento em doze prestações. Lotes grandes, com herdades e terras arrendadas, são rapidamente arrematados: em 1792, mais da metade ou mesmo dois terços das vendas de um distrito já haviam sido realizados. Compradores abastados, principalmente burgueses, alguns camponeses ricos e, eventualmente, antigos privilegiados, lucraram com elas. A legislação de 1793, ao contrário, previa uma divisão em lotes pequenos: em mais de um lugar, foi a vez dos pequenos camponeses, cuja parte relativa aumentou, mas num fluxo de vendas sensivelmente mais modesto. No ano IV, houve uma liquidação: ainda restavam excelentes lotes, em especial entre os bens de segunda origem, e os leilões globais, com pagamento em três anos, foram adotados mais uma vez. Um grupo restrito de notáveis ou administradores e especuladores ficou com a melhor parte. No geral, o pequeno campesinato, que, apesar de tudo, tentou aproveitar a pechincha realizando compras coletivas ou usando testas de ferro, só encontrou condições favoráveis no ano II. Isso explica a modéstia dos ganhos dos camponeses no conjunto. Se considerarmos o mapa das vendas, *patchwork* descontínuo, mas eloquente, constataremos a fraca participação dos camponeses nas compras em torno de Paris e no centro da Bacia Parisiense, assim como nos arredores das cidades (Bordeaux, Toulouse, Montpellier, Rouen, Aix...) e, em geral, em todo o Oeste e no Centro (Cher, Vienne). A participação dos camponeses cresce em certas regiões (na Borgonha e no Norte). No geral, o pequeno campesinato ficou apenas com as migalhas de uma divisão que ocorreu essencialmente entre os ricos camponeses, nas regiões onde eles tinham condições para isso, entre as burguesias locais e das cidades vizinhas, reforçando seu domínio e, às vezes, entre grandes especuladores, em especial da capital, na Bacia Parisiense e mais além, eventualmente reunidos em "bandos sujos" (Vaucluse). Mas isso não quer dizer que os pequenos não ficaram com nada; embora amplamente excluídos das vendas diretas, eles se beneficiaram das revendas associadas aos desmembramentos e da mobilidade do mercado fundiário que acompanhou esse amplo movimento de alienação. Em Beauce, o número de proprietários nos registros cadastrais cresceu um terço, em geral com cotas modestas.

Participação dos camponeses na compra dos bens nacionais (1789-1799)

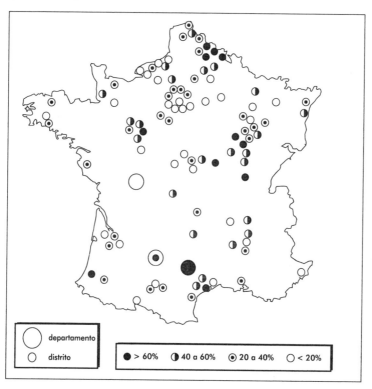

Um balanço global

Apesar do domínio burguês e do lugar ocupado pelos ricos camponeses, um pequeno e médio campesinato sai consolidado por quase um século em alguns casos (até o êxodo rural do século XIX), dando à sociedade rural francesa seu caráter original. Se a propriedade extinta do clero pagou caro pela operação, a grande propriedade nobiliárquica (ou outra) foi apenas parcialmente desfalcada pelas vendas de segunda origem.

No entanto, não é em termos triunfalistas que se pode fazer o balanço da revolução nas aldeias. Os ganhos são indiscutíveis: supressão do sistema feudal e do desconto senhorial ou similares, diminuição do imposto... Mas o problema das terras comunais está longe de ser resolvido, e o litígio prolonga-se no século seguinte. A frustração dos camponeses na operação de venda dos bens nacionais foi invocada, a partir do exemplo da Sarthe, como uma das principais razões da adesão de uma parte do campesinato do Oeste à contrarrevolução. Se essa explicação socioeconômica é parcialmente contestada hoje, nem por isso deixa de ter valor para explicar um dos aspectos da mudança da atitude rural diante da revolução.

De fato, depois do crescimento do engajamento dos camponeses nos primeiros quatro anos, em resposta à intervenção ativa das massas que acompanham o movimento revolucionário, só pode causar espanto o desengajamento ou mesmo a mudança de comportamento do mundo rural, que passou para o lado da anti ou da contrarrevolução. Foi consequência do tumulto provocado pelo cisma religioso em 1791, agravado traumaticamente pela descristianização do ano II? (Abordaremos esse problema no momento apropriado.) Foi uma rejeição das novas estruturas do Estado, pela intermediação fortalecida das administrações que ficaram nas mãos das burguesias urbanas, como foi o caso no Oeste? Sem dúvida, nas planícies de grandes culturas, o peso das requisições, a aplicação do máximo e o Terror nas aldeias contribuíram para o recuo da burguesia rural, formada por ricos camponeses e, durante um curto período, privada de sua hegemonia sobre o poder local. Mas ela se recompôs rapidamente durante o Diretório: o que alguns estudiosos analisaram recentemente sob o termo "arrendocracia" (J.-P. Jessenne) em Artois mostra a consolidação das oligarquias das aldeias. Isso levou a um período de flutuação: depois da grande crise do ano III – "o grande inverno" dos mendigos de Beauce – os bandos de nômades multiplicam-se nas planícies. Para os grandes agricultores que enriqueceram com a economia de troca instaurada no campo pela falência do papel-moeda, o perigo são os "foguistas", que queimam os pés daqueles para saber onde eles escondem o dinheiro. E o destino dos compradores de bens nacionais também não é nada invejável no Oeste e no Midi. Mas não importa. Não são poucos os que poderiam dizer, muitos anos depois, como a velha camponesa de Michelet: "Ah, bons tempos aqueles!".

Sociedade: povo urbano e burguesia

Se, por um lado, foi importante considerar, por seu próprio peso, o imenso povo camponês, por outro, a outra França, esse quarto da população que não "se dedica à agricultura", esse sexto que se concentra nas cidades, não poderia deixar de repercutir, ainda com mais intensidade, as mudanças sociais provocadas pelo acontecimento revolucionário. Mas como não inclui os mais ricos e os mais pobres, os perdedores (privilegiados, nobreza e clero, mas também oficiais reais e parte dos rentistas), assim como os ganhadores (uma burguesia antiga ou nova, cujo estatuto foi revalorizado na nova cidadania), como esse segmento se mostraria no contexto do regime censitário da monarquia constitucional e do Diretório? Os textos fundadores são a derrubada da sociedade de ordens, a supressão dos títulos e dos privilégios, das hierarquias que regiam a cascata de honrarias ou desconsiderações, a dissolução das "companhias", das estruturas e das solidariedades que governavam o mundo do trabalho (corporações, confrarias, empresas com privilégios)...

O peso da conjuntura

A esse violento movimento sobrepõe-se o peso da conjuntura social que nasce da própria revolução. Por certos aspectos, ela é resultado direto da grande mudança que lembramos anteriormente: a emigração atinge uma faixa limitada – como ordem de grandeza, limitamo-nos aos 145 mil nomes que constam da lista dos emigrados em 1800 –, mas é seletiva. É claro que, por seu peso numérico, a emigração plebeia foi omitida (fronteiras do Norte, do Nordeste e, secundariamente, do Midi), camponeses e fronteiriços jogados de um lado para o outro, ao sabor das circunstâncias. No entanto, ela atinge uma porcentagem significativa das ordens privilegiadas, clero e nobreza, ainda que, nesse último caso, as estratégias familiares tenham imposto com frequência uma dissociação da estrutura: os velhos e as mulheres permaneceram na França para cuidar do patrimônio. A emigração teve repercussões indiretas em parte das atividades urbanas: comércio de luxo ou manutenção, assim como a construção e, mais amplamente, tudo que diz respeito ao mercado de consumo. Do mesmo modo, as cidades com parlamento ou as antigas capitais administrativas e religiosas sentem o contragolpe da destruição dos órgãos do Antigo Regime. Outros fatores também influíram nas estruturas sociais, sobretudo a guerra, que invadiu o campo da França revolucionária a partir de 1792. Ela também desloca os homens, mais maciçamente ainda que a emigração, jogando 1 milhão de soldados nas fronteiras durante o período, uma aventura da qual, como vimos, muitos não retornaram.

▲ *As crises econômicas* também dão sua contribuição: essa crise latente, ligada à aventura do *assignat* e da inflação acarretada por ela, particularmente sensível em certos grupos (arraia-miúda ou rentistas), mas também os impulsos paroxísticos, cuja brutalidade permanecerá gravada na memória coletiva em 1789 e 1790 e, mais ainda talvez, nos anos III e IV.

Contudo, devemos reconhecer que, em suas estruturas globais, a sociedade não mudou de uma ponta à outra. Apesar das leis Le Chapelier e Allarde, o mundo das lojas, das barracas e dos pequenos produtores independentes mantém seu modo de viver e produzir; o universo dos burgueses e dos rentistas, afetado momentaneamente, resiste. Muitos deixaram a tempestade passar durante a década revolucionária, sem ser profundamente afetados em seu ritmo de vida. Se tentarmos fazer um balanço do que mudou e do que permaneceu, esse quadro aparece de modo muito desigual, conforme o grupo social.

A "arraia-miúda"

▲ *O povo, a "arraia-miúda", constitui em geral a metade ou quase a metade das sociedades urbanas,* se incluirmos nele os diversos ramos do salariado: desde jornaleiros e ganha-dinheiros, proletariado indiferenciado e flutuante, mas que também tem sua aristocracia (se é que podemos dizer) no grupo fechado dos carregadores, até os assalariados das diferentes corporações profissionais, como o conjunto dos trabalhadores braçais da construção civil, frequentemente constituído por grupos do Limousin que buscam trabalho nos grandes canteiros parisienses; operários e operárias da indústria têxtil que trabalham às vezes em empresas, mas em geral em salas ou oficinas; colegas de antigas profissões corporativas (sapateiros e alfaiates são os mais numerosos); profissões de rua, nas quais a distinção entre patrões e assalariados seria falaciosa (carregadores de água, pequenas vendedoras); e, por fim, os criados, plebe feminina, em sua grande maioria, e numerosa, se considerarmos que, nas cidades do Antigo Regime, ela estava mais perto dos 10% do que dos 5% da população. Contra o pano de fundo de misérias e dificuldades comuns, o destino desses trabalhadores é variado. A emigração aristocrática e a redução do nível de vida burguês fizeram cair momentaneamente pela metade o número de criados em certas cidades. Os empregados de lojas e barracas, assim como seus patrões, são afetados pela crise das profissões de luxo, tanto em Lyon quanto na capital. Uma produção em massa para atender a demanda de calçados, uniformes e equipamentos diversos para os exércitos, realizada em geral em grandes oficinas, ameniza em parte a crise do emprego em 1793 e 1794. De qualquer modo, desde o início, a revolução assistiu a movimentos sociais de tipo moderno: irrupções de greves em 1790 e 1791, no momento em que as leis Allarde e Le Chapelier proibiram as coligações em corporações das profissões mais estruturadas (carpinteiros, pedreiros e costureiros em geral). O Diretório também teve de enfrentar movimentos desse tipo. A condição desses trabalhadores é mais precária do que nunca: pagos por jornada, eles sofrem com a falta de dinheiro miúdo (o *"billon"*) e com a inflação gerada pelo *assignat*. É testemunha disso a demanda dos patrões em Paris por *assignats* de pequeno valor, que nos dão um quadro da concentração já grande dos empregos em certos ramos de atividade. Particularmente precária é a situação da mão de obra feminina (lavadeiras, costureiras, fiandeiras e toda a gama de profissões da indústria têxtil).

O fluxo e o refluxo, conforme o momento e a estação, dessa mão de obra que vem em geral do campo e que a cidade atrai e rejeita, assim como sua mobilidade dentro da cidade em razão da precariedade da moradia, dão conta da dificuldade da vida. Eles não ganharam nada? Os salários aumentaram em todo o país, às vezes em resposta à rarefação da mão de obra causada pelo alistamento de homens. Mas esse aumento é afetado continuamente pelo movimento dos preços, a carestia e a escassez, que é a sina de todos. A luta pela subsistência cotidiana mobilizou as massas durante a crise de 1789; depois de uma relativa trégua, os tumultos recomeçam em 1792 e 1793, às vezes concentrados em torno de certas mercadorias: o sabão que falta para as lavadeiras, o açúcar e o café dos quais a revolta nas colônias, assim como o monopólio, priva um povo parisiense já acostumado a eles. Em todo o período, o pão caro e escasso provoca filas na porta das padarias. Houve sequências mais favoráveis do que outras: do ano II até certa data, a rigorosa política de requisição para atender às necessidades das cidades e a aplicação do máximo conseguiram assegurar o abastecimento nos tempos do pão da igualdade. Mas a desregulamentação termidoriana, que coincidiu com uma nova crise de subsistência e com o frio do inverno, fez do ano III certamente o momento mais difícil para as classes populares. E a crise retornará em 1798...

▲ *A fronteira é imprecisa entre esse mundo e o dos pequenos produtores independentes, das lojas e das barracas,* que abrange de 35% a 40% em média dos trabalhadores urbanos, nos casos em que é possível recenseá-los. A unidade de produção individual (mestre, colegas, aprendizes) é a norma mais comum, apesar das formas de concentração cujo exemplo é fornecido por certas cidades, como Paris, tanto nas oficinas ou manufaturas quanto pelo uso de mão de obra em domicílio. Toda uma hierarquia se delineia: desde sapateiros e alfaiates, que são os mais numerosos, até os grandes e prósperos construtores, passando pelo remendão, isolado em sua barraca. O destino dos primeiros não é muito diferente do destino da arraia-miúda, submetida às mesmas dificuldades da vida cotidiana. Outros se saem melhor: as cidades, abastecidas momentaneamente com produtos importados, assistem à multiplicação do comércio de alimentos, padeiros ou açougueiros. A conjuntura é favorável para certos ramos: a grande agitação nas transações imobiliárias, ligadas à venda dos bens nacionais, favorece a ascensão dos mestres de obras, que se tornam construtores. E se as profissões ligadas à indústria têxtil ou de luxo têm destinos diversos, em virtude da perda dos mercados tradicionais, as necessidades da indústria de guerra favoreceram outros patrões.

Uma nova burguesia

As mudanças mais profundas afetam visivelmente certos ramos daquilo que incluiríamos hoje no setor terciário ou mesmo além, já que o burguês ocioso, que vive de rendas na província ou de aluguéis em Paris, constitui um item considerável numericamente nas cidades do Antigo Regime (de 2% a 5%?) e não menos em termos de influência social. Para essa categoria, o balanço da Revolução Francesa parece ambíguo. O "burguês" (com aquilo que o título representava em termos de privilégios em muitas cidades) desaparece do vocabulário social: presente ainda nas listas dos cidadãos ativos de 1790, ele é substituído por "rentista", principalmente em Paris, e por "proprietário". O que ocorre aqui é mais do que uma alteração semântica, já que o proprietário de 1800 não é simplesmente o herdeiro do burguês do Antigo Regime: ele constitui uma categoria que, como veremos, incorpora novos aportes das antigas classes privilegiadas. Nesse período incerto, os destinos do grupo são contraditórios. Desde aquela época, deu-se ênfase à mudança de classe e à miséria do rentista; na verdade, esse grupo, que vivia de rendas constituídas sobre o Estado ou a prefeitura, é quase uma originalidade parisiense, porque na província o rentista prefere investir em terras. Os pequenos rentistas foram diretamente atingidos pela inflação do signo monetário: eles foram vítimas diretas da ruína do *assignat* e, mais tarde, do mandato territorial, do calote dos dois terços e da dificuldade de resgatar fundos. Mas o quadro não deve ser generalizado. Na província, talvez mais do que em Paris, embora a crise seja patente (como na redução da criadagem), certos mecanismos de compensação intervêm: os rentistas compram bens nacionais; a renda fundiária, ainda que tenha desparecido em certos aspectos (os créditos hipotecários foram declarados resgatáveis e "liquidados" no ano III), consolidou-se em suas formas clássicas, e a imagem balzaquiana do *père* Grandet, que vivia da renda da terra e um pouco da usura, corresponde a um tipo social: o de uma burguesia que adotou durante algum tempo um perfil baixo, mas continuou a prosperar.

▲ *A abolição da venalidade dos cargos* e, consequentemente, do grupo dos oficiais reais (enobrecidos, às vezes plebeus prestes a se tornar nobres em virtude de um cargo) causa um prejuízo irreversível: um ramo se extingue. Prejuízo também para os "togadinhos", como se dizia na época, uma multidão de procuradores e advogados (o termo desaparece e é substituído por "defensor oficioso") que gravitava em torno das justiças reais e senhoriais e com frequência administrava os negócios dos privilegiados; em resumo, auxiliares de um aparelho do poder que, no nível da administração real, surpreendia por sua modéstia. O que aconteceu não só com os parlamentares, mas também com as dezenas de conselheiros-secretários do rei que existiam em todas as cidades em 1789, mesmo as mais modestas? Os de nível mais alto, já integrados no mundo nobiliárquico por intermédio da casta parlamentar, sofreram um baque direito: os magistrados das cortes parlamentares, assim como os arrematantes gerais, pagaram um tributo alto ao Terror e muitos emigraram. Entre os poucos que se integraram no novo sistema, muitos se limitaram a administrar sua fortuna fundiária, muitas vezes considerável, juntando-se à nova aristocracia dos proprietários – na qual se encontrarão em boa posição sob o Império. Os togados e os chamados profissionais liberais (médicos, arquitetos, editores) foram muito mais sensíveis à reconversão profissional que as circunstâncias pareciam exigir. Podemos pensar, como J. Godechot, que isso foi um enorme respiro, se considerarmos a oferta maciça representada por 40 mil administrações municipais, 540 conselhos distritais e 83 administrações departamentais, assim como a justiça reestruturada. Eles encontraram uma posição desde o início da revolução e chegaram ao topo nas assembleias.

▲ *A revolução deu origem a uma nova burocracia, como sugeriram alguns estudiosos,* assentando as bases da evolução do século XIX? O sistema instituído por ela não deve ser confundido com aquele que o Consulado e o Império implantaram mais tarde: o princípio eletivo, em todos os níveis e em todos os domínios, mesmo no religioso, representa a originalidade do período. Para nos atermos aos fatos sociais, é incontestável que a revolução contribuiu para o nascimento de uma nova camada de pequenos e grandes notáveis, empenhados na política local, constituídos em redes de influência, capazes de vencer as turbulências e as mudanças de rumo: uma classe tanto política quanto social. Alguns estudiosos, explorando o tema do arrivismo revolucionário, enfatizaram os deslocamentos que ocorreram do militantismo para a estabilização, no interior dos comitês e ministérios parisienses e nas administrações provinciais, como meio de ascensão social para uma pequena burguesia que se destacou. O estudo ainda em andamento a respeito do pessoal das grandes administrações confirma – e ao mesmo tempo reduz à sua justa proporção – o fenômeno burocrático sob a revolução. Talvez tenha faltado tempo? Um ramo, porém, foi mais duradouro e promissor: a profissionalização do exército de voluntários de 1792, numa evolução que podemos acompanhar até o Diretório, garante a ascensão de comandantes que se integraram aos notáveis do Império, ou mesmo à monarquia censitária, em pé de igualdade.

Os novos-ricos: ganhadores e perdedores

Passamos para o mundo dos novos-ricos, promovidos pela revolução. Trata-se de um tema clássico quando se aborda a sociedade do Diretório, na qual esse grupo se mostra sem constrangimento. No contexto da "festa diretorial", os contrastes se revelam, da miséria da arraia-miúda e dos rentistas à opulência dos que são apontados na rua: os manipuladores do dinheiro e os aproveitadores, fornecedores dos exércitos, financistas que enriqueceram com a desgraça e as negociatas do Tesouro Público. Ouvrard e Hamelin tornam-se personagens emblemáticos, símbolos das fortunas rápidas, às vezes multiplicadas pela especulação com os bens nacionais, mas destruídas com a mesma rapidez, nessa época em que o dinheiro troca rápido de mãos. Contudo, essa realidade inegável não pode esconder as vantagens conquistadas por uma burguesia consolidada. Os grandes banqueiros, cujas atividades podem ser acompanhadas nas esferas financeiras próximas do Estado (Perrégaux, Lecoulteux-Canteleu, Laffont-Ladébat), não são desconhecidos nem recém-chegados.

▲ *O grupo dos grandes comerciantes e construtores* teve destinos diversos no tempo e no espaço. Em Nantes, Bordeaux e Marselha, os negociantes que enriqueceram com o grande comércio pagaram um tributo alto à repressão do movimento federalista, e seus negócios sofreram com o marasmo do grande comércio transoceânico. A hora da "oligarquia mercantil" a que se referia Danton parece ter passado. Industriais e construtores se deram melhor? Desfavorável para alguns, a conjuntura foi benéfica para outros, que souberam se adaptar às circunstâncias. A trajetória perfeita de um Oberkampf, com sua fábrica de chita em Jouy-en-Josas, ou de um Claude Périer, em Vizille, diversificando suas atividades, desde manufaturas até bancos, ilustra a solidez das dinastias burguesas, enquanto outras, como no ramo do algodão (Richard e Lenoir em Paris) ou da fundição, iniciam uma carreira duradoura.

Essa redistribuição de papéis tem de ter perdedores. Embora se possa estimar que os ganhos estejam longe de ser uniformes entre a burguesia e, *a fortiori*, entre os grupos populares, é entre os antigos privilegiados, clero e nobreza, que esperamos encontrar perdas. Da ordem do clero, de seu poder e de suas riquezas, não sobrou nada. O grupo humano composto por ele foi dispersado pela emigração e, às vezes, pela eliminação física (3 mil mortos), assim como pelo impacto da descristianização e pelo abandono do sacerdócio.

▲ *A nobreza oferece um quadro mais contrastante.* Ela também foi afetada seletivamente pela emigração e pelas execuções. No fim do período, as famílias separadas pela emigração, o refúgio prudente de muitas delas em suas mansões e castelos no campo mostram uma classe fragilizada e ainda em choque. Além da posição e do *status*, a nobreza é atingida em sua fortuna pela extinção total dos rendimentos que recebia do desconto senhorial. Essa parte, difícil de estimar, variável segundo a senhoria e o patrimônio, pode chegar facilmente a 20% ou 30%. Além do mais, a nobreza é afetada como proprietária. A venda dos bens nacionais de segunda origem abalou sua riqueza fundiária, embora ela não tenha sido indiferente às vendas dos bens do clero nos primeiros tempos da revolução. Nesse caso, mais uma vez, o balanço é muito mais difícil do que no caso do clero, que foi totalmente expropriado. O que os bens dos emigrados representavam para a propriedade global da nobreza? Eles ainda não haviam sido totalmente vendidos quando a legislação mais complacente da época diretorial autorizou transações com as famílias que haviam permanecido no país. Por outro lado, em alguns casos, as recompras por intermédio de testas de ferro limitaram os prejuízos. Seja como for, se estimarmos em 16% a parte do território francês que mudou de mãos em razão das vendas dos bens nacionais de primeira e segunda origem, podemos calcular que um quarto da fortuna fundiária da nobreza foi alienado, o que não é pouca coisa. Embora abalada, a aristocracia francesa não foi vencida. Durante mais de meio século, a nobreza conservou uma posição de destaque na nova classe da riqueza fundiária, ainda com um belo futuro pela frente.

Capítulo 5
Um homem novo:
mentalidade, religião, cultura

Do medo à esperança

Para Georges Lefebvre, a mentalidade revolucionária divide--se entre as duas pulsões contraditórias da esperança e do medo. Essa fórmula parece simplificadora, mas pode servir de guia para penetrarmos esse mundo novo que a revolução quis fazer surgir.

No princípio, o medo...

O medo não é a única força motriz das reações populares, mas tem seu papel nos primeiros episódios, no auge do verão de 1789. O Grande Medo é o último momento importante de pânico que a sociedade camponesa tradicional conheceu e, sem dúvida, o mais espetacular. Ele teve antecedentes, e alguns estudiosos evocaram a esse respeito um cortejo de medos ancestrais (medo de lobos, da peste, de feiticeiros, de ciganos...), substituído pelo medo do bandoleiro. Na segunda quinzena de julho, fazendo eco, como se disse, à queda da Bastilha, correu em diversos pontos do reino o boato da chegada de bandoleiros imaginários, que saqueavam e queimavam as colheitas. Havia boatos também de ingleses no litoral, de imperialistas ou piemonteses nas fronteiras. A notícia se espalha em três quartos do território francês, de aldeia em aldeia, a partir de seis epicentros, seguindo as vias de circulação. Suscita reação nas comunidades, que pegam em armas e se antecipam a essa ameaça fantasiosa, contribuindo para propagar ainda mais o medo. Mesmo avisados da verdade, os camponeses se dirigem muitas vezes ao castelo vizinho, onde exigem os títulos do desconto senhorial para queimá-los. Movimento pouco sangrento – houve apenas cinco vítimas em toda a França –, mas violento e espetacular. O medo deu origem à abolição da feudalidade na noite de 4 de agosto.[1]

Foi ainda Georges Lefebvre que analisou o fenômeno num ensaio famoso e reconstituiu seus desdobramentos e modos de propagação, distinguindo o pânico original de suas repercussões. Ele examinou as origens do rumor, mostrou como ele se enraizou num contexto preciso, o da crise de subsistência e da escassez, jogando bandos de nômades nas estradas, temidos pelos camponeses e pelas comunidades. Reação de pânico ao estilo antigo, propagada oralmente, o Grande Medo foi seguido de outros medos localizados ao longo do período na Bacia Parisiense em 1790 e, mais uma vez, em 1791, quando foi anunciada a fuga do rei para Varennes; na Champagne ou nos arredores de Paris, as pessoas se mobilizaram por causa de um falso boato de invasão. Apesar de algumas reincidências localizadas, o medo desaparece pouco depois, mas não o boato.

▲ *Num mundo em que as notícias circulam mal e lentamente, surgem boatos alarmantes, em geral a respeito de complôs.* O Antigo Regime

---

1 Ver mapa da p.208.

A Revolução Francesa

agonizante teve o "complô da fome", que, segundo se dizia, foi fomentado pelos ricos para causar fome entre os pobres. A partir de 1789, houve o complô aristocrático, o de príncipes e nobres contra a revolução. Houve denúncias de açambarcamentos, de projetos de privar o povo de alimento. O tema volta em formas diversas durante os movimentos populares dos anos seguintes. Assim, nos motins camponeses das planícies de grandes culturas, na primavera e no outono de 1792, falava-se de um complô alimentado pelos contrarrevolucionários ou pelo duque de Orléans, ou mesmo pelos "anarquistas". Em todos os casos, houve denúncias contra a distribuição de dinheiro, falsos avisos, emissários... Após a declaração de guerra, a revolução teve o "complô do estrangeiro", pago com o dinheiro de Pitt, e as acusações recaíram sucessivamente sobre os girondinos, os indulgentes e os hebertistas. Na época da conspiração dos Iguais, no ano IV, o Diretório redirecionou as acusações de complô contra os "anarquistas", e o tema retornou no golpe de Estado de brumário.

▲ *Os massacres de setembro de 1792* podem ser classificados na categoria das repercussões do medo e do temor dos complôs. Após a queda da monarquia, há ameaça de invasão: os prussianos estão na Champagne. Em Paris, o temor das intrigas contrarrevolucionárias e, como se diria mais tarde, da "facada nas costas" provoca uma mobilização contra as prisões onde estão detidos os aristocratas e os padres refratários. A partir de 2 de setembro, grupos vão de prisão em prisão (Força, Abadia, Salpêtrière): após um simulacro de julgamento, de mil a 1.500 pessoas, das quais trezentos padres, além de muitos prisioneiros de direito comum, são massacrados. Outros massacres ocorreram na mesma época na província, assim como em Versalhes. Como o Grande Medo, mas por razões diferentes, as jornadas de setembro suscitam interrogações; a origem do medo é claramente identificável nesse caso, mas o caráter de certo modo cego do massacre e a selvageria causam espanto. As autoridades, sobrecarregadas ou meio cúmplices, não intervêm, embora depois joguem a responsabilidade umas para as outras, o que não resolve o problema. Estudos recentes revelaram entre os atores dos massacres (artesãos, comerciantes e burgueses) o desejo de praticar uma justiça popular direta, sem intermediários. Os massacres de setembro levam o medo a redundar em violência coletiva, fazendo intervir os mecanismos daquilo que Georges Lefebvre definiu como vontade punitiva e que, para ele, foi uma das molas de uma atividade revolucionária em geral mais defensiva do que agressiva.

O Grande Medo (julho de 1789)

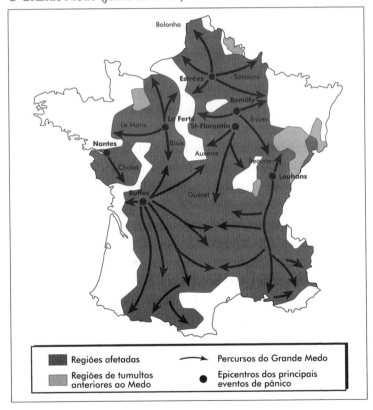

A violência

Seja como for, a violência é, ao lado do medo, um dos componentes dessa mentalidade revolucionária. Como esta última, ela está profundamente enraizada na herança do Antigo Regime: violência repressiva do Estado contra violência popular, violência no dia a dia na Paris popular, como contam cronistas como Sébastian Mercier ou Restif de la Bretonne. Da primavera ao outono de 1789, as sequências de violência se encadeiam em Paris. A burguesia constituinte quis romper a cadeia votando a lei marcial em outubro de 1789 e apressando a formação das guardas nacionais. Nem por isso a violência popular acaba: ela ressurge de modo latente ou às claras no cenário da luta camponesa em 1790 (Limousin, Périgord), com força nos focos de confronto meridionais, esses pontos candentes que são Nîmes, Montauban, Avignon, Marselha, Arles ou Toulon... Os confrontos sangrentos culminam sem trégua em junho e julho de 1792, quando as cidades provençais conhecem os "carrascos" que atacam à noite aristocratas ou administradores moderados em Marselha, Aix ou Toulon.

A partir da análise dessas irrupções, podemos tentar descrever o sistema da violência revolucionária. Raramente torpe – embora tenha havido saques em Paris em 12 de julho de 1789 ou durante os tumultos de 1793 –, essa violência se exprime sobretudo em tumultos de subsistência a favor da venda obrigatória a preços taxados. Dirige-se algumas vezes contra estabelecimentos, como o saque da fábrica Réveillon na primavera de 1789, em atos de vandalismo. Com relação às pessoas, a selvageria em que se revelam pulsões sádicas (como nos massacres de setembro) junta-se a uma preocupação de justiça direta, formulada de maneira elementar. A violência produz um imaginário, o dos lampiões nas esquinas, em que os aristocratas são enforcados e que, até serem substituídos pela guilhotina, perseguem em imagens suas futuras vítimas.

Alguns estudiosos afirmaram que o Terror pôs fim ao medo, assim como pôs fim de certo modo à prática da violência espontânea, antes que ela mudasse de lado e retornasse de outra forma nos massacres da reação termidoriana do ano III ao ano V. Paradoxal à primeira vista, a fórmula se explica se considerarmos o jogo dialético do combate revolucionário. A burguesia admitiu e, afinal de contas, afiançou a violência popular quando lhe foi necessária, e conhecemos a observação de Barnave sobre o assassinato de Bertier de Sauvigny: "O sangue derramado era assim tão puro?". Alguns dos líderes mais engajados, como Marat, elaboraram uma teoria da violência necessária: "É do fogo da sedição que nasce a liberdade", registra *L'Ami du Peuple*, que acaba exigindo dezenas ou mesmo centenas, milhares de cabeças. Mas, como desconfiamos, esse maximalismo não corresponde à aspiração da classe política de pôr fim à revolução.

Assumindo o controle da violência popular espontânea por meio da elaboração da legislação terrorista a partir de 1793, Robespierre e o partido montanhês criam as bases do que será definido pelo "Incorruptível", em seu discurso de 5 de nivoso do ano II, como linha diretriz: "O governo revolucionário deve aos bons cidadãos toda a proteção nacional; aos inimigos do povo deve apenas a morte".

Multidões revolucionárias

Depois do medo e da violência, a multidão seria o terceiro elemento dessa trilogia da dinâmica revolucionária? O tema despertou a paixão dos historiadores, desde Michelet, na época romântica, até Taine e os que nele se inspiraram. Mas a imagem da multidão revolucionária transmitida por Taine tem origem numa redução antropomórfica: multidão ou "homem embriagado", ora eufórico, ora massacrando, ou mesmo "macaco lúbrico e mau". Foi Georges Lefebvre, numa revisão célebre, quem assentou as bases de uma análise científica e serena; seu programa foi seguido por Georges Rudé, historiador das multidões parisienses. Utilizando sucessivamente as fontes documentais da repressão (autos das investigações) e da gratificação, o autor analisou a composição dos participantes nas jornadas parisienses, da pré-revolução ao vendemiário do ano III. Uma tipologia se delineia, permitindo distinguir as jornadas predominantemente de reivindicação socioeconômica (como as jornadas de outubro de 1789 ou os saques das mercearias em 1793) das jornadas de motivação política, ainda que o tipo misto predomine, unindo os dois elementos. Do mesmo modo, podemos acompanhar o amadurecimento desses movimentos pelo grau de espontaneidade da jornada revolucionária: o 14 de julho de 1789 não teve organização prévia de fato e foi com base numa improvisação que o evento tomou forma... Em 10 de agosto de 1792 e, mais ainda, em 2 de junho de 1793, uma preparação profunda, que associou os "barretes de lã" aos batalhões da guarda nacional, com um projeto preparado e anunciado, torna quase impróprio o termo "multidão". É o movimento popular organizado que se afirma aqui.[2]

A sociologia das multidões as apresenta como majoritariamente masculinas (90%), se bem que a participação feminina aumenta nas jornadas de reivindicação econômica (em 5 e 6 de outubro de 1789). A média de idade dos insurgentes é 30 anos, tanto em Paris quanto em Marselha; os participantes são casados e pais de família. Em Paris, cerca de três quartos sabem assinar seu nome, o que não surpreende numa maioria de produtores independentes, que trabalham em oficinas e lojas, num conjunto em que os assalariados (de um quarto a um terço) são maioria apenas excepcionalmente (motim na fábrica Réveillon no *faubourg* Saint-Antoine, na primavera de 1789). Se acrescentarmos que a porcentagem dos registrados em juízo (marcados no ombro)

---

2 Ver tabela a seguir.

Insurgentes e amotinadores parisienses de 1775-1795 (idade, sexo, alfabetização, origem, ficha criminal etc.)

Motins etc.	(1) Detenções	(2) Assala-riados	(3) Desem-pregados	(4) Mulheres	(5) Idade média	(6) Sabem ler (%)	(7) Já condena-dos (%)	(8) Nascido na província (%)	Moram em quartos mobiliados
Guerra da Farinha 1775	139	102	18	14	30	33	15	80	37*
Motins de 1787-1788	55	28	?	1	23	60	?	31	10
Motins Réveillon	68	52	8	1	29	62	13	66	25
Barreiras	77	26	?	9	?	?	?	?	?
Caso Saint-Lazare	37	33	–	13	–	–	–	–	–
Bastilha	662	149	–	1	34	–	–	63	10
Campo de Marte	248	128	44	13	31	80	2-3	72	20
10 de agosto de 1792	123	51	–	3	38	–	–	–	–
Saques das mercearias 1792-1793	58	35	–	7	30	–	–	–	17
Prairial do ano III	186	46	–	20	36	85	–	72	–
Vendemiário do ano IV	30	1	–	0	44	100	–	–	–

* 46% no caso dos que residiam em Paris

(Fonte: Georges Rudé, *La Foule dans la Révolution française*, Paris, Maspero, 1983)

é ínfima em geral, que os desempregados são um quinto da população e que os que moram em quartos mobiliados representam menos de um quarto, não resta muito da imagem fantástica de uma turba miserável que Taine criou e alimentou com os fantasmas dos dias seguintes à Comuna de 1871. Embora seja em geral mais popular e mais variável em sua composição, com o passar dos meses a multidão revolucionária aproxima-se tendencialmente dos contornos do que viria a ser a *sans-culotterie*.

O *sans-culotte*: um novo homem

Do povo ao *sans-culotte*, em quem se encarna durante algum tempo a imagem do novo homem proposto pela revolução, um retrato se elabora em pinceladas sucessivas. Às vésperas dos Estados-gerais, quando Mirabeau evoca o "aglomerado inconstituído de povos desunidos", o termo ainda é utilizado no plural. O povo canta, em referência aos ministros: "Como! Esses seres detestáveis/ dos povos tão miseráveis/ queriam sempre dispor [...]". O povo define a si mesmo em referência ao rei-pai, do qual é súdito. Na ruptura do verão de 1789, ele se afirma como pessoa coletiva e autônoma ("Paris guardada pelo povo"). Povo de irmãos, que substitui a relação vertical de sujeição pelas relações fraternais: é o momento do unanimismo e da reconciliação, que durou ao menos até a festa da Federação, em julho de 1790. Mas a imagem do mundo do avesso, em que o camponês monta alegremente seus antigos opressores, o nobre e o prelado, introduz uma distinção que se inseriria na dicotomia entre patriota e aristocrata. Início de uma escalada, que colocaria no campo dos excluídos o nobre, o refratário e, por fim, o suspeito, definido em 1793 como aquele "que não deu prova de adesão formal à revolução". Entre 1791 e 1792, a noção de povo restringe-se e, ao mesmo tempo, amplia-se. Embora a burguesia constituinte, por uma leitura restritiva,

Michel Vovelle

tenha reservado a cidadania ativa à parte mais abastada da população, os cidadãos passivos chegaram às assembleias seccionais no verão de 1792, antes de receber plena cidadania, graças ao sufrágio universal adotado nas eleições para a Convenção. Mas, ao mesmo tempo, a própria noção de povo tende a se concentrar nos mais pobres, nos mais necessitados, aqueles que Marat descreve como a parte "mais interessante e mais desamparada". Definição restritiva, acompanhada de uma série de gestos significativos: a roupa, o tratamento por tu, o uso do termo "cidadão". Obviamente, com o triunfo das "pessoas de bem", o pós-Termidor adota mais uma vez uma leitura condescendente do povo bom, ou mesmo desdenhosa ("Povo imbecil, povo besta..." diz o versinho monarquista), combinada com o temor do "populacho". Mas é no auge do período, entre 1792 e 1794, que o povo assim definido se reconheceu no retrato do *sans-culotte*.

▲ A *sans-culotterie*, tal como foi estudada por Albert Soboul em Paris e em certas localidades da província, afirma-se no decorrer de 1792. Podemos acompanhar pelos registros de frequência das assembleias seccionais, órgãos eleitorais que antes eram reservados aos cidadãos ativos, as etapas de um movimento global: entre junho e agosto de 1792, e novamente do inverno ao verão de 1793, quando o movimento se estrutura e se amplia. Entre essas irrupções, inserem-se sequências em que a mobilização coletiva retrocede e restringe-se aos quadros permanentes e aos militantes ativos. Quanto da população masculina adulta se envolveu? De 8% a 9% na capital, segundo Albert Soboul, mas esse número varia conforme a seção. Em Marselha, se podemos estimar entre um quarto e metade a porção daqueles que estiveram presentes nas assembleias, apenas um décimo pode ser considerado de militantes verdadeiros, o que leva a uma ordem de grandeza comparável.

214

A sociologia do grupo também conduz a equilíbrios semelhantes em Paris e na província:

	Burguesia	Produtores independentes: "lojas e barracas"	Assalariados
Paris	18%	57%	20%
Marselha	30%	50%	20%

As proporções variaram ao longo do tempo e apresentam nuances em função da hierarquia e das funções desempenhadas: nos cargos de responsabilidade, a parte da burguesia (altos funcionários e profissionais liberais) aumenta sensivelmente, em detrimento dos assalariados e dos artesãos.

Contudo, um perfil bastante claro se delineia: a *sans-culotterie* não é uma classe. Trata-se de uma "mistura", um encontro histórico cujo núcleo duro é constituído mais ou menos em 50% de produtores independentes, mestres artesãos e vendeiros, embora parte da burguesia e uma minoria de assalariados se juntem a eles. Os *sans-culottes* são homens feitos, com idade média de 40 a 45 anos; são casados em 80% dos casos e, na maioria das vezes, pais de família. Embora não seja uma revolução de velhos – essa idade média corresponde à da população adulta das cidades –, o movimento não põe em evidência uma pressão juvenil. É verdade que, em 1793, muitos jovens estão no Exército. Os "moços" da burguesia se revelam depois, em outro campo, no momento da reação termidoriana. Esses traços explicam em grande parte os comportamentos e a mentalidade do *sans-culotte*. Tal como o historiador inglês Richard Cobb o descreveu, num retrato pouco lisonjeiro, o *sans-culotte* caracteriza-se pela devoção e pela convicção na causa, por uma cultura elementar que não exclui a credulidade, por certa dose de conformismo que o faz se amoldar às reviravoltas da marcha revolucionária, mas também por certa violência na expressão e nas atitudes, embora raramente resulte em comportamentos sanguinários. Personagem contraditório, o *sans-culotte* associa, para Cobb, um exclusivismo, com toques de xenofobia, a uma generosidade real e a um senso de solidariedade. Em estado de tensão constante, o *sans-culotte* está sujeito ao cansaço e ao desânimo, e está sempre disposto a voltar para casa ou para o cabaré que ele frequenta quando o entusiasmo esfria.

A análise mais penetrante – com conotação de simpatia – de Albert Soboul permite ir além dessa psicologia um tanto limitada. No universo mental do *sans-culotte*, ele insiste na aspiração de igualdade tal como expressa no tratamento por tu, pelas roupas (colete ou carmanhola, calças, barrete e roseta). Esse espírito igualitário se expressa na reivindicação do direito à vida e à subsistência para todos, mas sem chegar ao ponto de contestar o princípio da propriedade, que deve ter como limite a satisfação das necessidades de cada um. Solidariedade, assistência e tendência à fraternização não excluem um vivo sentimento de independência a defender: o sabre e a lança compõem o arsenal do *sans-culotte*. Em família, ele prega as virtudes domésticas, ainda que às vezes se exima das obrigações tradicionais: a união livre do *sans-culotte* parisiense corresponde a uma das características das sociedades urbanas. Mas ele conserva aspectos arcaicos e, às vezes, uma sólida base de falocracia tradicional. Nas assembleias de sua seção, afirma sua aspiração às práticas da democracia direta: onde o *sans-culotte* estiver com sua lança, lá estará o soberano. É apegado ao escrutínio público, desafiando as intrigas contrarrevolucionárias; o escrutínio depuratório é feito para expurgar o sistema dos maus elementos. Em seus traços comuns, assim como em suas divergências, esses dois retratos permitem delimitar um pouco melhor uma realidade complexa, condicionada pelos temperamentos: o vidraceiro parisiense Ménétra, que nos deixou um precioso *Journal de ma vie* [Diário da minha vida], reflete assim, com seus limites e contradições, e num engajamento desmesurado, a mentalidade desses pequenos produtores e seu aprendizado da política a serviço da revolução.

Religião e revolução

O conflito entre religião e revolução podia ser evitado? Tocamos aqui num dos principais problemas da história desses dez anos.

A França religiosa em 1789

▲ *A França era inteiramente cristã em 1789?* Tinha a aparência de ser, reforçada pelo monopólio da religião católica e pela associação íntima da Igreja com o Estado monárquico. Sagrado em Reims, o rei era o protetor da "primogênita da Igreja", e o clero era a primeira ordem privilegiada na hierarquia de honras. Desde a revogação do Édito de Nantes, um século antes, os protestantes eram considerados "novos convertidos" e não tinham permissão de celebrar seu culto; embora as perseguições violentas tivessem terminado em meados do século, a monarquia esclarecida só concedeu a eles o direito ao registro civil e ao culto privado em 1787, por meio do Édito de Tolerância. Os judeus (menos de 100 mil) viviam em comunidades no Nordeste (asquenazes) e no Midi (sefarditas em Bordeaux e no condado Venaissino) e estavam sujeitos a um estatuto inferior e a uma vigilância da qual só uns poucos privilegiados escapavam. A grande massa católica do povo cumpria de maneira unânime, aparentemente sem dificuldade, os grandes atos "sazonais" da existência – batismo, casamento, enterro cristão –, que os padres anotavam nos registros paroquiais, único registro civil oficial. Essa foi uma das contribuições da Igreja, que assegurava ainda uma ação caritativa e assistencial e tinha um papel fundamental na educação, do ensino médio ao básico. A pastoral conquistadora, conservada durante toda a idade clássica, deu resultado: um clero mais esclarecido, com bons modos, justificava a imagem do "bom padre" que prevalecia na época. A lembrança das brigas internas, como a querela jansenista que dividiu a Igreja até a metade do século, não tinha sido esquecida, mas tendia a desaparecer.

▲ *No entanto, por trás da aparência de unanimidade, havia falhas.* No topo, entre as elites do Iluminismo, a religião é tratada com aspereza. A palavra de ordem voltairiana, "Esmaguemos o infame", fez progressos. Elas atacam a própria instituição eclesiástica, criticam o clero por suas riquezas, seus privilégios, seu "parasitismo" (em especial o das ordens religiosas) e, sobretudo, sua intolerância, numa época que estremecia quando os casos Calas e Sirven, protestantes injustamente condenados, eram lembrados. Também investiam contra a religião revelada, seus mistérios e sua "superstição", em nome de uma religião natural, que não necessitava de dogmas e cujo modelo é o discurso rousseauísta do vigário saboiardo. Elas chegam à irreligião absoluta? Vários discursos coexistem, e o deísmo, em suas diversas formas, é o mais difundido, indo de um respeito distante ao Deus relojoeiro de Voltaire à efusão sentimental de Jean-Jacques Rousseau. Minoritária, a corrente materialista marcou o grupo dos enciclopedistas que gravitava em torno de Diderot, Helvétius, D'Holbach e La Mettrie. Na medida do que é possível julgar, as elites esclarecidas do Antigo Regime agonizante, tanto da nobreza quanto da burguesia, pendem para uma religião natural, com dogmas purgados.

O que acontece entre as massas urbanas ou rurais? O debate está aberto para saber se podemos falar de um início de descristianização na segunda metade do século XVIII. Mantivemos o termo, mas é incontestável que há certo número de sinais convergentes. Podemos falar de evolução profana ou secularização quando estudamos, como se fez na Provença, a história de confrarias religiosas como a dos penitentes meridionais. O declínio numérico e, sobretudo, o abandono das elites, que encontram um quadro de sociabilidade mais adequado nas lojas maçônicas, acompanham uma evolução interna que vê os gestos da devoção barroca meridional regredirem. Podemos fazer o mesmo balanço

A Revolução Francesa

a partir do que dizem os testamentos nessa mesma região, nos quais a profusão de invocações, cláusulas de devoção e atos de caridade diminuem fortemente a partir das décadas de 1750 e 1770, dando lugar a um silêncio que se parece muito com a indiferença da burguesia, mas também de parte das classes populares urbanas e de parte do interior do país. Por trás da aparente unanimidade das atitudes, surgem temperamentos regionais que opõem regiões de forte apego religioso (Oeste, Nordeste) a zonas de indiferença, como a Bacia Parisiense. Aliás, isso é confirmado por outras análises (o número de vocações, tamanho do *staff* religioso, difusão da literatura pia ou profana). É num terreno já preparado que a crise revolucionária explode.

Nascimento de um conflito: o cisma constitucional

Inicialmente, nada levava a prever essa crise. Os cadernos de reclamação do terceiro estado manifestavam a preocupação dos paroquianos com relação à prática do culto e à revalorização do estatuto dos párocos; eles se queixavam do desvio do dízimo, mas também da riqueza e do poder de certas abadias, do absentismo dos prelados (às vezes na cidade) e do parasitismo de certas ordens religiosas. Os cadernos do clero criticavam a propaganda filosófica e o Édito de Tolerância. Mas, nas eleições para os deputados da ordem do clero, a influência da hierarquia foi combatida com eficácia pelo baixo clero das paróquias, que constituía a grande maioria da representação da ordem e estava disposto a aderir às posições do terceiro estado. "Foram esses malditos padres que fizeram a revolução", disse um aristocrata descontente; e, de fato, nos meses decisivos antes do 14 de julho, a adesão do baixo clero, assim como de alguns prelados liberais, contribuiu muito para a vitória do terceiro estado – o que se nota com satisfação.

219

▲ *Assim, um clima de lua de mel marca os primeiros tempos da revolução:* o clero participa das festas cívicas e desempenhará seu papel nelas até 1792 e, em alguns casos, 1793. Mas surge de imediato certo número de problemas: a Declaração dos Direitos, que proclama a liberdade de opinião, "mesmo religiosa", revela prudência por parte dos constituintes, mas também oposições compartilhadas. A supressão da ordem do clero como consequência do fim dos privilégios e, principalmente, a abolição do dízimo encontraram resistência, mesmo da parte de Sieyès. Liberdade de culto para todos e igualdade de direitos cívicos? As repetidas ofensivas dos defensores dos judeus, como o abade Grégoire, só conseguiram ganho de causa em 1791. O estatuto da religião católica estava em questão: em 1790, quando dom Gerle pediu que o catolicismo fosse declarado "religião de Estado", sua moção foi rejeitada, mas suscitou um amplo movimento de aprovação no Midi (região de contato religioso). A aplicação dos novos princípios podia parecer uma intervenção indiscreta no campo espiritual, como quando ela aboliu os votos perpétuos e a clausura dos conventos, porque atentavam contra a liberdade individual. O recenseamento das casas religiosas e a aplicação da medida que levou algumas a despejar seus ocupantes (basicamente as ordens masculinas) foram saudadas com satisfação por toda uma corrente patriótica anticlerical que sonhava, ao menos em pensamento, em casar freiras e monges e fazê-los entrar para a vida ativa. Mas uma corrente hostil se estruturou muito rapidamente, sobretudo em certas regiões. Em Nîmes e em Montauban, em que burguesia patriota e reformada se opõe a uma plebe católica, há derramamento de sangue na primavera de 1790, como no "conflito de Nîmes", que desperta a velha cisão religiosa.

▲ *Isso significa que, apesar da adesão inicial de boa parte do baixo clero, existiam elementos de um profundo mal-entendido entre a revolução e seus princípios e a Igreja.* Os constituintes, em sua grande maioria,

A Revolução Francesa

não eram ateus nem anticlericais, mas haviam sido educados de acordo com uma mentalidade galicana, hostil a Roma, e não podemos esquecer que o conceito moderno de separação entre Igreja e Estado era tão estranho para eles, nas condições próprias da época, quanto para seus adversários. Isso explica sua intervenção nesse terreno. O que realmente desencadeou a crise, até então latente, foi a sequência provocada pela disponibilidade dos bens do clero em proveito da nação, proposta por Talleyrand em 2 de novembro de 1789. Considerada legítima por eles, vivamente contestada pela hierarquia, cujos elementos mais esclarecidos propõem em vão uma medida transacional, essa decisão atendia não só à urgência financeira, mas também a uma política global. Ela sancionava o fim da ordem do clero, privando os padres de recursos próprios; como compensação, impunha que eles fossem assalariados e transformados em funcionários públicos. Com isso, tal decisão integrava-se no amplo remanejamento geral do espaço administrativo, judiciário, financeiro... e religioso que a Assembleia executava na época.[3]

▲ *Iniciada no fim de maio de 1790, a discussão sobre a reforma do clero levou, em 12 de julho, à votação de uma Constituição Civil,* sancionada dez dias depois pelo rei. Abstendo-se de tratar da questão espiritual, os constituintes reformularam o mapa eclesiástico do país e instituíram uma diocese por departamento. Instauraram um clero remunerado de funcionários públicos (bispos, párocos e vigários, eleitos pelos corpos eleitorais). As prerrogativas do papado estavam em causa, já que os bispos, sagrados por um metropolitano, apenas notificavam o santo padre. Havia aí o embrião de um conflito inevitável não só com Roma, mas com a grande maioria dos bispos instituídos, que se consideravam legitimamente estabelecidos em suas antigas dioceses. A situação

---

3 Ver "A disponibilidade dos bens do clero em proveito da nação", p.222.

financeira dos padres melhorou e a dos bispos continuou confortável, embora não se comparasse com os rendimentos anteriores, às vezes imensos. O próprio princípio da eleição, o tamanho da mudança e o prejuízo causado aos direitos do sumo pontífice não poderiam deixar de dividir profundamente o clero. Isso se tornou visível em 3 de janeiro de 1791, quando a Assembleia obrigou os padres funcionários públicos a prestar juramento à Constituição Civil do Clero.

A disponibilidade dos bens do clero em proveito da nação
Discurso de Talleyrand (10 de outubro de 1789)

"Por mais sagrada que seja a natureza de um bem possuído sob a lei, a lei somente pode conservar aquilo que foi acordado pelos fundadores. Todos sabemos que a parte desses bens necessária à subsistência dos beneficiários é a única que pertence a eles; o resto é propriedade dos templos e dos pobres. Se a nação garante essa subsistência, a propriedade dos beneficiários não é atacada; se toma o resto sob sua responsabilidade, se se serve dessa fonte abundante apenas para aliviar a aflição do Estado, a intenção dos fundadores é cumprida, a justiça não é violada.

Portanto, a nação pode, em primeiro lugar, apropriar-se dos bens das comunidades religiosas que serão suprimidas, assegurando a subsistência dos indivíduos que as compõem; em segundo lugar, apossar-se dos benefícios sem função; em terceiro lugar, reduzir, a uma porção qualquer, a renda atual dos titulares, encarregando-se das obrigações que competiam a esses bens no princípio.

A nação tornar-se-á proprietária da totalidade dos fundos do clero e dos dízimos, aos quais essa ordem renunciou; assegurará ao clero dois terços da renda desses bens. O produto dos fundos eleva-se a 70 milhões ao menos; o dos dízimos, a 80 milhões, o que dá 150 milhões; por esses dois terços, 100 milhões, que, pelas bonificações necessárias, pelas férias etc., podem ser reduzidos em seguida para 85 milhões ou 80 milhões. Esses 100 milhões serão garantidos ao clero por privilégio especial; cada titular será pago por trimestre,

A Revolução Francesa

adiantado, em seu local de domicílio, e a nação encarregar-se-á de todas as dívidas da ordem [...]."

(Fonte: Arquivos Parlamentares, 1ª série,
Paris, Imprimerie Nationale, t.9, p.398)

O mal-estar foi alimentado pela atitude mais do que ambígua do papa Pio VI. Enquanto certos prelados (Boisgelin, Champion de Cicé) tentavam encontrar uma solução satisfatória para ambas as partes, o sumo pontífice, extremamente hostil à revolução, demorou a dar uma resposta, deixando o clero francês na incerteza. Ela veio afinal na forma do breve *Quod Aliquantum*, de 10 de março de 1791: uma condenação radical não só da Constituição Civil do Clero, mas de toda a revolução e de sua filosofia atentatória da ordem divina. Esse veredito inapelável provocou um forte movimento anticlerical em Paris. Nesse momento, a formação do clero constitucional já estava em andamento: quase todos os prelados instituídos se mostraram hostis, apenas quatro bispos prestaram juramento e só Talleyrand aceitou sagrar os novos bispos eleitos. O clero das paróquias se dividiu. O balanço preciso do juramento constitucional confirma a divisão do corpo eclesial em dois campos: 52% de padres constitucionais prestaram juramento, contra 48% que se negaram a fazê-lo. Mas esse balanço esconde enormes diferenças: entre párocos e vigários (estes mais reticentes), entre campo e cidade (os meios urbanos, com exceção de Paris, mais bem organizados para se opor ao juramento), entre clérigos funcionários públicos (párocos, congregações de ensino) e aqueles para quem o juramento não era obrigatório.

O impacto do que parece, à primeira vista, um cisma na Igreja da França insere-se de maneira absolutamente inteligível; podemos julgar pelo mapa das atitudes coletivas: várias Franças se delineiam. O juramento foi prestado majoritariamente, ou mesmo maciçamente, na maior parte da Bacia Parisiense até o centro da França, mas também ao longo de um eixo que, da Borgonha ao

223

Padres juramentados de 1791

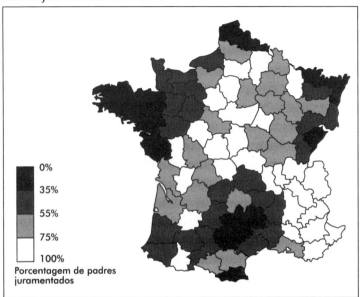

Intensidade da descristianização do ano II

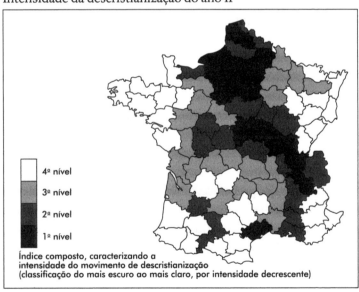

Lyonnais, vai em direção ao Sudeste até a região alpina e a Provença. As atitudes são bem mais contrastantes no Sudoeste, mas as regiões de rejeição inserem-se num grande Oeste armórico, no Norte, no Nordeste e, finalmente, no sul e no sudeste do Maciço Central. Geografia ainda mais nítida na medida em que cobre de maneira muito ampla as regiões que no século XX serão de fidelidade religiosa e desinteresse pela prática.

Crescimento do anticlericalismo

De 1791 a 1793, o cisma criou uma situação que só se agravou sob a pressão dos acontecimentos políticos e do estado de guerra. Na província, o conflito é intenso nas regiões divididas ou refratárias. O clero constitucional às vezes encontra dificuldade para completar seu pessoal e tem de apelar para as antigas ordens religiosas. A instalação dos novos bispos esbarra na resistência dos antigos bispos e da população. Nas aldeias, os padres constitucionais são instalados às vezes a força e são malvistos, ou até perseguidos. Por outro lado, o destino dos refratários não é nada invejável. Um anticlericalismo, cujo reflexo se encontra nas gravuras, manifesta-se sobretudo em Paris, onde os devotos que assistem às missas de um padre refratário apanham dos patriotas.

Com dois cultos concorrentes dividindo os fiéis, é possível chegar a um compromisso? Durante algum tempo, o governo acreditou que sim. Em abril de 1791, com uma portaria sobre a liberdade religiosa, o departamento de Paris autorizou o culto privado dos não conformistas; essa medida foi estendida a toda a França por um decreto de 7 de maio. Essas atitudes foram mal recebidas – o clero constitucional se sentiu desautorizado pela concorrência – e duraram pouco. Em 29 de novembro de 1791, num clima pesado, em que a emigração dos padres leva cada vez mais à identificação dos refratários com a aristocracia, a Assembleia Legislativa exige que todos, juramentados e não juramentados,

Michel Vovelle

prestem um novo juramento, sob pena de ficar sob vigilância das autoridades. O veto real não impede sua aplicação em vários departamentos. Em maio de 1792, após a declaração de guerra, a Assembleia decreta a deportação de qualquer não juramentado denunciado por vinte cidadãos. Em 26 de agosto, a escalada leva à obrigatoriedade, para todos os refratários, de saírem espontaneamente do país; os velhos e os doentes são detidos na sede administrativa dos departamentos. As prisões e as deportações em massa se multiplicam: no total, 25 mil padres deixaram a França e espalharam-se por toda a Europa (Espanha, Suíça, Estados italianos e alemães e Inglaterra, que os recebeu bastante bem). Nos Estados católicos (Espanha e Estados do papa), eles são alvo de uma desconfiança que atinge tudo que venha da França. Apesar da implantação de estruturas de acolhida, por iniciativa dos bispos emigrados e das autoridades, uma vida miserável, errante, que segue o ritmo das conquistas francesas, é o destino de muitos deles.

Menos invejável ainda é o destino dos que permaneceram na França: no verão de 1792, no contexto do grande medo provocado pela invasão das fronteiras, os massacres nas prisões parisienses causam a morte de centenas de padres a partir de 2 de setembro (trezentos na prisão da Força e da Abadia); eles se tornam mártires da fé. Em mais de um lugar (Meaux), a província não é poupada dessa irrupção violenta.

A força das circunstâncias arrastou a revolução a posições cada vez mais anticlericiais; no entanto, até 1793, ela não foi antirreligiosa. Para compreender o impulso de descristianização que vai do inverno de 1793 à primavera de 1794, convém examinar, ainda que brevemente, o que pensavam os atores, eminentes ou anônimos. Seria caricatural restringir as posições, afirmando que os girondinos são mais ateus que os montanheses porque há personalidades fortes no meio que cerca Danton, ao passo que Robespierre e seus amigos seguem um deísmo que, para eles, é a garantia de uma república virtuosa. No grupo dos hebertistas,

A Revolução Francesa

um anticlericalismo virulento leva algumas vezes a crítica da religião revelada a suas últimas consequências. Por causa disso, a campanha de descristianização deve ser transformada numa máquina de guerra, numa espécie de derivativo ou fuga de uma fração de um movimento popular em busca de palavras de ordem mobilizadoras? A acusação foi feita já naquela época, quando Robespierre e outros denunciaram o ateísmo militante, no melhor dos casos, como uma provocação perigosa e, no pior, como um complô. Toda uma tradição historiográfica retomou essa explicação, talvez um pouco sumária, para dar conta de um movimento de tal magnitude.

A descristianização do ano II

O que foi, de fato, a descristianização do ano II, tal como ela se desenvolveu desde o mês de brumário até o outono de 1793? Não se tratava de uma iniciativa do governo de salvação pública nem da Convenção: Danton foi um dos primeiros a denunciá-la e, mais ainda, Robespierre, que via nela o perigo de desviar as massas de sua adesão à revolução. Depois de acompanhar com simpatia as primeiras manifestações de descristianização, a Convenção votou em 7 de frimário um decreto que garantia a liberdade de culto, mas deixava campo livre para as iniciativas locais. Tratava-se de um movimento espontâneo, dentro do clima de anticlericalismo que acabamos de evocar? É verdade que são as aldeias próximas de Paris (Ris e Mennecy) que tomam a iniciativa de fechar as igrejas e entregar o "espólio" à Assembleia, e é no centro da França que se localiza o epicentro do movimento. Mas a vastidão da resistência mostra que não se trata de um movimento de massa generalizado. É numa fração politizada da corrente revolucionária, representada pelos *cordeliers*, que a descristianização encontra seus promotores e seus ativistas, apoiados pela ação dos exércitos revolucionários e de certos representantes em

Michel Vovelle

missão (Fouché e Laplanche no Centro, Lequinio no Oeste, Albitte nos Alpes). Essa onda de descristianização se espalha pelo espaço francês em seis meses, de brumário a germinal do ano II, a partir de um epicentro (região parisiense e centro da França). Chega primeiro ao Norte e ao Nordeste com sucesso variável, propaga-se vigorosamente em direção ao Sudeste, da Borgonha até Lyon, Alpes, Provença e Languedoc, mas também encontra pontos de apoio no Sudoeste, das Charentes até o vale do Garona. Algumas regiões são menos afetadas que outras: o Nordeste, o Oeste e o sul do Maciço Central, embora tenham assistido a ações maximalistas de grupos convictos.

▲ *É fácil distinguir dois aspectos nessa campanha:* o primeiro é destruidor e, depois que faz tábua rasa das religiões instituídas, é compensado pelo segundo, isto é, a tentativa de implantar um novo culto cívico, o da Razão. Classificamos no primeiro o fechamento das igrejas (quase total na primavera do ano II), o confisco da prataria (enviada à Convenção) e a retirada dos sinos para a fabricação de canhões. A destruição dos objetos sagrados – "brinquedos do fanatismo e da superstição" – suscitou autos de fé em mais de um lugar e justificou a acusação de vandalismo, um neologismo criado pelo abade Grégoire para designar essas práticas. As mascaradas que acompanhavam essas destruições, procissões burlescas de *sans-culottes* ataviados com os ornamentos sacerdotais, foram praticadas em toda a França. Mas o corpo vivo da Igreja também foi atacado: os padres eram obrigados a abdicar de suas funções e a se despradar. Espontânea em um décimo dos casos talvez, o ato é imposto na grande maioria das vezes: atinge provavelmente 20 mil padres, um número considerável. O casamento dos padres – às vezes espontâneo (ele começou antes e continuou até bem depois), mas em geral forçado – afetou entre 5 mil e 6 mil párocos ou religiosos. Parte importante do clero constitucional, que estava diretamente exposto, foi aniquilada. A abdicação do padre Gobel e de seus vigários episcopais em brumário do ano II, em Paris, foi um dos episódios mais espetaculares dessa campanha.[4]

▲ *Houve uma tentativa de reconstrução:* as igrejas abandonadas tornam-se "templos da Razão", onde as novas liturgias cívicas são celebradas com hinos e discursos. Procissões levam pela cidade as deusas Razão, encarnações vivas da nova divindade. Esse papel foi representado por atrizes e mulheres da vida, mas sobretudo por esposas ou filhas de notáveis jacobinos. Toda uma pedagogia foi desenvolvida: "apóstolos cívicos" ou "missionários patriotas", frequentemente apoiados pelos contingentes dos exércitos revolucionários ou dos clubes, espalham a boa-nova. Podemos falar de uma religião revolucionária? O culto da Razão se elabora sobre uma base incerta, já que se fundamenta na rejeição de todo dogma. Mas outras formas de religiosidade espontânea aparecem, em particular através do culto dos mártires da Liberdade, vítimas dos inimigos da revolução. Marat, Le Peletier e Chalier são cultuados em toda a França e, em Paris, mulheres patriotas recitam as litanias do coração de Marat ("Ó coração de Jesus, ó coração de Marat"). No Oeste republicano, os aldeões cultuam os mártires (moças, na maioria das vezes), vítimas dos chuãs, como santa Pataude ou qualquer outra que o povo tenha visto subir ao céu com asas tricolores. Avaliamos por essas atitudes que o episódio da descristianização encontrou um eco favorável no campo, onde as mascaradas e os autos de fé aparecem como revanche de uma antiga cultura popular reprimida pela disciplina religiosa.

▲ *Seja como for, a descristianização, recebida de forma muito variável, suscitou profundas resistências em todo o país:* resistência passiva principalmente das mulheres, mas também dos paroquianos, que se reuniam nas igrejas para celebrar "missas brancas" (sem padre); manifestações de profetismo nas regiões montanhosas

---

4 Ver "Portaria descristianizadora de Fouché em Nièvre", p.230.

(Alpes e Pireneus); motins às vezes armados no Sudeste, na Corrèze, em Nièvre e na Vendeia briarde, às portas de Paris. Essas reações de "cristãos sem Igreja", em geral ainda pouco conhecidas, não podem ser minimizadas, porque tiveram um enorme peso na passagem de muitas regiões interioranas para a antirrevolução e, às vezes, para a contrarrevolução.

Não é apenas esse temor que justifica o projeto de Robespierre de interromper a descristianização, proclamando, em seu célebre relatório de 18 de floreal do ano II, a existência do Ser supremo e a crença na imortalidade da alma.[5] Numa República regida pela virtude, é inconcebível para ele que "os bons e os maus desapareçam da terra" sem que haja uma sanção que recompense os méritos. A imortalidade da alma, exigência de natureza ética, supõe a existência de um princípio supremo que a garanta. Aqui, a moral pessoal do "Incorruptível" vai ao encontro de sua moral cívica ou social. Conceito que não é dele: nos discursos do culto da Razão, a referência ao Ser supremo é frequente. A partir daí, podemos entender melhor que a passagem de um para o outro, teatralizado em termos de exorcismo do ateísmo, não foi visto em toda parte como uma mudança de rumo radical. O culto do Ser supremo foi amplamente aceito, a julgar pela abundância de cartas e pela extensão das celebrações em toda a França em 20 de prairial do ano II. A manifestação mais estrondosa do culto do Ser supremo foi a grande cenografia organizada por David em Paris, triunfo de Robespierre e ao mesmo tempo anúncio de sua queda.

Portaria descristianizadora de Fouché em Nièvre

Em nome do povo francês,

"O representante do povo junto aos departamentos do Centro e do Oeste,

Considerando que o povo francês não pode reconhecer outros símbolos privilegiados além daqueles da lei, da justiça e da liberdade;

---

5 Ver "Robespierre e o culto do Ser supremo", p.232.

outro culto além daquele da moral universal; outro dogma além daquele de sua soberania e de sua onipotência;

Considerando que, no momento em que a República acaba de declarar solenemente que concede proteção igual ao exercício dos cultos de todas as religiões, se fosse permitido a todos os sectários erguer nas praças públicas, nas estradas e nas ruas as insígnias de suas seitas particulares, celebrar aí suas cerimônias religiosas, resultaria confusão e desordem na sociedade, estabelece-se o seguinte:

Artigo primeiro. Todos os cultos das diversas religiões somente poderão ser praticados em seus respectivos templos.

Art. 2. A República não reconhecendo culto dominante ou privilegiado, todas as insígnias religiosas que se encontram nas estradas, nas praças e genericamente em todos os locais públicos serão destruídas.

Art. 3. É proibido, sob pena de reclusão, a todos os ministros, a todos os padres, aparecer em qualquer parte que não seja em seus templos com vestes religiosas.

Art. 4. Em cada municipalidade, todos os cidadãos mortos, de qualquer seita que sejam, serão conduzidos, 24 horas depois do falecimento e 48 horas em caso de morte súbita, ao local destinado para a sepultura comum, cobertos com um véu fúnebre, sobre o qual será pintado o Sono, acompanhados de um oficial público, cercados por seus amigos vestidos de luto e por um destacamento de seus irmãos de armas.

Art. 5. O local comum onde as cinzas repousarão será afastado de qualquer habitação, plantado com árvores, sob a sombra das quais será erguida uma estátua representando o Sono. Todos os outros símbolos serão destruídos.

Art. 6. Sobre o portão desse campo, consagrado por respeito religioso às almas dos mortos, ler-se-á esta inscrição: 'A morte é um sono eterno'. [...]

Nevers, 19º dia do primeiro mês do ano segundo da República.

Fouché."

(Fonte: citado por Louis Madelin, *Fouché [1759-1820]*, Paris, Plon, 1903)

Michel Vovelle

Robespierre e o culto do Ser supremo

(Convenção Nacional, 7 de maio de 1794, 18 de floreal do ano II)

"A ideia do Ser supremo e da imortalidade da alma é uma lembrança contínua à justiça; ela é social e republicana, portanto. A Natureza pôs no homem o sentimento do prazer e da dor que o força a fugir dos objetos físicos que lhe são nocivos e a buscar aqueles que lhe convêm. A obra-prima da sociedade seria criar nele, no que diz respeito às coisas morais, um instinto lesto, que, sem o socorro tardio do raciocínio, levasse-o a fazer o bem e a evitar o mal; pois a razão particular de cada homem, enganada por suas paixões, não passa muitas vezes de um sofista que pleiteia sua causa própria, e a autoridade do homem sempre pode ser atacada pelo amor-próprio do homem. Ora, o que produz ou substitui esse instinto preciso, o que supre a insuficiência da autoridade humana é o sentimento religioso que é impresso nas almas pela ideia de uma sanção aos preceitos da moral dada por uma potência superior ao homem.

Os senhores não concluirão, sem dúvida, que é necessário enganar os homens para instruí-los, mas apenas que os senhores têm a felicidade de viver num século e num país cujas luzes não lhes dão outra tarefa a executar a não ser lembrar a natureza e a verdade aos homens. Abster-se-ão de romper o elo sagrado que os une ao autor de seu ser. Basta que essa união tenha reinado num povo para que seja perigoso destruí-la. Pois os motivos dos deveres e as bases da moralidade estando necessariamente ligados a essa ideia, apagá-la é desmoralizar o povo. Resulta do mesmo princípio que não se deve jamais atacar um culto estabelecido, a não ser com prudência e certa delicadeza, por medo que uma mudança súbita e violenta não pareça um atentado contra a moral e uma dispensa da própria probidade. De resto, aquele que pode substituir a Divindade no sistema de vida social é, a meus olhos, um gênio prodigioso; aquele que, sem tê-la substituído, sonha apenas em bani-la do espírito dos homens, parece-me um prodígio de estupidez ou perversidade..."

(Fonte: Arquivos Parlamentares, 2ª série,

Paris, CNRS, t.90, p.132 ss.)

A política religiosa do Diretório

Alguns estudiosos se perguntaram se o Diretório teve uma política religiosa. A questão pode ser estendida à abrangência do período pós-termidoriano, que revela uma verdadeira unidade... na hesitação. Obviamente, o núcleo inicial dos termidorianos não era favorável à religião: ainda encontramos algumas manifestações atrasadas de descristianização. Mas a ótica que parece prevalecer inicialmente é a do desengajamento: quem paga por ele é uma Igreja constitucional, que o governo considera moribunda, já que ele decidiu nos últimos dias do ano II que "a República não subvenciona mais nenhum culto". Essa medida pode parecer uma antecipação da separação entre Igreja e Estado tal como foi estabelecida em ventoso do ano III por um decreto que determinava a liberdade de culto e sua celebração nas igrejas não alienadas, desde que fosse prestado um juramento de obediência às leis. Na verdade, no clima de reação geral do ano III, ela apenas se curvava a uma conjuntura em que se esboçava a retomada dos cultos e, ao mesmo tempo, os padres refratários iniciavam um retorno que se intensificaria nos anos seguintes.

▲ *Mas, na realidade, os homens que estavam no poder, termidorianos e diretoriais, não haviam afrouxado a vigilância contra os padres refratários, que eles viam, não sem razão, como agentes da contrarrevolução.* Em frutidor do ano III e em brumário do ano IV, reiteraram as medidas repressivas que tornavam passíveis de morte os refratários emigrados que retornassem ao país. Conforme as flutuações do contexto político, houve uma oscilação entre tolerância e repressão. No ano V, quando uma direita monarquista mal dissimulada dominava os conselhos, a legislação a respeito dos padres refratários foi revogada, mas o golpe de Estado do 18 de frutidor trouxe de volta as perseguições. O governo impôs aos padres "não conformistas" um juramento de ódio à realeza e à anarquia que foi recusado pela maioria. E, sobretudo, retomou a

Michel Vovelle

caça aos emigrados que haviam regressado ao país. Essa política teve seu apogeu no ano VI, na última irrupção jacobina. Em vez das execuções, ela recorreu à deportação para a Guiana ("guilhotina seca") e, mais ainda, quando não podia executá-la, às prisões apinhadas nos pontões de Rochefort (1,8 mil padres estavam na iminência de ser deportados em janeiro de 1789), onde eles morreram às centenas. Essa política, cumprida de maneira desigual pelas autoridades locais, disfarça mal um fracasso. Iniciado no ano III, o retorno dos padres emigrados cresceu no ano V. A Igreja se recompunha, ora clandestina, ora tolerada. Criava estruturas sob o impulso dos bispos emigrados e, mais ainda, de seus vigários ou emissários, como, por exemplo, Linsolas, na diocese de Lyon. Essa Igreja reconstituída tinha o dinamismo da reconquista: impunha retratações e penitências aos constitucionais arrependidos. Manifestava intransigência em relação os juramentos de submissão do ano III e do ano V, que alguns, mais sensíveis à nova realidade, como o senhor Émery, superior do seminário de São Sulpício, aconselhavam a prestar. Esse clero de combate podia se apoiar num retorno ativo da prática religiosa. Em Paris, os oratórios particulares multiplicam-se às centenas; na província, muito frequentemente com a cumplicidade complacente das autoridades, os paroquianos recuperaram seus antigos padres e suas antigas práticas da missa dominical, abandonando o decadi e defendendo o toque dos sinos.

▲ *Isso só podia prejudicar a Igreja constitucional,* apesar da energia daqueles que, como Grégoire e Le Coz, trabalharam para sua reconstrução. A partir de 1796, um jornal (*Les Annales de la Religion*) tornou-se o órgão dessa corrente e um ponto de reunião. Eles tinham de lutar contra a usurpação dos refratários, defender seus locais de culto, reunir as tropas dizimadas pelas abdicações, manifestando diante dos reconciliados uma exigência que não deixava nada a desejar à de seus adversários. Mas tinham de

A Revolução Francesa

contar também com a má vontade de um governo cujo anticlericalismo continuava vivo e que não tinha mais o que fazer com esses incômodos companheiros de estrada. Não foi sem ressalvas que ele autorizou, em 15 de agosto de 1797 (termidor do ano V), a realização de um concílio nacional em Paris. Mas essa corrente exigente, fiel à lei e à revolução que a abandonava, tinha poucas chances de sucesso, numa época em que os fiéis retornavam em grande número às missas dos refratários...

Os homens do Diretório, embora tenham repudiado o culto do Ser supremo, não haviam renunciado ao projeto de uma religião cívica ou, ao menos, de um quadro que permitisse reunir em torno dos novos valores da República os franceses que tinham de ser salvos do retorno da superstição. No ano IV, assim como no ano VI, eles tentaram estruturar o ciclo de festas cívicas, como também tentaram reanimar sem muito sucesso o culto decadário. Iniciativas privadas reforçaram essa corrente: o livreiro Chemin, que publicou um *Manuel des théoanthropophiles* [Manual dos teoantropófilos] em janeiro de 1797, teve uma acolhida favorável entre ideólogos, representantes da filosofia oficial e certos políticos, em particular do diretor La Révellière-Lépeaux. A "teofilantropia" (termo que foi adotado) era uma religião sem o ser e pregava as virtudes morais, sociais e cívicas. Em janeiro de 1797, realizou suas primeiras cerimônias, em que se alternavam hinos e pregações cívicas. A iniciativa teve algum sucesso em Paris e em certos centros provinciais (Yonne), mas não durou até o fim do período.

Devemos nos ater a esse fracasso e concluir que a experiência revolucionária que dividiu a França por um longo período foi estéril, ou mesmo nociva? O restabelecimento da religião sob o Consulado entra na categoria daquilo que Maurice Agulhon chama de "restaurações bem recebidas". No entanto, nada mais seria como antes. Revelador e acelerador, o episódio revolucionário fez surgir uma paisagem religiosa contrastante, profundamente mudada e cujos traços se reconhecem até hoje.

235

Michel Vovelle

Festas e símbolos: a cidade ideal

As festas ocupam um lugar privilegiado no universo da Revolução Francesa. É o lugar em que se exprime uma mentalidade que ainda está nascendo, em que se proclamam os novos valores, em que se pratica uma pedagogia cívica: de certo modo, as festas são o espelho que a revolução dispõe diante de si mesma para nele observar a imagem da cidade ideal. Durante muito tempo mal consideradas por uma historiografia que via nelas apenas um extravasamento anárquico ou, ao contrário, uma fria cerimônia oficial, as festas interessam hoje aos historiadores atentos às etapas da "transferência de sacralidade" (M. Ozouf), para a qual elas serviram de contexto.

Evolução das festas revolucionárias

▲ *Nos primeiros meses do período, as festas transcorrem e procuram seu caminho ainda no contexto da tradição.* Os parisienses fazem uma alegre recepção de um novo tipo para Luís XVI, quando o recebem na prefeitura em 17 de julho de 1789. A religião ainda está presente na celebração dos mortos da Bastilha, na catedral de Paris, assim como no funeral de Mirabeau. Mas, em contraste, surge a alegria selvagem que acompanha as jornadas revolucionárias, farândola improvisada dos provençais após a tomada dos fortes de São João e São Nicolau, as "Bastilhas" marselhesas. Um ritual, cujo exemplo mais bem-acabado é a comemoração da festa da Federação em Paris, no Campo de Marte, em 14 de julho de 1790, estabelece-se progressivamente. A festa é comemorada anualmente no vasto terreno terraplenado, cercado de terraços, construído em volta do Altar da Pátria, onde a missa é celebrada e o juramento é prestado: encontro de dois rituais, cívico e religioso, ainda não dissociados. Ao longo de 1791, o cerimonial se estrutura, mas, ao mesmo tempo, a unanimidade acaba. Na primavera, no intervalo de algumas semanas, David organiza a cenografia do cortejo com que os patriotas avançados comemoram a reabilitação dos suíços de Châteauvieux injustamente condenados, e as autoridades moderadas homenageiam Simonneau, prefeito de Étampes, "mártir da lei", morto no mercado pelos taxadores.

▲ *Uma reviravolta insere-se na história das festas em 1793*. Podemos ilustrá-la com a celebração do primeiro aniversário da queda da realeza, em 10 de agosto, que é associada à entrega do novo ato constitucional às delegações dos departamentos, sob o signo da unidade e da indivisibilidade da República. Liturgia puramente cívica, mas também pagã, já que sobre as ruínas da Bastilha foi erguida uma gigantesca estátua em estilo egípcio, representando a Natureza, que espreme os seios para fazer jorrar a água da regeneração, fonte de que bebem os corpos constituídos. No inverno e na primavera do ano II, o movimento de descristianização suscitou um grande número de festas que ilustram esses novos rituais. Mas o retorno de uma cultura popular carnavalesca – a do mundo do avesso – que se traduz nos autos de fé do espólio da "superstição", assim como nas mascaradas em que os *sans-culottes* desfilam ataviados com os ornamentos sacerdotais, fazem o quadro explodir. O cortejo burlesco do asno mitrado ocorre na região parisiense e no centro da França e difunde-se nas províncias mais longínquas.

O extravasamento coletivo do período de descristianização teve apenas um momento: a instauração do culto do Ser supremo é seu desfecho e ao mesmo tempo sua negação. Em seu discurso de 18 de floreal do ano II, Robespierre não só fez reconhecer a crença no Ser supremo e na imortalidade da alma como também propôs todo um ciclo de festas cívicas e morais. A expressão espetacular desse novo curso é ilustrada pela comemoração da festa do Ser supremo em Paris e em toda a França em 20 de prairial do ano II.

Michel Vovelle

▲ *Em 20 de prairial, viu-se a apoteose de Robespierre*, mas também o presságio de sua queda: embora o Termidor tenha abolido o culto do Ser supremo, não há ruptura entre o ciclo de festas que o "Incorruptível" havia proposto e a organização de um sistema de festas na época diretorial, que foi estruturado no ano IV e completado em seguida. Todo um calendário é implantado, sob diferentes rubricas. A revolução dá forma à sua própria história: comemora o 14 de Julho, o 10 de Agosto, o 21 de Janeiro, mas também o 9 de Termidor e o 1º de Vendemiário, data de nascimento da República. No ano IV são acrescentados o 30 de Ventoso, a festa da Soberania do Povo, e o 18 de Frutidor. As festas comemorativas são acompanhadas de festas morais: a da juventude, dos esposos, da velhice, do reconhecimento, da agricultura... Da primavera ao verão, todo um ciclo estabelece assim o ritmo da vida coletiva. O reverso dessas grandes celebrações são as festas decadárias, que substituem o domingo e são marcadas por leituras e hinos. Devemos reconhecer que elas são acompanhadas de maneira desigual e, com o tempo, cada vez mais mediocremente. No entanto, a ideia de uma festa diretorial renegada, que no máximo reunia as autoridades, merece ser revista à luz dos estudos recentes. As festas tiveram períodos gloriosos, intercalados por recuos nos períodos de reação violenta. A irrupção jacobina do ano VI deu a elas, momentaneamente, um novo ânimo. Mas a verdade é que elas já agonizavam quando brumário interrompe definitivamente esse ciclo.

As festas mudaram dentro desse quadro. De espírito, em primeiro lugar: Cabanis, que escreve um *Essai sur les fêtes nationales* [Ensaio sobre as festas nacionais] em 1791, vê nelas a expressão de uma espontaneidade coletiva, ao passo que La Révellière-Lépeaux, que recupera essa prática sob o Diretório, insiste numa manipulação precisa das massas no contexto de uma pedagogia diretiva. Entre esses pontos cronológicos, podemos seguir as etapas de uma invenção progressiva, desde improvisações espontâneas até a organização dos rituais comemorativos, passando pela explosão selvagem do ano II.

Nesse sentido, as festas aparecem como parte integrante, ainda que particularmente rica, de um sistema mais amplo de símbolos pelo qual se exprime um novo imaginário, cheio de imagens e representações, ao qual a revolução deu origem.

O simbolismo revolucionário

▲ *Esse sistema é elaborado provavelmente a partir de improvisações e criações surgidas "no calor da ação":* Camille Desmoulins, ao pegar uma folha nos jardins do Palácio Real, "inventa" a roseta verde de esperança (que será abandonada por lembrar a libré do conde de Artois). O branco, símbolo da realeza, é inserido entre o azul e o vermelho das cores de Paris: nasce assim a roseta tricolor (17 de julho de 1789). Mas também podemos avaliar a importância de várias heranças no sincretismo manifestado por esse novo simbolismo. As sessenta bandeiras – verdadeiros discursos em imagens – que são confeccionadas para os distritos parisienses, tal como foram apresentadas na festa da Federação, combinam a herança cristã dos estandartes das procissões com a das bandeiras do Exército real, mas enriquecidas com toda uma série de referências: umas tiradas dos dicionários de iconologia clássica, outras inventadas (a Bastilha). Entre as fontes mais patentes, alguns estudiosos evocaram o simbolismo maçônico, tal como se encontra no triângulo, no esquadro, no nível, na balança e no compasso, ou no olho da vigilância, que pode ser o do Ser supremo. Mas se a influência é indiscutível, também podemos falar de convergência no contexto do repertório do Iluminismo, extremamente difundido. A referência à Antiguidade é onipresente: ela corresponde à cultura, à ética e à sensibilidade de uma época que procura seus exemplos morais e cívicos em Atenas ou em Roma. É da Antiguidade que vêm o feixe de varas do lictor e o barrete do liberto, que se torna o barrete da Liberdade. Também é segundo o modelo antigo que as alegorias geralmente femininas

Michel Vovelle

que constituem uma espécie de panteão dos novos valores são vestidas ou desvestidas: Liberdade, Igualdade, Fraternidade, Natureza, União... No ano II, o personagem de Hércules, encarnação da força popular, impõe-se a essa coorte feminina de maneira um tanto protetora. Da herança judaico-cristã vieram as tábuas da lei em que são transcritas as declarações dos direitos e que são conduzidas com cerimônia nos cortejos. O Altar da Pátria tanto pode ser herança cristã quanto antiga.

▲ *Juntam-se a isso os empréstimos da cultura popular folclorizada*, cujo exemplo mais representativo é a árvore da liberdade, ao passo que a água purificadora da regeneração ou o brilho do sol remetem a um código simbólico de todas as eras.

A partir dessa rápida análise, podemos conceber a multiplicidade de formas que essa nova linguagem pode assumir e os suportes que ela pode adotar: estabelece-se uma circulação de imagens e símbolos que se prestam a associações ou reconversões significativas.

▲ *É o que acontece com a roseta tricolor*, cuja origem foi lembrada anteriormente. A adoção do emblema tricolor impõe-se desde 1789 nas bandeiras, por exemplo, cuja disposição definitiva das cores ocorre pouco a pouco. A roseta difunde-se até que o uso se torna obrigatório, não sem conflito e reticência em certos meios populares (as senhoras do mercado da Halle). Após o Termidor, há brigas por causa da roseta, tricolor entre os jacobinos e branca ou preta entre os monarquistas. O barrete da Liberdade, conhecido desde 1790 e popularizado em 1791 (festa dos guardas de Châteauvieux), difunde-se entre os *sans-culottes* em 1792. O uso não é obrigatório (Robespierre não usa), mas é um sinal de clara adesão à Revolução. Torna-se símbolo iconográfico. E também se insere nessa revolução dos trajes populares – imitada durante algum tempo – que impõe calça e colete (ou carmanhola) e constitui uma verdadeira profissão de fé revolucionária nessa

240

A Revolução Francesa

"civilização das aparências". O Termidor foi mais rapidamente fatal para ele do que para a roseta.

▲ *A árvore da Liberdade* foi "inventada" supostamente em maio de 1790 por Norbert Pressac, pároco de Saint-Gaudens, no Poitou. Na verdade, o surgimento notável desse símbolo acontece em 1790 nos departamentos da Dordonha, da Corrèze ou do Lot. Na maioria das vezes, esses "maios" da Liberdade são ainda mastros ou árvores secas que os camponeses plantam nos arredores do domínio senhorial para afirmar sua reivindicação de supressão inapelável dos direitos feudais. A árvore da Liberdade espalha-se como uma mancha de óleo em torno desse epicentro além do verão de 1792 por todo o país. A prática tornou-se obrigatória e regulamentada no ano II, e o abade Grégoire estima em 60 mil o número de árvores que foram plantadas. Os territórios recentemente anexados ou conquistados na margem esquerda do Reno plantaram as suas. Mas a árvore da Liberdade também enfrentou percalços: após o Termidor, ela é frequentemente cortada pelos contrarrevolucionários nas regiões hostis e as autoridades têm de brigar para que sejam replantadas. A árvore da Liberdade é associada muitas vezes ao Altar da Pátria, ora monumental (em Paris, no Campo de Marte), ora modesta construção destinada a acolher as celebrações coletivas.

▲ *Um último exemplo pode ilustrar esse jogo de símbolos e imagens: a personificação dos novos valores do Estado e, mais tarde, da República na forma de alegorias femininas.* A iconografia clássica não desconhecia esse tipo de transcrição, aplicada às virtudes ou às partes do mundo. Por uma mistura de empréstimo e invenção de novos códigos, as gravuras, as estátuas e os quadros vivos dão rosto e corpo a essas entidades abstratas, completando-as com seus atributos distintivos (animais ou objetos: o barrete e a lança no caso da Liberdade e o nível no caso da Igualdade). Estabelece-se uma hierarquia em que a Liberdade se coloca sensivelmente acima da

Igualdade e, mais ainda, da recém-chegada Fraternidade. A partir da aventura da deusa Razão, podemos nos perguntar o que os contemporâneos viram nessas criações do imaginário: provavelmente não "deusas" de verdade, mas emblemas carregados de significado. Eles retornarão ao limbo depois da revolução. Mas a lembrança da "Marianne", figura da República criada em 1792 em algum lugar do Sudoeste, seguirá silenciosamente e ressurgirá após 1848, triunfando na Terceira República. Esses emblemas são uma forma de nova religião? Não, eles são elementos de uma religiosidade, dessa transferência de sacralidade para os valores cívicos que permanece um traço marcante da época.

Uma revolução cultural?

A Revolução Francesa é uma "revolução cultural"? A expressão, sem as conotações provocadoras que remetem à história contemporânea das revoluções do século XX, contrasta com toda uma tradição antiga, que apresenta o período não como uma ruptura, mas como um vazio, um parêntese inútil na história da criação literária e artística, ou, pior ainda, como um momento em que, por não poder ou não saber criar, só houve destruição. Não queremos fazer aqui uma "reabilitação", mas, à luz dos estudos recentes no campo da história da literatura, das artes e da música, podemos revisitar um momento que, sob muitos aspectos, foi excepcional.

Destruir ou construir

A revolução destruiu, incontestavelmente, a começar pela estrutura institucional do Antigo Regime no campo da cultura: ela suprimiu as academias, *bête noire* de toda uma geração de intelectuais e artistas marginalizados pelo sistema (Marat) ou que, em alguns casos, conseguiu encontrar seu lugar (David). Alterou

A Revolução Francesa

profundamente o mercado da arte e da cultura, em que a corte, a aristocracia e a Igreja ofereciam um patrocínio extremamente amplo; os próprios ramos da criação foram diretamente afetados. Uma geração de escritores ou artistas ligados ao antigo mundo em alguns casos consegue emigrar, mas, na maioria das vezes, se cala. Formas de expressão (ópera, teatro clássico, salões), interrompidas por algum tempo, são questionadas. Além disso, em termos materiais, a revolução destruiu. O requisitório tradicional associa a imagem da revolução à do vandalismo: danos aos monumentos religiosos ou monárquicos e, por meio deles, de todo um patrimônio público, pilhado ou voluntariamente derrubado, e não só durante o período paroxístico do ano II.

Ater-se a esse balanço negativo é ver apenas um aspecto da questão. A revolução representa um imenso respiro, um grande convite. No círculo fechado das elites cultas do Iluminismo, ela substitui a exigência pedagógica de se dirigir a um público popular, ampliando de maneira espetacular o círculo dos que, de um modo ou de outro, têm acesso à cultura. Com isso, ela foi, para uma multidão de artistas, uma oportunidade de ter acesso à palavra: a explosão da literatura, assim como das criações gráficas (gravura), é testemunho disso. Mas, nesse fluxo de obras novas que afeta as próprias condições da produção (edição, tipografia), novas formas de expressão se impõem, aquelas mesmas que a tradição posterior fingiu desprezar. A oratória, a imprensa, a imagem e a canção, uma música diferente, são inovações cujo impacto vai muito além da década revolucionária e que marcarão profundamente o século XIX. Repudiando o passado, os homens da revolução têm consciência de trabalhar para o futuro. Se destruíram, tiveram também o cuidado de se apropriar, em nome da coletividade, de um patrimônio artístico até então reservado aos grandes, e a criação dos museus foi o avesso positivo do vandalismo revolucionário.

O primeiro traço que merece ser destacado é a profusão de escritos. Desde os episódios da pré-revolução ocorre uma liberação da palavra no contexto da campanha para os Estados-gerais.

O traço se acentua depois que a Declaração dos Direitos confirma, com a afirmação da liberdade de expressão, o fim do regime já ineficaz da censura real.

Nesse contexto, a atividade editorial prospera, as prensas se multiplicam: equipamento rústico em geral, elementar, ao alcance de todos. Os escritos se diversificam, da simples folha avulsa ao panfleto e à folha periódica. Empreendimentos importantes surgiram ou se afirmaram (Didot), entre muitas iniciativas efêmeras, já que a impressão é uma atividade que pode ser muito rentável, mas não sem riscos.

A atividade literária

A atividade propriamente literária insere-se nesse contexto geral de politização. É justamente nesse quadro que podemos apreciar o impulso da eloquência parlamentar: a de Mirabeau, por intermédio dos grandes discursos (recomposto em seguida), a oral e escrita de Barnave e, por fim, a dos relatórios cuidados e contidos de Robespierre e Saint-Just. Certos oradores ganharam uma reputação merecida na tribuna, como Vergniaud no partido girondino.

▲ *Nos registros clássicos, a poesia* se harmoniza com as circunstâncias. Não que a veia anacreôntica da poesia ligeira desapareça, mas é momentaneamente suplantada pela demanda coletiva, que pede peças cívicas e hinos para acompanhar as celebrações coletivas. Certas penas experientes se colocaram a serviço da revolução: Lebrun, chamado Lebrun Píndaro, de maneira um tanto abusiva talvez, e Dorat-Cubières, autor de *Voyage à la Bastille* [Viagem à Bastilha], que também celebra o heroísmo dos marinheiros do *Vingador do Povo*. Os irmãos Chénier – André, que denuncia os excessos da revolução nos *Iambes* [Iambos] e é guilhotinado, e Marie-Joseph, que celebra a revolução com constância – foram praticamente os únicos que resistiram ao tempo, sem dúvida injustamente.

▲ *O teatro passa por um período glorioso.* Os velhos monopólios são quebrados: em 1793, a Comédia Francesa torna-se o Teatro da Igualdade, aberto a todos, sem hierarquia de lugares. E, sobretudo, os teatros proliferam, no Palácio Real e em outros, mas a província não fica atrás: em Rouen, Marselha e Bordeaux, as trupes se multiplicam. Os atores são libertados (assim como os judeus!) do ostracismo que pesava sobre eles, e muitos se engajam no movimento revolucionário, como Talma ou a atriz patriota Louise Fusil. O repertório clássico, visto com desconfiança durante algum tempo, e peças novas adaptam-se às circunstâncias. Nos primeiros tempos da revolução, o *Charles IX* de Marie-Joseph Chénier denunciou os crimes da realeza e da religião e fez um sucesso estrondoso. A partir de 1792, o tema antigo escolhe os heróis republicanos, mas a atualidade sobe aos palcos, do cerco de Thionville à reconquista de Toulon. A peça de Sylvain Maréchal, *Le Jugement dernier des rois* [O último julgamento dos reis] é apresentada em Paris, na província e nos exércitos. Com a moda do vaudevile, todo um repertório se mantém à distância das preocupações do tempo e cultivam pastorais, cenas de gênero e comédias leves.

▲ *A novela e o romance* – moda da segunda parte do século XVIII – continuam suas conquistas. Encontramos aí a efusão rousseauísta na pluma de Bernardin de Saint-Pierre, cujo *Paulo e Virgínia*, idílio sentimental num contexto exótico, conquista o público. É principalmente nesse domínio que a distração se mantém, a não ser que se veja na veia crescente do romance negro, vindo da Inglaterra com seus castelos, fantasmas e intrigas melodramáticas, um reflexo distanciado de uma atualidade fantasmática. Ele inaugura um grande futuro no século XIX, entre essa pequena ou grande burguesia que começa a se familiarizar com a literatura. Os grupos populares despertam para uma prática "engajada" de leitura a partir dos almanaques republicanos e da literatura de pedagogia patriótica, mas continuam abertos à distração à moda antiga, tal como a encontram nos livrinhos azuis vendidos de porta em porta, fiéis aos temas seculares da cultura popular, ainda que o calendário republicano e a evocação da atualidade tenham feito os antigos almanaques voltar à moda.

As artes gráficas

A revolução pegou as artes gráficas em plena renovação. Na pintura, no momento em que Fragonard e Greuze encerram sua carreira, simbolizando o fim de certa sensibilidade, a hora é do neoclassicismo, da escola de Vien e de seus discípulos. David, que se impôs em 1784 com o quadro *O juramento dos Horácios*, ilustra os cânones da nova arte: primazia do desenho sobre a pintura, recurso ao tema antigo como meio de exprimir as novas aspirações e os novos valores de um mundo à procura de exemplos de virtude e heroísmo. A grande arte, a dos concursos e dos salões, fez sua "pré-revolução". É seguindo a expressão clássica "em trajes romanos" (Marx) que toda uma corrente da pintura revolucionária se exprimirá, sob a liderança de David. Este pinta *Os lictores trazendo a Brutus os corpos de seus filhos* ou, no fim do período, *O rapto das sabinas*, ilustrações à moda antiga do tema da justiça inflexível ou da reconciliação nacional, enquanto Topino-Lebrun, com seu *A morte de Caius Gracchus*, evoca a morte de Babeuf. A alegoria revolucionária também se despe à maneira antiga: Regnault, rival de David, apresenta em *A Liberdade ou a Morte* a imagem nua do novo homem revolucionário, entre a imagem da Liberdade e o esqueleto da Morte.

▲ *Na verdade, o acontecimento revolucionário solicitou mais diretamente os pintores:* Berthaut destaca-se no Salão de 1793 com uma tela sobre a tomada das Tulherias em 10 de agosto, e as vitórias do Exército da Itália, a partir de 1796, iniciam toda uma corrente de pintura de batalhas que culmina no Império. Mas, ao lado desses temas que põem em cena o teatro da revolução, as estatísticas dos "salões" da época revelam a posição modesta das grandes composições neoclássicas (de 5% a 9%), em comparação com os retratos, que crescem pouco a pouco (25% a 30%), das paisagens ou das cenas de gênero. E descobrimos a posição que os retratos ocupam na produção davidiana sob a revolução, em continuidade com a grande tradição francesa: a geração dos alunos de David (Prudhon, Gérard ou Isabey) divide-se entre a alegoria e o retrato. Enfim, a paisagem ou a cena de gênero ocupam uma posição inesperada nessa produção (25%): como Hubert Robert, muitos dos pequenos mestres pintam vistas de Paris e, eventualmente, cenas da revolução (Debucourt, Demachy, Boilly).

Se a escola francesa de pintura mantém sua hegemonia europeia, uma verdadeira revolução ocorre na gravura. Os gravuristas franceses tinham uma tradição sólida no século XVIII, mas o acontecimento revolucionário determina uma demanda coletiva e abre um mercado considerável. A gravura torna-se uma arma de combate e um instrumento pedagógico em diversas formas. A alegoria ilustra as figuras da Liberdade, da Igualdade e da República; a caricatura denuncia, deforma e tortura o corpo grotesco do adversário, aristocrata ou padre refratário. A gravura acompanha as etapas da degradação da imagem do rei, desde a devoção respeitosa no princípio até a última etapa, quando é retratado como um porco. Caricaturas a favor e contra os revolucionários competem nos primeiros anos do período, às vezes a partir de pranchas oferecidas pelos jornais (*Actes des apôtres, Révolutions de France et de Brabant*). A gravura não se limita à dupla linguagem da alegoria e da caricatura: ela segue e ilustra o evento, como as pranchas admiráveis dos *Quadros históricos da Revolução Francesa*, atribuídas a Prieur e depois a Duplessis-Bertheaux e Swebach-Deffontaines, às quais fazem eco as ilustrações gravadas das *Revoluções de Paris*.

Michel Vovelle

A revolução da imagem insere-se em todo um contexto em que outros suportes, além dos mais usuais, são mobilizados: em Nevers e no centro da França, pratos e travessas ilustram os temas do novo simbolismo revolucionário.

▲ *Nesse conjunto, o espaço ocupado pela arquitetura pode parecer paradoxal:* às vésperas da revolução, a França conta com uma grande tradição e com arquitetos de talento. Soufflot, morto em 1780, deixou quase pronta a nova igreja de Santa Genoveva, que se tornaria o Panteão, mas Nicolas Ledoux (1736-1806), Étienne-Louis Boullée (1728-1799) e Charles de Wailly (1739-1798) haviam realizado obras e projetos no estilo monumental e despojado que a época tanto aprecia para monumentos públicos de grandes dimensões, trazendo em suas formas maciças uma mensagem simbólica. Nesse domínio, como no da pintura, podemos dizer que, em alguns casos, a expressão revolucionária precedeu a revolução, como nos esboços de cenotáfios, templos e monumentos públicos com que arquitetos visionários (Ledoux, Boullée, Lequeu) tentaram exprimir seu sonho de uma cidade ideal. Mas, numa década em que a urgência predomina, pouco se construiu de verdade, e as reestruturações do espaço parisiense permanecem em projeto. No fundo, devemos reconhecer que a revolução criou sobretudo arquiteturas, estátuas e cenários de um dia para as grandes cerimônias cívicas e, de 1791 ao ano VI, David foi muito frequentemente seu criador e roteirista. Embora só nos restem as imagens e às vezes os projetos dessas manifestações, convém não esquecermos esse aspecto da criação que contribuiu muito para o nascimento de um novo imaginário.

A música revolucionária

Sem dúvida, podemos observar que essa "arte de abstração" é pouco apropriada para repercutir imediata e profundamente

A Revolução Francesa

o impacto de um abalo coletivo como o foi a revolução. Mas os grandes representantes da escola francesa (Méhul, Cherubini, Gossec, Lesueur) fizeram mais do que se adaptar às circunstâncias: eles experimentaram uma nova linguagem, que depois dos anos 1830 desabrocharam na música romântica. Berlioz é o digno herdeiro deles.

À primeira vista, a expressão musical parece se inserir nas ramificações determinadas pela tradição: música litúrgica e música de ópera, que, como vimos, foi privilegiada, associando aos temas cívicos ou à reconstituição de acontecimentos revolucionários, como a *Oferenda à pátria*, o canto, a dança e a palavra. Se os concertos privados nos salões aristocráticos ou burgueses desapareceram nos primeiros anos do período, a vida mundana sob o Diretório os fez ressurgir: Boieldieu, seus romances e suas peças para harpa correspondem à nova sensibilidade do momento.

Mas uma solicitação nova, mais viva, é imposta pela necessidade de atender à demanda coletiva de festas e cerimoniais ao ar livre ou em recintos fechados. Isso leva os compositores a recorrer maciçamente aos metais, assim como a trabalhar com grandes corais: quatro coros para o *Hino à Natureza*, de Gossec (1793), e para o canto do primeiro vendemiário de Lesueur, no ano VIII. Esse procedimento leva a uma "concepção estereofônica da escrita musical" (M. Biget), em que coros e conjuntos de instrumentos de sopro respondem um ao outro.

De sua parte, a criação popular também se manifesta. Cantou-se muito sob a Revolução Francesa. Centenas de parisienses e provincianos deram sua contribuição, ao menos com cantigas que muito frequentemente eram interpretadas em timbres conhecidos ou melodias apreciadas, fornecidos pela tradição, pela ópera ou pela produção de hinos oficial ou espontânea. "Vai dar certo", mas também "A marselhesa" e "O canto da despedida", sofreram múltiplas variações, pró ou contra os revolucionários. É em 1793 e 1794 que a curva ascendente da criação popular atinge seu ápice, desmentindo a ideia de uma população aterrorizada e

Michel Vovelle

reduzida ao silêncio. O apogeu do esforço pedagógico concretiza-se pelo nascimento do Instituto Nacional de Música, que depois se tornaria o Conservatório.

A alfabetização e a língua

Até que tenhamos mais informações, o balanço global desses diferentes aspectos culturais leva de volta à questão inicial: podemos falar de revolução cultural? Até que ponto a fronteira tradicional entre massas e elites foi posta em questão não só pelo esforço pedagógico que vinha de cima, mas pelas próprias contribuições da espontaneidade popular?

Em todo caso, não podemos falar do episódio revolucionário como uma regressão no que diz respeito à alfabetização popular. Esse é outro clichê que convém demolir. As pesquisas realizadas em 1789 e 1815 a partir da capacidade de assinar a própria certidão de casamento revelam que, nesse quarto de século, o nível elementar de instrução progrediu em geral, o que é confirmado pelas abordagens monográficas. Apesar da desorganização do sistema escolar, podemos ver isso como consequência de um aprendizado informal, feito a partir dos clubes, da leitura individual da imprensa, das folhas avulsas ou dos almanaques?

Barreiras caíram. Há debate a respeito da barreira da língua. Numa França em que as línguas nacionais – os *"patois"*, como se dizia na época, sem se preocupar com circunlóquios – seguem tendo um papel fundamental no Midi, na Bretanha, na Alsácia e ainda em outras regiões, a política das autoridades oscila entre o realismo (traduzir os textos e os discursos) e um ideal de unificação linguística politicamente justificado: a contrarrevolução fala alsaciano ou baixo-bretão, diz Barère. A pesquisa realizada por Grégoire em escala nacional sobre línguas e *patois* produz uma messe considerável de respostas dos diversos correspondentes, mas também revela esse ideal que foi chamado de centralizador.

A Revolução Francesa

Não há certo anacronismo em censurar a Revolução Francesa por ter atacado as "identidades" regionais que estamos redescobrindo hoje? Renée Balibar diz que a revolução linguística não consiste na expansão do francês falado, embora ela seja bem real (um quarto dos franceses em 1789 e três quatros em 1800), mas na criação da "língua civil", da língua republicana, que, como se diz, é universal na nação e aparece como condição para a comunicação entre todos os cidadãos.

No entanto, não devemos exagerar a extensão dessa unificação cultural num mundo em que as clivagens sociais ou regionais são imensas. Em todo caso, a revolução, por todas as solicitações que representa e pelas rupturas que introduz é um momento essencial para a instauração de um novo imaginário. "Estamos todos à frente", escreve um jornalista sob o Diretório, mostrando que a cisão revolucionária definia para todos um antes e um depois sem volta. Essa ruptura se encontra também no ritmo da vida cotidiana e nas representações coletivas mais íntimas.

Reflexão sobre as mentalidades: a revolução no cotidiano

Para muitos franceses que viveram sob a revolução, a vida foi profundamente alterada por causa de questões da subsistência, das requisições, das suspeitas, da desorganização dos ritmos e dos ritos que levaram à crise religiosa, os medos ou, ao contrário, as notícias de acontecimentos longínquos, em Paris ou nas fronteiras? A década revolucionária não teria sido apenas uma lembrança um tanto desagradável, um parêntese no interior do qual se organiza aquilo que o historiador britânico Richard Cobb denominou "vida à margem"?

Os pobres e os ricos

Para todos, ou quase todos, a revolução insere-se no cotidiano em graus diversos, conforme o lugar e a classe. Por toda a parte, nos grupos populares, poucos conseguiram escapar da pressão do problema da subsistência. O período começa com a crise de 1789; depois da melhora de 1790 e 1791, a preocupação com o sustento, agravada tanto pela inflação quanto por novas causas (escassez de açúcar e café, ligada aos problemas nas colônias), ganha importância central em 1792 e 1793. E os anos finais, contrapondo a opulência insolente de uns à miséria dos outros, não deixam uma impressão de volta compartilhada às condições de vida normais.

Contudo, a vida prossegue. Os guaches dos irmãos Lesueur, cronistas da vida cotidiana, ilustram a sopa popular nas esquinas das ruas no ano III, "e não havia para todos"; e mostra também a família do *sans-culotte* em seus momentos de distração: a saída para o baile nas portas de Paris. Pintores de gênero e aquarelistas ilustram o encontro no cabaré ou no Ramponneau, em Courtille. Não poderíamos guardar desses dez anos apenas a imagem uniformemente cinza, ou mesmo trágica, de um período de restrições e medo generalizado.

Há os que se safam bastante bem. Nos primeiros anos da revolução, gravuristas e pintores se detêm nos locais onde a vida parisiense está em seu auge, e que as descrições de um Restif de la Bretonne ou de um Sébastien Mercier comentam com uma mistura de visão moralizante e voyeurismo complacente. No Palácio Real, nos Campos Elíseos e nos bulevares, uma multidão elegante se exibe. População misturada: nos cafés, prostitutas e semimundanas misturam-se às demais pessoas. As novas modas femininas "à patriota", "à nação", difundidas por uma imprensa especializada, seguem o gosto do momento. O ano II faz desaparecer temporariamente essas evocações: durante algum tempo, é de bom tom se fantasiar de *sans-culotte* ou, ao menos, fingir sobriedade. As "festas diretoriais", ou o que é descrito desse modo, traduzem pelas roupas e pelo modo de se apresentar a reação de uma classe abastada, em geral enriquecida, que não tem mais medo e, mais particularmente, de uma faixa etária que alimenta os grupos monarquistas da juventude dourada e exibe-se em trajes de janotas, maravilhosas. As diferenças são marcadas por tiques de linguagem (a supressão do "s"), por roupas de uma elegância vistosa: as calças justas e o colarinho alto dos homens, os penteados e os vestidos das mulheres, colados no corpo e com decotes audaciosos. A libertação da roupa feminina da obrigação da crinolina e do espartilho mostra que, ao menos nesse campo, houve uma revolução... As festas diretoriais, feira das vaidades num meio de novos-ricos e dinheiro fácil, numa Paris em que a prostituição e o vício do jogo são ostentados, revelam uma sensibilidade de momento, numa classe política que deixou de acreditar em seus valores – o povo não denuncia as orgias do "sátrapa" Barras? – e parece se abrigar no gozo imediato.

Por trás dessa máscara efêmera, podemos tentar avaliar o que mudou profundamente na mentalidade coletiva, além daquela de uma pequena elite.

A família, a mulher e a criança

A família mudou em suas estruturas afetivas? O estudo demográfico descobriu alguns indícios nesse sentido. Desde então, um discurso hostil quis ver no episódio a grande reviravolta da dissolução dos costumes, a desestruturação das hierarquias e das solidariedades. No entanto, poucas épocas investiram tanto no sentimento de família. "Não existem mais Bastilhas, existe apenas uma família." O discurso rousseauísta que impregna todo o período é carregado de uma afetividade nova. Amar sob a revolução? Os principais atores fornecem exemplos em suas biografias contrastantes. A fome de viver e uma sede de prazeres que não exclui a generosidade se encontram em Mirabeau, herdeiro da libertinagem aristocrática, ou na versão plebeia em Danton. Mas os casais exemplares não são raros: Camille e Lucile Desmoulins, o casal Roland (e Buzot, para completar um trio digno de *A nova Heloísa*), Marat e Simone Évrard... Para outros, como Robespierre, a dedicação total à revolução, ao amor pela humanidade, leva a melhor sobre as ligações afetivas. A revolução cultiva um ideal de afeição e virtude doméstica que se contrapõe às torpezas, verdadeiras ou inventadas, que ela atribui ao Antigo Regime: a imagem fantástica que se cria de Maria Antonieta – "Messalina moderna" – é ilustração disso.

▲ *Esse modelo se encontra nas classes populares:* o retrato que o *sans-culotte* parisiense faz de si mesmo, trabalhando para o sustento de sua mulher e seus filhos, revela isso. Ele extrapola o quadro estritamente familiar para se afirmar em termos de solidariedade com os mais necessitados e de aspiração a esse valor novo que vimos se desenvolver: a fraternidade. As festas, tal como as evocamos, dá uma ênfase particular à imagem ideal da família por meio do simbolismo das idades. Cada um tem um papel, que será delineado pelo ciclo ditatorial: o marido, homem com traços de produtor e, mais ainda, de guerreiro, como exigem as circunstâncias; a mulher como mãe, porque a época investe na juventude, que é, muito antes da célebre frase, seu "bem mais precioso"; e há um lugar reservado para o idoso, detentor da sabedoria, segundo o tipo espartano. Esse ideal proposto é mistificador, como disseram alguns estudiosos, oculta a realidade das relações sociais na harmonia da cidade ideal com que se sonha? As realidades são mais nuançadas e associam formas de emancipação ou ascensão real à inércia de heranças de longa data.

▲ *É o que ocorre com a condição feminina.* Na revolução vivida no dia a dia, a intervenção das mulheres está longe de ser insignificante. Podemos encontrá-las tomando a iniciativa da marcha sobre Versalhes em 5 de outubro de 1789; podemos encontrá-las no ano III, nas jornadas de germinal e prairial, mas também antes disso, nas agitações populares de 1792 e 1793 pela subsistência. Elas não se mobilizam apenas por motivos econômicos: elas têm seu espaço nas Sociedades Fraternas e assistem – e às vezes participam – das atividades dos clubes. Claire Lacombe, fundadora da Sociedade das Republicanas Revolucionárias de 1793, ilustra esse engajamento militante. Outras exprimiram em seus escritos, em termos de declaração dos direitos das mulheres, a reivindicação de igualdade política com os homens: é o caso de Olympe de Gouges ou de Etta Palm d'Aelders. Vozes masculinas de grande autoridade associaram-se a essa campanha, em especial Condorcet. Mas somos obrigados a dizer que elas não são maioria. Em todos os campos, há um discurso antifeminista, particularmente agressivo entre os contrarrevolucionários, que cultivam a imagem repulsiva das mexeriqueiras, ávidas do espetáculo do cadafalso, como amazonas histéricas, cujo suporte lhes era dado pela personagem de Théroigne de Méricourt, militante das jornadas revolucionárias. A ala avançada do movimento revolucionário não foge a essa atitude: denunciando a intromissão das mulheres na política, *cordeliers* como Chabot e Bazire, mas também Chaumette, desenvolvem um rol de argumentos de grande misoginia.

Declaração dos direitos da mulher e da cidadã de Olympe de Gouges, setembro de 1791

Preâmbulo

"As mães, as filhas, as irmãs, representantes da nação, exigem ser constituídas em assembleia nacional. Considerando que a ignorância, o esquecimento ou o desprezo dos direitos da mulher são as únicas causas dos males públicos e da corrupção dos governos, resolveu-se expor numa declaração solene os direitos naturais, inalienáveis e sagrados da mulher, a fim de que essa declaração, constantemente presente a todos os membros do corpo social, lembre-lhes sempre seus direitos e seus deveres, a fim de que os atos do poder das mulheres e aqueles do poder dos homens, podendo ser comparados a cada instante com o fim de qualquer instituição política, sejam mais respeitados, a fim de que as reclamações das cidadãs, fundamentadas doravante em princípios simples e incontestáveis, sirvam sempre para a manutenção da Constituição, dos bons costumes, e para a felicidade de todos.

Consequentemente, o sexo superior, tanto em beleza quanto em coragem nos sofrimentos maternos, reconhece e declara, na presença e sob os auspícios do Ser supremo, os seguintes direitos da mulher e da cidadã. [...]

Art. II – O objetivo de qualquer associação política é a conservação dos direitos naturais e imprescritíveis da mulher e do homem: esses direitos são a liberdade, a propriedade, a segurança e, sobretudo, a resistência à opressão. [...]

Art. IV – A liberdade e a justiça consistem em devolver tudo que pertence ao outro; assim, o exercício dos direitos naturais da mulher tem como limite apenas a tirania perpétua que o homem lhe opõe; esses limites devem ser corrigidos pelas leis da natureza e da razão."

(Fonte: citado em M. Rebérioux, A. de Baecque e D. Godineau, *Ils ont pensé les Droits de l'homme*, Paris, LDH, 1989, p.125-6)

As mulheres não ganharam nada com a revolução? Ganharam ao menos os direitos civis e um *status* reavaliado na família; mas, apesar de seu engajamento, os direitos cívicos lhe foram negados.

▲ *Na mesma qualidade que a imagem da mulher, o estatuto da criança ilustra*, no espaço que é dado a ela, o olhar da revolução. Fiéis ao espírito de Rousseau, os revolucionários protegem a criança em seus primeiros anos. Eles se debruçam sobre o destino das crianças abandonadas e dos órfãos, reabilitam o filho natural, e a educação é uma de suas principais preocupações. O engajamento das crianças na revolução ocorre desde os primeiros anos: em 1791 e 1792, pequenos batalhões juvenis são formados ao lado das guardas nacionais. A entrada na guerra os solicita; uma estrofe de "A marselhesa" os faz dizer: "Entraremos na carreira quando nossos anciãos não mais lá estiverem". O ano II distingue os heróis crianças: o pequeno Bara, que serviu no Exército da República na Vendeia e foi massacrado pelos insurgentes, e Agricol Viala, que foi vítima dos federalistas na Provença. Como no caso das mulheres, essa ascensão termina num retorno à ordem, quando a criança heroica é substituída nas festas diretoriais pela criança das escolas, que desfila com seu mestre.

A revolução e a morte

Transformando todos os aspectos da vida, a revolução não podia deixar de se encontrar com a morte. Depara com ela desde os primeiros episódios da violência popular, no verão de 1789, e a encontra em outra forma no auge do Terror, com a divisa republicana "A Liberdade ou a Morte", que às vezes continua com "[...] ou nós a daremos". Daí a concordar com a imagem da revolução como um massacre é um passo. A morte não está no centro do projeto revolucionário, no pensamento dos atores fiéis ao ideal iluminista, quando se trata de exorcizar a última passagem, livrando-a dos terrores que a cercam, denunciando toda a crueldade inútil, cuja imagem ainda era dada pelos suplícios do Antigo Regime, apesar do fim da tortura. Não devemos nos enganar no que diz respeito à intenção do deputado Guillotin, médico filantropo, quando ele propõe o uso da máquina à qual deu nome: trata-se de evitar que haja sofrimento gratuito, quando se deve recorrer à pena capital. A questão da pena de morte foi debatida, e não é um paradoxo lembrar que o constituinte Robespierre pediu sua abolição.

Despojar a morte dos temores do além e do castigo eterno era a filosofia dos homens da revolução, antes mesmo do episódio da descristianização.

Michel Vovelle

O além dos revolucionários? Para alguns, herdeiros dos materialistas do Iluminismo, ele não existe: "Jamais restará de nós mais do que as moléculas divididas que nos formavam e a lembrança de nossa existência vivida", dizia Lequinio. A essa ideia, como vimos, Robespierre opõe a crença na imortalidade da alma, talvez uma ilusão, ele admite, mas que lhe é cara, porque só ela pode assegurar o reino da virtude na terra. Apesar dessa diferença, que não é pouca, quase todos têm uma posição comum: a exaltação das virtudes familiares e, sobretudo, cívicas, que perpetua a lembrança do que é justo na memória dos concidadãos. É essa ideia que inspira desde o início as grandes liturgias fúnebres em honra dos mortos da Bastilha, o funeral de Mirabeau ou o translado das cinzas de Voltaire para o Panteão, local destinado a se tornar o templo da memória e da homenagem da pátria aos grandes homens. A heroificação está no âmago da nova sensibilidade coletiva; o culto dos mártires da liberdade é sua expressão mais característica. No entanto, ela é reservada a uns poucos eleitos: são celebrados o sacrifício coletivo dos marinheiros do *Vingador do Povo* e o dos soldados mortos pela pátria. O bom cidadão também tem direito a homenagens: Chaumette, procurador-síndico da Comuna de Paris e fervoroso descristianizador, organiza um cerimonial cívico para conduzir os mortos à sua última morada.

Sob o Diretório, quando a exaltação do ano II abranda, as pessoas se condoem do fim dos rituais, da morte anônima e sem palavras, do abandono dos cemitérios, denunciado por alguns. Em 1800, o ministro do Interior, Luciano Bonaparte, lança um concurso pelo Instituto Nacional da França cujo tema era: "Que cerimônias devem ser realizadas nos funerais e que regra deve ser adotada para as sepulturas?". As cerca de quarenta respostas selecionadas, com frequência convergentes, concordam, segundo o espírito do Iluminismo, que o lugar dos mortos deve ser excluído da cidade por razões de saúde pública, mas também para transformar o cemitério, concebido como um jardim planejado, salpicado de monumentos, num lugar de memória coletiva e familiar. Essa visão cívica não satisfazia nem àqueles que realizavam na época o retorno da religião cristã nem aos escritores (Senancour, Chênedollé) e aos poetas (Fontanes), que exprimem um novo sentimento de angústia ao fim do momento revolucionário. Tema central de *Gênio do cristianismo*, Chateaubriand convida a "ver o cristão agonizante". É claro que ele reflete apenas uma corrente, mas uma corrente significativa do ciclo da morte sob a Revolução Francesa.

Em todos os seus aspectos, dos mais superficiais – o modo de se apresentar – aos mais íntimos – a atitude diante da vida, do amor e da morte –, a década revolucionária assume sua importância, reviravolta essencial na formação do francês e talvez do homem moderno.

Capítulo 6
A revolução na história da França: estado da arte

Introdução: a revolução terminou?

O relato da revolução também tem uma história. O aconte-cimento fundador de 1789 suscita desde o início interpretações contraditórias em termos de adesão ou rejeição, raramente de indiferença. Permanece uma referência fundamental em nossa história, mas "o mundo mudou e ainda mudará" (Robespierre). Desde a primeira edição desta obra, há vinte anos, pudemos re-gistrar o impacto sobre o modo de conceber ou escrever a história da revolução dos acontecimentos que afetaram nossas sociedades em maior ou menor escala.

Na virada de 1990, a "implosão" dos regimes que reivin-dicavam o socialismo a partir da Revolução de 1917 e de seus similares causou um dano atualmente sem alternativa crível à ideia de mudança da ordem mundial por uma subversão revolu-cionária. A Revolução Francesa, que foi considerada ora ponto de partida da evolução democrática, ora referência de uma revolução

Michel Vovelle

"burguesa" que deveria ser superada, parece inscrita na história, despojada de sua capacidade de alimentar o sonho ou a ilusão de mudança do mundo.

Numa perspectiva mais restrita, a década de 1980 suscitou uma grande mobilização dos historiadores, assim como das opiniões na França e no mundo, em torno da comemoração do bicentenário da Revolução Francesa: a produção editorial e os encontros científicos acompanharam e refletiram uma retomada das pesquisas, mas também de acalorados debates ideológicos.

A revolução em debates

Esses debates não eram novidade. Nasceram com a própria revolução, confrontando pró-revolucionários e contrarrevolucionários; nós os encontramos neste manual e não faremos seu acompanhamento bissecular.

É suficiente definir as posições tais como se esboçaram nos anos 1960, no pós-guerra. Os estudiosos falavam da hegemonia de uma escola "clássica", chamada algumas vezes de jacobina ou simplesmente republicana. Sentiram-se tentados a voltar ao fim do século XIX, quando Alphonse Aulard, em sua *Histoire politique de la Révolution française*, assentou as bases de uma abordagem ao mesmo tempo científica, erudita e engajada. Jaen Jaurès, em sua *Histoire socialiste de la Révolution française*, assumiu a ambição de escrever "sob a luz tríplice de Michelet, Marx e Plutarco", abrindo o caminho para uma história social da revolução. Sua marca se encontra nos mestres que dominaram a escola francesa até os anos 1970, de Albert Mathiez a Georges Lefebvre e Albert Soboul. Mais jacobinos que marxistas para muitos, eles privilegiam uma explicação social do choque revolucionário, concebido como derrubada do Antigo Regime, acontecimento necessário. "Revolução burguesa com apoio popular", segundo a expressão de Soboul, ela destruiu não só a estrutura da monarquia absolutista, como também o domínio da aristocracia nobiliárquica e da sociedade de ordens, abrindo caminho para a entrada na modernidade democrática. Da narrativa rural (*Les Paysans*, de Georges Lefebvre) à do movimento popular urbano (*Les Sans-culottes parisiens*, de Albert Soboul), essa história conquistou território.

A partir dos anos 1950-1960, uma corrente crítica manifestou-se na Inglaterra, onde Alfred Cobbann foi o primeiro a contestar a dimensão social de um acontecimento que, para ele, era essencialmente político, enquanto nos Estados Unidos Georges Taylor discutia o conceito de revolução burguesa e a própria existência de uma burguesia na França de 1789. A discussão continuou em 1965 com François Furet e Denis Richet numa obra que mereceu destaque. Para eles, a revolução, tal como se desenrolou, não era inevitável: era possível um compromisso entre as elites, aristocracia e burguesia, que partilhavam a cultura comum do Iluminismo. Houve desvio por intromissão das massas populares camponesas e urbanas da *sans-culotterie*, que faziam reivindicações passadistas. Os anos 1793 e 1794, longe de encarnar o apogeu de um movimento ascendente, instauraram o reino da violência e do terror.

Em 1977, em *Penser la Révolution* [Pensar a revolução], François Furet reunifica sua visão do processo revolucionário, mas ainda contesta sua necessidade. Uma falsa ideia de soberania popular e igualitarismo, tirada de Rousseau e outros, difundida pelas sociedades de pensamento, abriu caminho para o confisco totalitário da revolução pela "máquina" jacobina: a revolução toda é um processo, 1789 "inicia um período de deriva da história". Entre 1983 e 1993, a proximidade e a comemoração do bicentenário reacenderam o debate, dando-lhe uma feição polêmica, para a qual a mediatização e o pano de fundo político contribuíram. Reticente em comemorar 1789, François Furet, que coordenava a elaboração de um grande *Dictionnaire critique de la Révolution Française*, impõe-se no debate a respeito da opinião que compartilhava o veredito de que "a revolução terminou". Mesmo matizando o

Michel Vovelle

mito revolucionário, reconhecendo na revolução o fato positivo da entrada na modernidade democrática, o historiador insistiu na erradicação desse mito, dessa paixão igualitária, caminho falso que gerou a ilusão que deu ensejo às derivas totalitárias do século XX ("O fim da ilusão comunista").

No contexto atual do início do século XXI, as leituras inspiradas nessa escola crítica concordam no que diz respeito à realidade do equilíbrio mundial, que não propõe alternativa revolucionária ao sistema neoliberal. As novas revoluções serão tecnológicas e comunicacionais, julgam os colaboradores de François Furet em *L'Heritage de la Révolution* [A herança da revolução].

O debate atual não se limita ao duelo que acabamos de evocar. Um terceiro componente pode reivindicar sua continuidade desde as origens: o da condenação radical da revolução como dano à ordem (divina ou moral), expressão do mal absoluto, gerador de violência e destruição. Esse discurso do anátema, que não se confunde com o da escola crítica, apesar de ambos denunciarem o Terror, recebeu na conjuntura do bicentenário uma formulação moderna sobre o tema do "genocídio" franco-francês, fórmula abusivamente aplicada à crueldade indiscutível da guerra da Vendeia a partir de 1793. Mas essa transposição anacrônica não foi aceita pela maioria dos historiadores e teve pouca influência sobre a opinião pública. No entanto, na Europa e na França, a atenção se volta para a resistência à revolução tanto nas elites quanto nas massas populares. O processo não se encerrou, mas o canteiro continua aberto.

Um canteiro aberto

Vinte anos depois do bicentenário, duas constatações aparentemente contraditórias impõem-se: à de que a revolução terminou opõe-se a vitalidade das pesquisas atuais. A queda da

História política

A recepção da história conceitual de François Furet e de sua escola deu destaque a uma leitura política, baseada na valorização do discurso de assembleia, dos textos fundadores, e na leitura crítica dos representantes da historiografia do século XIX. Embora tenha se tornado uma nova vulgata para muitos, ela revela ao mesmo tempo sua contribuição construtiva e seus limites. Forçou a revisão dos conceitos esclerosados da interpretação "classista" a respeito da dinâmica revolucionária. Mas caiu na armadilha de seus pressupostos, procurando as raízes do mal na "paixão igualitária" geradora da violência que deu origem aos totalitarismos futuros. Por falta de injeção de material novo, o discurso neoliberal rejuvenescido corre o risco de se fechar na crítica do Terror (P. Gueniffey).

Essa demanda teve o mérito de promover o retorno de uma nova abordagem do político, a ponto de se poder falar, nos anos 1990, de uma mudança do "totalmente social para o totalmente político": exagero, talvez, mas significativo. O interesse dos pesquisadores concentrou-se nos pensadores do período (Sieyès, Benjamin Constant), assim como nos teóricos da contrarrevolução (Burke). No terreno prático, voltou-se para o estudo das opiniões a partir da imprensa e de sua explosão durante a década revolucionária, em Paris e na província, e de seus meios de difusão (catecismos revolucionários ou outros instrumentos de propaganda).

Sob o impulso dos estudos de sociabilidade iniciados por Maurice Agulhon, o canteiro de prospecção das sociedades populares (implantação geográfica, sociologia do recrutamento, ideologia) teve um avanço decisivo. O estudo do jacobinismo foi

Michel Vovelle

ampliado por comparações com a província, mas também com toda a Europa, e pela valorização de novas fontes (o movimento seccionário em Marselha e em Paris). A questão do aprendizado da política durante a década revolucionária foi estudada (M. Vovelle, *La Découverte de la politique: géopolitique de la Révolution Française* [A descoberta da política: geopolítica da Revolução Francesa]) a partir do surgimento em campo de opções coletivas: os estudiosos se interrogam sobre o delineamento de partidos políticos modernos, ou mesmo de uma "França de esquerda" e de uma "França de direita". Um teste fundamental é a participação eleitoral nos diferentes escrutínios – do período censitário sob a monarquia constitucional ao sufrágio universal nas consultas posteriores, até o Consulado. O debate continua aberto entre os defensores de uma participação localmente forte e constante (S. Aberdam) e os que sustentam a tese de um desinteresse precoce desde 1791, prova do fracasso da aculturação das massas (P. Gueniffey).

Mais amplamente, a questão da "resistência" à revolução, introduzida nos anos 1980 e banalizada desde então, não está resolvida. Ao lado da "contrarrevolução" em escritos, das práticas conspiratórias na França e das políticas negociadas da "Europa dos déspotas", falou-se em "antirrevolução", ou seja, má vontade e rejeição coletiva dos grupos populares em grande parte da França e, mais ainda, sem dúvida, nos países anexados ou ocupados pelos franceses. Essa atenção dada à resistência, às vezes levada à conclusão de uma rejeição maciça, aparece matizada hoje no contexto das abordagens monográficas. Os estudiosos dedicam-se à análise das heranças (religiosas, antropológicas) no Midi occitânico, por exemplo, a partir das quais as opções coletivas puderam se implantar por um longo tempo: à sua maneira, a contrarrevolução torna-se um fator de aculturação política.

No encontro do político com o social, o problema da violência revolucionária permanece uma interrogação central, ainda que a polêmica dos anos do bicentenário tenha se acalmado. Os

A Revolução Francesa

estudiosos pararam de brigar por causa do balanço numérico dos massacres da Vendeia, incontestavelmente elevado. Houve uma reviravolta após a tese e os trabalhos de Jean-Clément Martin sobre a elaboração da imagem da Vendeia no próprio período revolucionário, assim como ao longo do século XIX e até os nossos dias, com a invenção de uma "região memória", cujos temas são ilustrados por uma cenografia moderna, como a do Puy du Fou.[1] Hoje, o autor convida a uma reflexão continuada sobre o conceito de violência revolucionária, sucessivamente assumida e rejeitada por todos os protagonistas da revolução e depois defendida pelas construções ideológicas do século XIX aos nossos dias. Como sair do Terror? Não podemos nos esquivar desse problema fundamental em nome de uma prescrição qualquer. Mas por ter sido invocada e remexida por ocasião do bicentenário e nos anos seguintes, a invocação do Terror perdeu parte de sua severidade. O encontro em Rouen (2004), analisando com distanciamento os diversos aspectos do Terror (ideológico, econômico, religioso, conjuntural), mostra um desejo de não transformá-lo mais em pivô da reflexão sobre a revolução e sua natureza.

História social

Devemos voltar a uma história social "clássica", que ao término dos grandes confrontos dos anos 1980-1990 prosseguiu tranquilamente seu caminho? Longe disso, a história dos atores individuais, assim como a dos grupos sociais, evolui ao sabor das problemáticas e dos novos olhares. A representação dos acontecimentos que escandem a aventura revolucionária muda sob o

---

1 Desde 1978, por iniciativa de um grupo de voluntários, o castelo construído por Francisco II do Puy du Fou (1496-1548) serve de cenário para um espetáculo que conta a história de uma família vendeana, desde a Idade Média até a Segunda Guerra Mundial. (N. T.)

impacto da crítica furetista da escansão mecânica das jornadas revolucionárias e das reviravoltas obrigatórias. Quase ao mesmo tempo, o historiador norte-americano Timothy Tackett e, em seguida, Mona Ozouf dedicaram-se a uma releitura da fuga do rei para Varennes em junho de 1791 e, apesar das diferenças, é impressionante a convergência do retorno da narrativa, da responsabilidade dos indivíduos, do aleatório que predomina nessa aventura e em suas consequências para a imagem do rei. Retorno dos acontecimentos, redistribuição dos atores. Pouco conhecidos pela opinião pública, estes também foram maltratados pela escrita da história contemporânea, em que a biografia mantém uma posição de destaque. As grandes figuras da vanguarda revolucionária, como Robespierre ou Saint-Just, são ainda objeto de estudo e respeito; Babeuf e os Iguais, assim como os últimos montanheses, juntaram-se a eles, mas, sem dúvida, a dimensão hagiográfica desaparece mais rápido do que o potencial de ódio e a eliminação dos adversários. A corrente liberal promoveu suas referências sem ênfase (Barnave, Benjamin Constant e, sobretudo, Sieyès). Mas Charlotte Corday, heroína trágica da liberdade, compete com Maria Antonieta. Reabilitada – do mesmo modo que Luís XVI, que os franceses do século XX teriam absolvido –, a rainha antes maldita suscita atenção e simpatia.

Esse vaivém não impede que uma historiografia mais austera tome como objeto retratos de grupo, como, por exemplo, os representantes em missão do ano II estudados por Michel Biard. Os homens do Diretório (Boissy d'Anglas), mas também atores de perfil atípico (Antonelle, aristocrata, jacobino, companheiro de estrada de Babeuf em Pierre Serna), encontram seu lugar aqui.

O retrato de corpo inteiro do *sans-culotte* ou do jacobino estava no centro da herança de Albert Soboul, revisitada por Michel Vovelle em *Les Sans-culottes marseillais* [Os *sans-culottes* marselheses]: ele aparece em grandes monografias, mas é para os excluídos, para os sem nome que os estudiosos dirigem sua atenção (J. Guilhaumou). Contudo, o mais extraordinário aparecimento em cena é o das mulheres. Paradoxo, se considerarmos o número de estudos e biografias que comentam a difícil entrada das mulheres na política e a exclusão dos direitos cívicos que as mantinha em posição inferior. Depois das mulheres, vêm os negros, os escravos das colônias, que também adentram a cena de maneira notável. Nós os encontraremos em breve.

A história econômica e social, na grande tradição do século XX, não perdeu o mérito. Alguns dos grandes canteiros do século, se não "fecharam-se encerraram", ao menos avançaram o suficiente para permitir um balanço definitivo: é o que acontece com relação à venda dos bens nacionais de primeira e segunda origens, da qual podemos esboçar tanto uma geografia quanto uma sociologia dos ganhadores e dos perdedores. Monografias importantes vieram à luz, esboçando modelos de referência, como, por exemplo, a "arrendocracia" nas planícies de grandes culturas do Norte da França, e associando o estudo das estruturas agrárias e das relações sociais ao do poder local e da participação política. No Midi, os estudiosos evocaram a dialética entre os movimentos sociais, os confrontos políticos e o enraizamento religioso, familiar e histórico. O fim ou a liquidação da feudalidade e as sequelas do regime senhorial inserem-se na problemática clássica do fim do feudalismo, o que não quer dizer que ela tenha se tornado obsoleta. Esse panorama deve se completar com duas emergências que se impõem nos novos equilíbrios da pesquisa.

Mentalidades ou representações

Não está mais na moda falar de história das mentalidades, noção que se tornou excessivamente vaga. Fala-se então das representações coletivas, território que abrange um amplo espectro da história cultural. Vai do domínio religioso ao da língua, da pedagogia à produção literária, ao teatro, à música e até a produção artística. Dessa amostra, retêm-se os temas marcantes ou controvertidos. A história religiosa vive ainda sob o impulso dos estudos realizados nos anos do bicentenário, que enfatizaram a vivência das populações cristãs e/ou descristianizadas. A descristianização talvez tenha perdido parte de sua reputação contestada, ao mesmo tempo que foram abandonados os grandes cálculos estatísticos sobre o abandono do culto ou do sacerdócio. A evocação da resistência insere o fator religioso na primeira fileira das motivações no campo e entre as mulheres. A questão do vandalismo revolucionário é ainda matéria para debate; na verdade, é seu antagonista – a criação dos museus e do patrimônio público – que suscitou as pesquisas mais fecundas. Elas se associam naturalmente ao estudo de uma produção artística florescente, desde a grande arte a serviço da revolução até a explosão espetacular da gravura, da caricatura e dos novos suportes midiáticos e comunicacionais. Tanto nesse domínio quanto em outros, temos a impressão de uma tendência que deve ser reabilitada, tomando o contrapé dos clichês tradicionais ou da "lenda negra", isto é, os aspectos construtivos e positivos do momento revolucionário. É o que acontece em domínios que podemos apenas citar, como a pedagogia, a literatura e as ciências a serviço da revolução, refutando a imagem preconcebida da "tábua rasa", evocada durante tanto tempo.

Internacionalização das perspectivas

In fine, o panorama do grande ateliê da história revolucionária deve se dedicar hoje à abordagem da espetacular abertura para o estrangeiro, ou melhor, a internacionalização das pesquisas. Seria abusivo ver nisso uma das consequências do estímulo provocado pela comemoração do bicentenário, com suas centenas de encontros científicos em todo o mundo. A tradição dos estudos sobre a Revolução Francesa já estava bem plantada em certos países, como Inglaterra, Estados Unidos e Itália. E este último, que

A Revolução Francesa

demonstrou uma atividade extraordinária nos anos 1990 a 2000, ou mesmo depois, enquanto a França oficial apagou as luzes em 1993, mostra a vitalidade de focos europeus ou extraeuropeus que hoje autonomizam suas pesquisas tanto sobre suas revoluções e contrarrevoluções quanto sobre a Revolução Francesa propriamente dita. Entre esses focos, um lugar muito especial deve ser reservado para a área das revoluções caraíbas, que está no centro do grande movimento dos estudos sobre a escravidão, o sequestro de negros, a abolição e o abolicionismo.

A Revolução Francesa hoje: memória e herança

O que a Revolução Francesa representa hoje e o que resta dela, não só na realidade de nossa sociedade contemporânea, mas também na cabeça dos franceses, é outra questão.

A lembrança perdida da revolução

A comemoração do bicentenário da revolução em 1989 foi uma oportunidade para testar, por uma série de pesquisas, o que resta da lembrança de 1789 no francês médio. A imagem é pobre e vaga para a maioria: de pronto, 37% citam a tomada da Bastilha e 16% a Declaração dos Direitos do Homem. O *hit-parade* das personalidades citadas é desconcertante: La Fayette está na cabeça da maioria (57%), pouco à frente de Bonaparte; Danton e Robespierre vêm muito atrás (34% de apreciações). No entanto, no geral, os franceses de 1989 têm uma lembrança positiva da revolução, que foi reforçada durante a campanha, passando de 38% para 74%; a rejeição recuou de 50% para 18%. Mas, para mais da metade dos franceses (55%), a Revolução Francesa "terminou".

Podemos nos interrogar sobre as razões e as modalidades desse recuo. A culpa foi jogada na escola, que desde a Terceira

Republica foi o principal suporte institucional na transmissão da memória ensinada no ensino fundamental e médio, no oitavo e no primeiro ano, respectivamente; no fim da Segunda Guerra Mundial, ela ocupava ao menos um terço do programa. Com fortes oscilações, caindo a quase nada durante algum tempo e revalidada em 10% a 20%, sem prejuízo para o que se pode esperar do futuro, a regressão se acentua, apesar da pedagogia mais aberta para a complexidade dos fatos, dos atores e dos acontecimentos, envolvendo-os num exercício pedagógico temerário. O interesse foi recuperado? Na época do bicentenário, o ministro Jean-Pierre Chevènement reintroduziu o ensino da "Marselhesa" nas escolas, e até hoje é imitado por seus sucessores de direita ou de esquerda.

Com o título *Les Symboles meurent aussi* [Os símbolos também morrem], tentei acompanhar o destino de alguns dos elementos do arsenal simbólico herdado da revolução: a bandeira, a roseta, o barrete frígio, a divisa "liberdade, igualdade, fraternidade". Para ilustrar, escolhi o hino nacional e a personagem da Marianne, personificação feminina da República cuja imagem se impôs e se transmitiu ao longo do século XIX. Duas evoluções simétricas se delineiam no sentido de um declínio que hoje se acelera.

"A marselhesa" nasceu em 1792 como hino combativo da liberdade e da pátria e passou por períodos de proibição sob os regimes autoritários do século XIX (monárquicos e imperiais), mas foi sempre redescoberta nos impulsos revolucionários e de perigo nacional, até que foi institucionalizada pela Terceira República, desprezada após a guerra de 1914-1918 e ressacralizada desde a Frente Popular até a Resistência. Na segunda metade do século XX, apesar do penhor gaullista, passou por tentativas de monopólio da extrema direita, ao passo que a esquerda de 1968 pouco a apreciava e outros sonhavam em reescrever sua letra "sanguinária". Mas esses são apenas dois exemplos da tendência geral que destacamos no declínio das referências simbólicas – com risco de que o debate político provoque retornos ou mesmo

A Revolução Francesa

instrumentalização desse arsenal simbólico pela direita ou pela esquerda, às vezes simultaneamente. O retrocesso da memória da revolução não é linear, e devemos destacar, como foi feito nos anos do bicentenário, a memória recriada, a expressão da "invenção da tradição" numa sociedade em busca de raízes identitárias. O exemplo da Vendeia é apenas o mais conhecido deles.

Poderíamos falar, enfim, de uma memória "enterrada" ou inconsciente de nossos contemporâneos, mas que se manifesta no ressurgimento de temperamentos coletivos, cuja geografia é revelada pelos escrutínios nacionais (legislativos, presidenciais) ou grandes referendos (Europa). As duas Franças, de direita e de esquerda, que surgiram da herança revolucionária, ainda bem delimitadas nos anos 1960, tendem a ver seus equilíbrios e suas fronteiras se alterarem (o fim do "Midi Vermelho", o avanço da esquerda no Oeste).

A herança da revolução

Comparando a França do século XXI com a da revolução, com 85% de população rural, dos quais 75% camponeses (contra talvez 3% hoje), podemos nos perguntar ingenuamente o que resta do antigo mundo. No nível básico, quantas mudanças! Entre as provocadas pelo choque revolucionário, Ernest Labrousse nos convidava a distinguir as efêmeras das duráveis, do mesmo modo que se aventurava a falar de "antecipações" do período. Algumas dessas antecipações se tornaram a trama de nossas relações sociais, de nossas instituições e de nossa vida política: a democracia, a cidadania, a nação, a pátria, a República. Essa simples enumeração já sugere que essas referências não têm nada de estático e foram objeto de reelaborações, de debates, de conquistas muitas vezes heroicas. Do sufrágio universal à abolição da escravatura, da emancipação da mulher – ela terminou realmente? – à conquista dos direitos sociais, fruto das lutas coletivas, percebemos avanços históricos e ao mesmo tempo a ampliação das perspectivas abertas.

O que não acontece sem causar problemas, como a banalização de certas conquistas mais aparentes que reais: "liberdade", sem dúvida, mas "igualdade" e ainda "fraternidade", mesmo que hoje ela tenha sido substituída pela "solidariedade"? Há ainda muitas Bastilhas a tomar – *slogan* um tanto óbvio do bicentenário. Certas palavras também envelheceram. Quem contesta a República? Mas o que aconteceu com a pátria e a nação, numa época em que essas referências devem ser repensadas, confrontadas, de um lado, com as reivindicações identitárias localistas ou comunitaristas e, de outro, com a procura laboriosa de uma ideologia de referência em escala europeia ou mesmo mundial. Sobre esses pontos, a Revolução Francesa nos transmitiu, tanto por suas ideias quanto por suas experiências, não soluções prontas, mas uma leitura que não deve ser esquecida.

A revolução é uma originalidade ou mesmo uma "exceção francesa", que, conforme o olhar que se lança sobre ela, convém eliminar para nos juntar às outras democracias modernas ou mesmo à nova ordem mundial, ou, ao contrário, defender como elemento constitutivo de nossa "identidade"?

A centralização à francesa, imputada à tradição "jacobina" da revolução, é tradicionalmente criticada, mas o que ela deve a Napoleão, para não falar da herança da monarquia, é omitido: a evolução atual convida a consultar a referência de nossas experiências, no contexto da monarquia presidencial que vem se elaborando.

Se há uma especialidade francesa em risco, embora ainda seja um exemplo a seguir e meditar no contexto político-religioso de hoje, essa especialidade é a divisão laica, que foi iniciada pela revolução, completada e regularizada pelas leis da Terceira República.

A referência à Revolução Francesa como elemento constitutivo de uma cultura – e não de uma identidade ilusória – conserva toda a sua pertinência. Não é uma memória estagnada ou um patrimônio que devemos defender, mas uma lição aberta a todos.

Cronologia[1]

1787   *22 de fevereiro:* Reunião da Assembleia dos Notáveis.
8 de abril: Demissão do ministro Calonne, substituído por Loménie de Brienne.
16 de julho: O Parlamento de Paris exige os Estados-gerais.

1788   *8 de maio:* Reforma judiciária de Lamoignon. Tumultos na província (Grenoble).
8 de agosto: Convocação dos Estados-gerais para 1º de maio de 1789.
24-26 de agosto: O ministro reformista Necker é demitido e depois readmitido.

1789   *Março:* Eleições para os Estados-gerais. Revoltas na província (Provença, Picardia).
5 de maio: Sessão real de abertura dos Estados-gerais.
20 de junho: Juramento do Jogo da Pela.

---

1 Abreviações dos meses revolucionários – fru.: frutidor; vend.: vendemiário; bru.: brumário; fri.: frimário; niv.: nivoso; vent.: ventoso; plu.: pluvioso; ger.: germinal; flor.: floreal; prai.: prairial; mes.: messidor; ter.: temidor.

14 de julho: Tomada da Bastilha.

15 de julho: Retorno do ministro Necker.

20 de julho: Início do Grande Medo.

4 de agosto: Noite do 4 de agosto: abandono dos privilégios do clero e da nobreza.

26 de agosto: Votação da Declaração dos Direitos do Homem.

5-6 de outubro: Marcha sobre Versalhes: o rei é reconduzido a Paris.

2 de novembro: Os bens do clero são postos à disposição da nação.

1790   *17 de abril:* O *assignat* torna-se moeda oficial.

12 de julho: Votação da Constituição Civil do Clero.

14 de julho: Festa da Federação em Paris.

18 de agosto: Agrupamento contrarrevolucionário nos campos de Jalès.

1791   *10 de março:* O papa Pio VI condena a Constituição Civil (breve *Quod Aliquantum*).

22 de maio: Lei Le Chapelier, que proíbe coalizões, em especial operárias.

20-21 de junho: Fuga e prisão da família real em Varennes.

16 de julho: Os moderados do Clube dos *Feuillants* separam-se dos jacobinos.

17 de julho: Massacre do Campo de Marte.

27 de agosto: Declaração de Pillnitz: ameaças das potências à revolução.

3 de setembro: Término da Constituição (sancionada em 13 de setembro).

1º de outubro: Abertura da Assembleia Legislativa.

7 de setembro: Formação de um ministério *feuillant*.

1792   *janeiro-março:* Tumultos em Paris e no campo por alimento.

15 de março: Ministério jacobino com Roland.

20 de abril: Declarada guerra ao rei da Boêmia e Hungria.

27 de maio: Decreto de deportação dos padres não juramentados.

4-11 de junho: Veto real ao decreto anterior e ao que organiza o alistamento de 20 mil federados.

12 de junho: O ministro Roland é demitido.

A Revolução Francesa

11-21 de julho: A pátria é declarada em perigo.

25 de julho: "Manifesto de Brunswick", ameaçando Paris de destruição.

10 de agosto: Tomada das Tulherias e queda da realeza.

10-11 de agosto: Convocação de uma Convenção. Estabelecimento do sufrágio universal.

2-6 de setembro: Massacres nas prisões de Paris e da província.

20 de setembro: Fim da Assembleia Legislativa. Laicização do registro civil. Valmy.

21 de setembro: Abolição da realeza. Ano I da República.

outubro: Retirada dos prussianos. Os franceses ocupam Frankfurt e Mainz.

6 de novembro: Vitória de Dumouriez em Jemmapes. Ocupação da Bélgica.

1793 *21 de janeiro:* Execução de Luís XVI.

1º de fevereiro: A França declara guerra à Inglaterra e à Holanda. Primeira coalizão.

11 de março: Início da rebelião vendeana.

18 de março: Derrota de Dumouriez em Neerwinden, seguida de sua traição.

6 de abril: Formação do Comitê de Salvação Pública.

29 de abril-29 de maio: Início da insurreição federalista em Marselha e Lyon.

2 de junho: Jornadas revolucionárias; prisão dos girondinos.

24 de junho: Votação da Constituição do ano I.

27 de julho: Robespierre no Comitê de Salvação Pública.

4-5 de setembro: Movimento popular em Paris, o Terror entra na ordem do dia; formação de um exército revolucionário parisiense.

6-8 de setembro: Vitória francesa em Hondschoote.

16 de setembro: Lei dos suspeitos.

29 de setembro: Instituição do máximo geral dos gêneros alimentícios.

Ano II vend. 19 (10 de outubro): O governo é declarado revolucionário até a paz.

brum. 20 (10 de novembro): Festa da Liberdade e da Razão na igreja Notre-Dame de Paris.

fri. 22 (12 de dezembro): Os vendeanos são derrotados na batalha de Le Mans.

1794   *niv. 16 (4 de fevereiro):* Fim da escravidão nas colônias francesas.

vent. 23 (13 de março): Prisão, processo e execução (4 germ.) dos hebertistas.

ger. 10-16 (5 de abril): Prisão, processo e execução dos dantonistas.

prai. 20 (8 de junho): Festa do Ser supremo.

prai. 22 (10 de junho): Reforma do Tribunal Revolucionário; início do Grande Terror.

mes. 8 (26 de junho): Vitória de Fleurus contra os austríacos.

ter. 9 (27 de julho): Golpe de Estado do 9 de Termidor; queda dos robespierristas.

1795   *plu. (janeiro):* Ocupação da Holanda.

plu. 29 (17 de fevereiro): Acordos de La Jaunaye entre Hoche e os vendeanos.

vent. 3 (21 de fevereiro): Liberdade dos cultos. Primeira separação da Igreja e do Estado.

ger. 12-13 (1º de abril): Insurreição popular em Paris e na província.

ger. 16 (5 de abril): Paz da Basileia entre a França e a Prússia.

flor.-prai. (maio-junho): O Terro Branco; massacres de jacobinos em Lyon, Marselha...

prai. 1-4 (20-25 de maio): Jornadas insurrecionais em Paris.

mes. 5-9 (23-27 de junho): Desembarque de emigrados em Quiberon.

fru. 5 (22 de agosto): A Convenção adota o texto da Constituição do ano III.

vend. 13 (5 de outubro): Insurreição monarquista contra a Convenção.

brum. 9 (31 de outubro): Eleição do Diretório Executivo.

1796   *plu. 30 (19 de fevereiro):* Fim dos *assignats*, substituídos pelos mandatos territoriais.

ger. (março-abril): Vitórias de Bonaparte na Itália: Montenotte, Millesimo, Mondovi...

1797   *niv. 25 (14 de janeiro):* Vitória de Rivoli.

ger. 29 (18 de abril): Preliminares de Leoben.

prai. 8 (27 de maio): Após o processo de Vendôme, execução de Babeuf e de seus amigos.

fru. 18 (4 de setembro): Golpe de Estado antimonarquista.

ano VI vend. 19 (30 de setembro): Calote de dois terços da dívida pública.

vend. 26 (17 de outubro): Paz de Campoformio.

1798 *ger.-flor. (abril-maio):* Eleições, seguidas de invalidação em massa dos eleitos de esquerda.

mes.-ter. (julho): Desembarque de Bonaparte no Egito. Vitória das Pirâmides.

1799 *ger. (março-abril):* Derrotas francesas na Alemanha (Stockach) e na Itália.

ger. (março-abril): Eleições para o Corpo Legislativo.

prai. 28-30 (16-18 de junho): Os conselhos retomam o controle do Diretório; guinada à esquerda.

ter. (julho-agosto): Vitória de Aboukir no Egito. Revés na Itália (Trebbia).

ano VIII vend. 3-5 (25-27 de setembro): Vitória francesa em Zurique contra os austro-russos.

bru. 18 (9 de novembro): Golpe de Estado do 18 de Brumário contra o Diretório e os Conselhos.

Referências bibliográficas

Obras gerais, manuais

BIARD, M. (Ed.). *La Révolution française:* une histoire toujours vivante. Paris: Tallandier, 2010. 446p.

BIARD, M.; BOURDIN, P.; MARZAGALLI, S. *Révolution, consulat, empire*: 1789-1815. Paris: Belin. 2009. 715p. (Histoire de France.)

BOULOISEAU, M. *La République jacobine, 1792-1794.* Paris: Le Seuil, 1971. 290p.

RICHET, D.; FURET, F. *La Révolution française.* Paris: Fayard, 1987. 544p.

SOBOUL, A. *La civilisation e la Révolution française.* Paris: Arthaud, 1970-1982. 3v. (Collection les grandes civilisations.)

_____. *La Révolution française.* Paris: Messidor, 1984. [Ed. bras.: *A revolução francesa*. 3.ed. São Paulo: Difel, 1989.]

VOVELLE, M. *La chute de la monarchie, 1787-1792.* Paris: Le Seuil, 1971. 287p.

VOVELLE, M. *La Révolution française expliqué à ma petite-fille*. Paris: Le Seuil, 2006. [Ed. bras.: *A revolução francesa explicada à minha neta*. São Paulo: Editora da Unesp, 2007.]

_____. (Ed.). *L'État de la France pendant la Révolution, 1789-1799*. Paris: La Découverte, 1988. [Ed. bras.: *França revolucionária, 1789-1799*. São Paulo: Brasiliense/Secretaria de Estado da Cultura, 1989.]

WORONOFF, D. *La République bourgeoise de Thermidor à Brumaire, 1794-1799*. Paris: Le Seuil, 1972.

Debates

FURET, F. *Le Passé d'une illusion:* essai sur l'idée communiste au XXe siècle. Paris: Robert Laffont et Calmann-Lévy, 1995. [Ed. bras.: *O passado de uma ilusão:* ensaio sobre a ideia comunista no século XX. São Paulo: Siciliano, 1995.]

MARTIN, J.-C. *Violence et Révolution française:* essai sur la naissance d'un mythe national. Paris: Le Seuil, 2006. 338p. (L'univers historique.)

MAZAURIC, C. *L'Histoire de la Révolution française et la pensée marxiste*. Paris: PUF, 2009. 194p. (Actuel Marx confrontation.)

Dicionários, atlas

BONIN, S.; LANGLOIS, C. (Ed.). *Atlas historique de la Révolution française*. Paris: EHESS, 1987-. 11v.

DORIGNY, M.; GAINOT, B.; LE GOFF, F. *Atlas des esclavages:* traités, sociétés coloniales, abolitions de l'Antiquité à nos jours. Paris: Autrement, 2006. 79p.

FURET, F. *Penser la Révolution française*. Paris: Gallimard, 1978. [Ed. bras.: *Pensando a revolução francesa*. São Paulo: Paz e Terra, 1989.]

FURET, F.; OZOUF, M. *Dictionnaire critique de la Révolution française*. Paris: Flammarion, 1988. [Ed. bras.: *Dicionário crítico da Revolução Francesa*. Rio de Janeiro: Nova Fronteira, 1989.]

GODECHOT, J. *La Révolution française*: chronologie commentée, 1787-1799: suivie de notices biographiques sur les personnages cités. Paris: Porrin, 1988. 391p. [Ed. bras.: *A Revolução Francesa*: cronologia comentada, 1787-1799. Rio de Janeiro: Nova Fronteira, 1989.]

PERONNET, M. *50 Mots-clés de la Révolution française*. Toulouse: Privat, 1988. 296p. (Les Cinquante mots-clefs.) [Ed. bras.: *A Revolução Francesa em 50 palavras-chaves*. São Paulo: Brasiliense, 1988.]

SURATTEAU, J.-R.; GENDRON, F. (Ed.). *Dictionnaire historique de la Révolution française*. Paris: PUF, 1989. 1132p.

TULARD, J.; FAYARD, J.-F.; FIERRO, A. *Histoire et dictionnaire de la Révolution française*. Paris: Laffont "Bouquins", 1987. 1213p.

A década revolucionária: os acontecimentos

BACZKO, B. *Comment Sortir de la Terreur*: Thermidor et la Révolution. Paris: Gallimard, 1989. 353p.

BRUNEL, F. *Thermidor*: la chute de Robespierre, 1794. Bruxelas: Complexe, 1989. 155p.

BOURDIN, P.; GAINOT, B. *La République directoriale*. Clermont-Ferrand: Presses Universitaires, 1998. 2v.

DENIS, M.; GOUBERT, P. (Ed.). *Les Français ont la parole*: cahiers de doléances des États généraux. Paris: Julliard, 1964. 271p.

GODECHOT, J. *La Prise de la Bastille*: 14 juillet 1789. Paris: Gallimard, 1989. 538p.

GUÉNIFFEY, P. *La Politique de la Terreur*: essais sur la violence révolutionnaire, 1789-1794. Paris: Fayard, 2000. 376p.

LEFEBVRE, G. *La France sous le Directoire*: 1795-1799. Paris: Éditions sociales/Messidor, 1984. 965p.

LEFEBVRE, G. *La Grande Peur de 1789:* les Foules révolutionnaires. Paris: Armand Colin, 1988. 271p. [Ed. bras.: *O grande medo de 1789:* os camponeses e a Revolução Francesa. Rio de Janeiro: Campus, 1979.]

_____. *Quatre-vingt-neuf.* Paris: Éditions Sociales, 1970.

REINHARD, M. *La Chute de la royauté:* 10 août 1792. Paris: Gallimard, 1970. 655p.

SOBOUL, A. *Les Sans-culotte parisiens de l'an II:* mouvement populaire et gouvernement révolutionnaire, 1793-1794. Paris: Le Seuil, 1968. 256p. (Politique, 19.)

TULARD, J. *Le Dix-huit Brumair:* comment terminer une révolution. Paris: Perrin, 1999. 217p.

VOVELLE, M. (Ed.). *Le Tournant de l'an III.* Paris: CTHS, 1997.

O Estado revolucionário. Instituições, valores, grupo

BIARD, M. *Missionnaires de la République:* les représentants du peuple en mission, 1793-1795. Paris: CTHS, 2002. 623p.

BURSTIN, H. *Une Révolution à l'oeuvre:* le faubourg Saint-Marcel, 1789-1794. Seyssel: Champ Vallon, 2005. 923p.

DE BAECQUE, A.; SCHMALE, W.; VOVELLE, M. (Ed.). *L'An 1 des droits de l'homme.* Paris: CNRS, 1988. 359p.

GAINOT, B. *1799, Un Nouveau Jacobinisme:* la démocratie representative, une alternative a brumaire. Paris: CTHS, 2001. 542p.

GODECHOT, J. *Les Institutions de la Révolution française.* Paris: Ditto, 1986.

_____. *La Pensée révolutionnaire, 1780-1799.* Paris: Armand Colin, 1989.

GUÉNIFFEY, P. *Le Nombre et la raison:* la Révolution française et les elections. Paris: EHESS, 1993. 559p.

VOVELLE, M. *Les Sans-culottes marseillais:* le mouvement sectionnaire du jacobinisme au fédéralisme, 1791-1793. Aix-en-Provence: Université de Provence, 2009. 235p.

Práticas políticas: educação, imprensa, sociabilidade política, voto

ABERDAM, S. (Ed.). *Voter, Élire pendant la Révolution française, 1789-1799*. Paris: CTHS, 1999.

BIANCHI, S. *La Révolution et la première République au village*: pouvoirs, votes et politisation dans les campagnes d'Île-de-France, 1787-1800: essonne et Val-de-Marne actuels. Paris: CTHS, 2003. 959p.

DUPRAT, C. *Les Temps des philanthropes, tome 1*: la philanthropie parisienne des Lumières à la Monarchie de Juillet. Paris: CTHS, 1993. 485p.

DOMINIQUE, J. *Les Trois Couleurs du tableau noire*: la Révolution française. Paris: Bolin, 1981.

BELLANGER, C. et al. (Ed.). *Histoire générale de la presse française*: de 1871 à 1940. Paris: PUF, 1972. v.3.

VOVELLE, M. *La Découverte de la politique*: géopolitique de la Révolution française. Paris: La Découverte, 1992. 363p.

_____. *Les Jacobins de Robespierre à Chevènement*. Paris: La Découverte, 1999. 189p. [Ed. bras.: *Jacobinos e jacobinismo*. Bauru: Edusc, 2000.]

Contrarrevolução

DUPUY, R. *Les Chouans*. Paris: Hachette, 1997. 287p.

GODECHOT, J. *La Contre-révolution*: doctrine et action: 1789-1804. 2.ed. Paris: PUF, 1984. 426p.

LEBRUN, F.; DUPUY, R. (Ed.). *Les Résistances à la Révolution*. Paris: Imago, 1987. 478p.

MARTIN, J.-C. *La Contre-révolution*. Paris: Le Seuil, 1997.

_____. *Contre-Révolution, Révolution et nation en France (1789-1799)*. Paris: Le Seuil, 1998. 367p.

A revolução e o mundo. A guerra e o Exército

BELISSA, M. *Fraternité universelle et intérêt national, 1713-1795:* les cosmopolitiques du droit des gens. Paris: Kimé, 1998. 462p.

BENOT, Y. *La Révolution française et la fin des colonies.* Paris: La Découverte, 1987. 272p.

BERTAUD, J.-P. *La Révolution armée:* les soldats-citoyens et la Révolution française. Paris: R. Laffont, 1979. 379p.

GODECHOT, J. *La Grande Nation.* Paris: Aubier, 1981.

SERMAN, W.; BERTAND, J.-P. *Nouvelle Histoire militaire de la France.* Paris: Fayard, 1998. 855p.

VOVELLE, M. *Les Républiques soeurs sous le regard de la Grande Nation:* 1795-1803, de l'Italie aux portes de l'Empire Ottoman, l'impact Du modele républicain français. Paris: L'Harmattan, 2001. 350p.

História econômica e social

ADO, A. *Paysans en révolution:* terre, pouvoir et jacquerie, 1789-1794. Paris: Société des études Robespierristes, 1996. 474p.

BÉAUR, G. *Histoire agraire de la France du XVIIIe siècle:* inerties et changements dans les campagnes françaises entre 1715 et 1815. Paris: Sedes, 2000. 320p.

BODINIER, B.; TEYSSIER, E. *L'Événement le plus important de la Révolution:* la vente des biens nationaux en France et dans les territories annexes, 1789-1867. Paris: CTHS, 2000. 503p.

BRUGUIÈRE, M. *Gestionnaires et profiteurs de la Révolution française.* Paris: Olivier Orban, 1986.

HINCKER, F. *La Révolution française et l'économie:* décollage ou catastrophe. Paris: Nathan, 1989. 223p.

JESSENNE, J.-P. *Pouvoir au village et Révolution:* artois, *1760-1848.* Lille: Presses Universitaires de Lille, 1987. 306p.

JESSENNE, J.-P. (Ed.). *Vers un Ordre bourgeois?* Révolution française et changement social. Rennes: Presses universitaires de Rennes, 2007. 418p. (Histoire.)

LEMARCHAND, G. *L'Économie de la France de 1770 à 1830:* de la crise de l'Ancien Régime à la révolution industrielle. Paris: Armand Colin, 2008. 318p.

NICOLAS, J. *La Rébellion française:* mouvements populaires et conscience sociale, 1661-1789. Paris: Le Seuil, 2002. 609p.

_____. (Ed.). *Mouvements populaires et conscience sociale.* Paris: Maloine, 1985. 773p.

PEYRARD, C. *Les Jacobins de l'Ouest:* sociabilité révolutionnaire et formes de politisation dans le Maine et la Basse-ormandie, 1789-1799. Paris: Publications de la Sorbonne, 1996. 408p.

REINHARD, M. et al. *Contributions à l'histoire démographique de la Révolution française.* Paris: Comission d'histoire économique de la Révolution française, CTHS, 1962. 3v.

História das mentalidades

DE BAECQUE, A. *Le Corps de l'histoire:* métaphores et politique, 1770-1800. Paris: Calmann-Lévy, 1993. 435p.

DORIGNY, M. (Ed.). *Esclavage, résistances et abolitions.* Paris: ETHS, 1999.

DUHET, P. M. (Ed.). *Les Femmes et la Révolution:* 1789-1794. Paris: Julliard, 1971. 240p.

EHRARD, J. *Lumières et esclavage:* l'esclavage colonial et l'opinion publique en France ao XVIIIe siècle. Bruxelas: André Versailles, 2008. 238p.

HUNT, L. *Le Roman familial de la Révolution française.* Paris: Albin Michel, 1995. 262p.

OZOUF, M. *La Fête révolutionnaire:* 1789-1799. Paris: Gallimard, 1988. 474p.

VOVELLE, M. *La Mentalité révolutionnaire.* Paris: Messidor, 1984.

História religiosa

COUSIN, B.; CUBELLS, M.; RÉGIS, B. *La Pique et la croix*: histoire religieuse de la Révolution française. Paris: Centurion, 1989. 317p.

TACKETT, T. *La Révolution, l'Église, la France*: le serment de 1791. Paris: Cerf, 1986. 481p.

VOVELLE, M. *La Révolution contre l'Église, la déchristianisation de l'an II*. Bruxelas: Complexe, 1988.

Cultura, artes e ciências

BONNET, J.-C. (Ed.). *La Carmagnole des muses*: l'homme de lettres et l'artiste dans la Révolution. Paris: Armand Colin, 1988. 425p.

BORDES, P.; MICHEL, R. *Aux Armes et aux arts!* Les arts de la Révolution, 1789-1799. Paris: Adam Biro, 1988. 350p.

BRET, P. *L'État, l'armée, la science*: l'invention de la recherche publique en France, 1763-1830. Rennes: Presses universitaires de Rennes, 2002. 483p.

CHARTIER, R. *Les Origines culturelles de la Révolution française*. Paris: Le Seuil, 1990. 244p. [Ed. bras.: *Origens culturais da Revolução Francesa*. São Paulo: Editora Unesp, 2009.]

COTTRET, M. *Culture et politique dans la France des Lumières, 1717-1792*. Paris: Armand Colin, 2002. 249p.

GRATEAU, P. *Les Cahiers de doléances, une rélecture culturelle*. Rennes: Presses Universitaires de Rennes, 2001. 384p.

GUILHAUMOU, J. *L'Avènement des porte-paroles de la République, 1789-1792*: essai de synthèse sur les langues de la Révolution française. Villeneuve d'Ascq: Presses du Septentrion, 1998. 306p.

JOURDAN, A. *Les monuments de la Révolution, 1770-1804*: une histoire de répresentation. Paris: Honoré Champion, 1997. 537p.

VOVELLE, M. (Ed.). *La Révolution française:* images et récit, 1789-1799. Paris: Messidor, 1986. 5v.

_____. *Les mots de la Révolution.* Toulouse: Presses Universitaires du Mirail, 2005.

Relatos e retratos individuais ou coletivos

BAKER, K. M. *Condorcet:* raison et politique. Paris: Hermann, 1988. 623p.

BERTAUD, J.-P. *Camille et Lucile Desmoulins:* un couple dans la tourmente. Paris: Presses de la Renaissance, 1985. 324p.

BONNET, J.-C. (Ed.). *La Mort de Marat.* Paris: Flammarion, 1986. 510p.

DUPRAT, A. *Les Rois de papier, la caricature de Henri III à Louis XVI.* Paris: Belin, 2002. 367p.

FELIX, J. *Louis XVI et Marie Antoinette, un couple politique.* Paris: Payol & Rivages, 2006. 668p.

MAZAURIC, C. *Babeuf.* Paris: Messidor, 1988a.

_____. *Robespierre.* Paris: Messidor, 1988b.

OZOUF, M. *Varennes:* la mort de la royauté: 21 juin 1791. Paris: Gallimard, 2005. 433p. (Les journées qui ont fait la France.)

SERNA, P. *Antonelle:* aristocrate révolutionnaire, 1747-1817. Paris: Le Félin, 1997. 499p. (Histoire.)

_____. *La République des girouettes:* 1789-1815, et au-del: une anomalie politique, la France de l'extrême centre. Seyssel: Champ Vallon, 2005. 570p. (La chose publique.)

SOBOUL, A. *Le Procès de Louis XVI.* Paris: Gallimard/Julliard, 1973. 267p. (Collection Archives, 19.)

TACKETT, T. *Le Roi s'enfuit:* Varennes et l'origine de la Terreur. Paris: La Découverte, 2004. 285p.

VINOT, B. *Saint-Just.* Paris: Fayard, 1985. 394p.

Herança e memória

MONNIER, R. *Républicanisme, patriotisme et Révolution française.* Paris: L'Harmattan, 2005. 356p. (Logiques historiques.)

VOVELLE, M. *1789, L'Héritage et la mémoire.* Toulouse: Privat, 2007. 376p. (Collection Histoire.)

Índice onomástico[1]

A

Aberdam, Serge, 266
Ado, Anatoli, 187
Agulhon, Maurice, 235, 265
Aiguillon (D'), 24
Albitte, 228
Allarde (De), 103, 171, 195-6
Amar, 88
Antraigues (conde de), 129, 137
Artois (conde de), 29, 127, 130, 193, 239
Augereau (general), 61, 155
Aulard, Alphonse, 262

B

Babeuf, Gracchus, 56-8, 74, 113-4, 120, 246, 268, 279
Bailly, 20, 28, 82
Balibar, Renée, 251
Ballot, 60
Bara, 257
Barbaroux, 38
Barère, 42, 44, 50, 78, 87, 250
Barnave, 14, 19, 26, 30, 32, 73, 210, 244, 268
Barras, 50, 52, 54-6, 148, 253
Barruel (abade), 129

---

1 Os nomes que aparecem em *itálico* são não de personagens históricos, mas de historiadores de hoje ou do passado.

Bazire, 255
Beauharnais, Joséphine de, 159
Beccaria, 102
Berlioz, 249
Bernardin de Saint-Pierre, 245
Bertaud, Jean-Paul, 153
Berthaut, 246
Berthier (general), 147
Biard, Michel, 268
Biget, Michèle, 249
Billaud-Varenne, 44, 50, 87
Boieldieu, 249
Boilly, 247
Bois, Paul, 139
Boisgelin (monsenhor de), 223
Boissy d'Anglas, 52-3, 89, 268
Bon Saint-André, Jean, 44, 87
Bonald, Louis de, 129
Bonaparte, Luciano, 258
Bonaparte, Napoleão, 47, 54, 61-4, 123, 138, 141, 147-8, 150, 154-5, 159, 271, 278-9
Borda, 94
Bouillé (marquês de), 30
Boullée, Étienne-Louis, 248
Bourmont, 137
Brissot, 32, 34, 38, 113, 142, 156
Brune (general), 154
Brunswick (duque de), 34, 143, 145, 277
Buchez, Philippe Joseph Benjamin, 146
Buonarroti, 57
Burke, 92, 129, 265
Buzot, 254

C
Cabanis, 238
Cadoudal, 137

Calas, 218
Calonne, 12, 19, 275
Cambon, 40, 74
Carnot, 32, 44, 56, 60, 62, 87, 144, 146, 153
Carra, 113
Carrier, 45, 51
Cathelineau, 40, 135
Cazalès, 26, 128
Chabot, 32, 255
Chalier, 229
Champion de Cicé, 223
Championnet (general), 147
Charette, 40, 135-6
Charrier, 130
Chateaubriand, 259
Chaumette, 39, 159, 255, 258
Chemin, 235
Chênedollé, 259
Chénier, André, 244
Chénier, Marie-Joseph, 52, 244-5
Cherin, 12
Cherubini, 249
Clavière, 156
Cloots, Anacharsis, 141
Cobb, Richard, 215, 251
Cobban, Alfred, 38, 263
Collot d'Herbois, 44, 50, 87
Condé (príncipe de), 29, 127, 130
Condorcet, 32, 68, 77, 86, 94, 106, 156, 255
Constant, Benjamin, 265, 268
Corday, Charlotte, 42, 268
Couthon, 38, 44, 50, 87

D
Danton, 31, 35, 37-8, 41, 48-9, 87, 116, 201, 226-7, 254, 271

Daunou, 52, 89, 107
David, Louis, 230, 237, 242, 246-8
de Baecque, Antoine, 256
Debucourt, 247
Delessert, 180
Demachy, 247
Desmoulins, Camille, 31, 49, 112-4, 116, 239, 254
Desmoulins, Lucile, 254
Diderot, 156, 218
Didot, 244
Dommanget, Maurice, 173
Dorat-Cubiéres, 244
Dubois Crancé, 152
Ducos, 61
Dumouriez (general), 144, 153, 277
Duplessis-Bertheaux, 247
Dupont de Nemours, 23, 32, 157
Duport, 26, 32
Duval, 114
Duvergier, 173

E
Elbée (D'), 40
Émery, 234
Évrard, Simone, 254

F
Fabre d'Églantine, 49, 95
Faure, Christine, 70
Favras (marquês de), 29, 129
Ferrand (conde), 129
Ferrières (marquês de), 26
Fontanes, 259
Fouché, 45, 50, 228-31
Fouquier-Tinville, 46, 51
Fragonard, 246
Fréron, 50, 52, 113

Frotté, 137
Furet, François, 10, 29, 130, 263-5, 268
Fusil, Louise, 245

G
Gensonné, 38
Gérard, 247
Gerle (dom), 220
Gobel, 228
Godechot, 21, 59, 71, 85, 110, 145, 199
Godineau, Dominique, 256
Goethe, 36
Gohier, 61, 64
Gossec, 249
Gouges, Olympe de, 255
Greer, Donald, 163
Grégoire (abade), 26, 58, 73, 156, 220, 228, 234, 241, 250
Greuze, 246
Guadet, 32
Gueniffey, Patrick, 265-6
Guérin, Daniel, 42
Guillotin, 257

H
Habsburgo, 53
Hamelin, 201
Hébert, 39, 48, 112, 114, 116
Helvétius, 218
Hérault de Séchelles, 87
Hoche, 52, 136, 148, 153, 278
Holbach (d'), 218
Hottinger, 180

I
Isabey, 247
Isnard, 38, 41

J

Jacob, Louis, 46
Jaurès, Jean, 2, 13, 262
Jessenne, Jean-Pierre, 193
Jourdan, 53, 152

K

Kellermann (general), 78, 153

L

La Fayette, 26, 28, 30, 32-3, 82, 115, 271
La Mettrie, 218
La Révellière-Lépeaux, 56, 235, 238
La Rouerie, 130
Labrousse, Ernest, 13, 18, 166-7, 273
Lacombe, Claire, 255
Laffon-Ladébat, 201
Lagrange, 94
Lameth, 26, 30, 32
Laplanche, 228
Lavoisier, 94
Le Chapelier, 103, 171, 173, 195-6, 276
Le Coz, 234
Le Guen de Kerangal, 25
Le Peletier de Saint-Fargeau, 106, 229
Le Roy-Ladurie, Emmanuel, 166
Lebas, 88
Lebois, 114
Lebrun ("Píndaro"), 244, 246
Leclerc, 39
Lecoulteux, 176, 201
Ledoux, Nicolas, 248
Lefebvre, Georges, 2-3, 178, 182, 184, 205-6, 208, 210, 262-3

Lenoir, 179, 201
Leopoldo (imperador), 142
Lequeu, 248
Lequinio, 228, 258
Lesueur (irmãos, aquarelistas), 252
Lesueur (músico), 249
Letourneur, 56
Levasseur, 45-6, 158, 232
Lindet, Robert, 56, 87
Linsolas, 234
Locke, 66, 170
Loménie de Brienne, 12, 19, 275
Loustalot, 113
Louvet, 114, 157, 159
Luís XIV, 9, 11
Luís XV, 10
Luís XVI, 9-10, 17, 28, 30, 39-40, 52, 236, 268, 277
Luís XVII, 52, 129
Luís XVIII, 52, 129

M

Mably (abade), 170
Madelin, Louis, 231
Maistre, Joseph de, 129
Malouet, 26, 67
Marat, 31-2, 35, 38-9, 41-2, 74, 77, 112-3, 116, 210, 214, 229, 242, 254
Marceau (general), 135, 153
Maréchal, Sylvain, 58, 74, 114, 150, 245
Maria Antonieta, 17, 46, 254, 268
Martin, Jean-Clément, 267
Masséna, 63, 150, 154
Mathiez, Albert, 2, 262
Maury (abade), 26, 82, 128

Méhul, 249
Ménétra, 216
Mercier, Sébastien, 209, 252
Méricourt, Théroigne de, 255
Merlin (de Douai), 52, 91
Merlin (de Thionville), 32
Michelet, Jules, 13, 23, 65, 193, 210, 262
Mirabeau, 11, 26, 30-1, 67, 82, 92, 94, 99, 113, 115, 156, 169, 213, 236, 244, 254, 258
Montesquieu, 9, 67, 75, 156
Moreau (general), 155
Moulin (general), 61, 64
Mounier, 19, 26, 67, 128

N
Necker, 12, 20, 22, 82, 275-6
Nelson (almirante), 63, 154
Neufchâteau, François de, 61
Noailles, 23

O
Oberkampf, 179, 201
Orléans (duque de), 207
Ouvrard, 201
Ozouf, Mona, 236, 268

P
Palm d'Aelders, Etta, 255
Pataude (santa), 229
Périer, Claude, 201
Perrégaux, 180, 201
Pétion, Jérôme, 32, 37
Petitfrère, Claude, 138
Pichegru, 53, 60, 137, 155
Pinel, 109
Pio VI, 27, 223, 276

Pitt, William, 207
Polverel, 159
Poultier, 114
Pressac, Norbert, 241
Prieur, 44, 247
Prieur de la Côte-d'Or, 87
Prieur de la Marne, 87
Provença (conde de). Ver Luís XVIII.
Prudhon, 247
Puisaye (conde de), 136

R
Rabaut, 38
Ramel, 61
Ramponneau, 252
Raynal (abade), 156
Rebérioux, Madeleine, 256
Regnault, 246
Reinhard, Marcel, 36
Restif de la Bretonne, 209, 252
Reubell, 56, 64, 146, 148
Réveillon, 17, 209, 211-2
Richard, 179, 201
Richet, Denis, 29, 263
Rivarol, 113, 129
Robert, Hubert, 247
Robespierre, 26, 32-5, 38-9, 41, 43-50, 53, 56, 68, 73, 77, 83-4, 87, 102, 106, 142-4, 156-7, 210, 226-7, 230, 232, 237-8, 240, 244, 254, 257-8, 261, 268, 271, 277
Roland, 32-3, 38, 41, 84, 112, 114, 171, 254, 276
Roland (madame), 41, 254
Romme, 51
Rousseau, Jean-Jacques, 66, 76, 156, 218, 256, 263

Roux, Jacques, 39, 173
Roux, Prosper Charles, 146
Royou (abade), 113
Rudé, Georges, 211-2

S
Sade, 11
Saint-Just, 38-9, 44, 46-7, 50, 87, 109-11, 244, 268
Saint-Simon, 11
Sénac de Meilhan, 129
Senancour, 259
Sieyès (abade), 52, 64, 67, 115, 220, 265, 268
Simonneau, 188, 237
Sirven, 218
Soboul, Albert, 43, 165, 214, 216, 262-3, 268
Sonthonax, 157, 159-60
Soubrany, 51
Soufflot, 248
Suvorov, 63, 150
Stofflet, 40, 136
Swebach-Deffontaines, 247

T
Tackett, Timothy, 268

Taine, Hyppolite, 187, 210, 213, 247
Talleyrand, 176, 221-3
Tallien, 52, 55
Talma, 245
Taylor, Georges, 263
Thouret, 94, 135
Tocqueville, 92
Topino-Lebrun, 246
Toussaint-Louverture, 157, 159-60
Treilhard, 91
Turgot, 10, 108, 185
Turreau, 47, 136-7

V
Vadier, 88
Varlet, 39
Vaublanc, 159
Vergniaud, 32, 38, 244
Viala, Agricol, 257
Voltaire, 66, 218, 258

W
Wailly, Charles de, 248
Washington, 26
Weber, Eugen, 123
Wilberforce, 156
Woronoff, Denis, 167, 169

SOBRE O LIVRO

Formato: 14 x 21 cm
Mancha: 23 x 43 paicas
Tipologia: Iowan Old Style 10/14
Papel: Off-white 80 g/m² (miolo)
          Cartão Supremo 250 g/m² (capa)
1ª edição Editora Unesp: 2012
2ª edição Editora Unesp: 2019

Capa
Marcelo Girard

Edição de texto
Frederico Ventura (Preparação)
Vivian Matsushita e Richard Sanches (Revisão)

Editoração eletrônica
Sergio Gzeschnik (Diagramação)

Assistência editorial
Alberto Bononi